全—本—全—注—全—译

賢母録

［清］黄本骐　著

谦德书院　译注

團結出版社

图书在版编目（CIP）数据

贤母录 /（清）黄本骐著；谦德书院译注 . —— 北京：
团结出版社，2023.2

ISBN 978-7-5126-9399-9

Ⅰ . ①贤… Ⅱ . ①黄… ②谦… Ⅲ . ①妇女—列传—
中国—清代 Ⅳ . ① K828.5

中国版本图书馆 CIP 数据核字 (2022) 第 086578 号

出版：团结出版社

　（北京市东城区东皇城根南街 84 号　邮编：100006）

电话：（010）65228880　65244790　（传真）

网址：www.tjpress.com

Email：zb65244790@vip.163.com

经销：全国新华书店

印刷：北京天宇万达印刷有限公司

开本：145×210　1/32

印张：12.75

字数：285 千字

版次：2023 年 2 月　第 1 版

印次：2023 年 2 月　第 1 次印刷

书号：978-7-5126-9399-9

定价：68.00 元

《谦德国学文库》出版说明

人类进入二十一世纪以来，经济与科技超速发展，人们在体验经济繁荣和科技成果的同时，欲望的膨胀和内心的焦虑也日益放大。如何在物质繁荣的时代，让我们获得内心的满足和安详，从经典中获取智慧和慰藉，或许是我们不二的选择。

之所以要读经典，根本在于，我们应当更好地认识我们自己从何而来，去往何处。一个人如此，一个民族亦如此。一个爱读经典的人，其内心世界必定是丰富深邃的。而一个被经典浸润的民族，必定是一个思想丰赡、文化深厚的民族。因为，文化是民族之灵魂，一个民族如果不能认识其民族发展的精神源泉，必定就会失去其未来的生机。而一个民族的精神源泉，就保藏在经典之中。

今日，我们提倡复兴中华优秀传统文化，当自提倡重读经典始。然而，读经典之目的，绝不仅在徒增知识而已，应是古人所说的"变化气质"，进一步，是要引领我们进德修业。《易》曰："君子以多识前言往行，以畜其德。"实乃读经典之要旨所在。

基于此理念，我们决定出版此套《谦德国学文库》，"谦德"，即本《周易》谦卦之精神。正如谦卦初六爻所言："谦谦君子，用涉大川"，我们期冀以谦虚恭敬之心，用今注今译的方式，让古圣先贤的教诲能够普及到每一个人。引导有心的读者，透过扫除古老经典的文字障碍，从而进入经典的智慧之海。

作为一套普及型的国学丛书，我们选择经典，不仅广泛选录以儒家文化为主的经、史、子、集，也将视野开拓到释、道的各种经典。一些大家所熟知的经典，基本全部收录。同时，有一些不太为人熟知，但有当代价值的经典，我们也选择性收录。整个丛书几乎囊括中国历史上哲学、史学、文学、宗教、科学、艺术等各领域的基本经典。

在注译工作方面，版本上我们主要以主流学界公认的权威版本为底本，在此基础上参考古今学者的研究成果，使整套丛书的注译既能博采众长而又独具一格。今文白话不求字字对应，只在保证文意准确的基础上进行了梳理，使译文更加通俗晓畅，更能贴合现代读者的阅读习惯。

古籍的注译，固然是现代读者进入经典的一条方便门径，然而这也仅仅是阅读经典的一个开端。要真正领悟经典的微言大义，我们提倡最好还是研读原本，因为再完美的白话语译，也不可能完全表达出文言经典的原有内涵，而这也正是中国经典的魅力所在吧。我们所做的工作，不过是打开阅读经典的一扇门而已。期望藉由此门，让更多读者能够领略经典的风采，走上领悟古人思想之路。进而在生活中体证，方能直趋圣贤之境，真得圣贤典籍之大用。

　　经典，是古圣先贤留给我们的恩泽与财富，是前辈先人的智慧精华。今日我们在享用这一份恩泽与财富时，更应对古人心存无尽的崇敬与感恩。我们虽恭敬从事，求备求全，然因学养所限、才力不及，舛误难免，恳请先贤原谅，读者海涵。期望这一套国学经典文库，能够为更多人打开博大精深之中华文化的大门。同时也期望得到各界人士的襄助和博雅君子的指正，让我们的工作能够做得更好！

团结出版社

2017年1月

注译《贤母录》序

先贤云:"母教为天下太平之根本。"历观古今圣贤,受益于母教者多矣。若世无贤母,何得贤子女哉?

盖人之一生,自母胎受孕,出胎哺乳,三岁始免于母之怀,故母之视听言动,好恶取予,容止诫勉,子女皆耳濡之,目染之,习与之,性成之,母教于子女之成材可忽焉哉?余尝慨乎有三太之懿德,方有周家八百年之天下;有颜氏之贤淑,方有至圣先师之降世。孟母三迁,世为美谈;三娘教子,雅俗共传……中华历代贤母之范,存诸经史者夥矣,然历代专辑贤母懿行之著作,何其稀有哉!

余览古籍目录,偶见清代黄本骐所撰之《贤母录》,辑历代贤母之坤德懿范为一册,蔚为大观,乃属同仁点校注译以梓行于世,冀以颂扬历代贤母之懿德,弘传东方母教之深智,祈愿天下人子读是书而思慈母之教、成己之德,报母恩于万一;又愿天下父母,法众母之贤,致力根本,善教善成,育贤良之子女,则家国幸甚,天下幸甚!

慧　剑

癸卯正月于谦德山房

目 录

卷 二

卷 三

序 一

儒家者流，著书行世，据一家言以立论，人辄目为老生常谈，不若集古人嘉言懿行以发人，人各具之天良，其言易入，而其教易广。此朱子《小学》、温公《家范》等书所由杂引古事，不参己见，而其书为不可没也。况合众母之贤，以遗天下，其教不尤广乎？黄生花耘与其弟虎痴，余嘉庆戊辰典试湖湘所得士也。少孤，奉教于母，既长，而孺慕不衰。犹忆己巳、庚午两岁，花耘以春试留都门，每过余邸舍，谈及母节之苦，而名与学之不足以显扬之也，尝欷歔泣下。阅岁丁丑，以大挑得校官，余方惜其才之小用，而夙愿之难偿也。履任甫两月，遽尔淹逝，为悼惋者久之。今年秋，奉命巡阅，行次长沙，虎痴抱其遗著来谒，有所谓《贤母录》者，将为梓行，以竟其志。余谓是录非一家之书，虽广之天下可也。通都僻壤，家置一编，慈孝之心，蒸然成俗，非留心风化者，所当亟为传布者乎？因为检阅一过，如汉冯勤、唐陆贽、宋张齐贤、贾黄中、苏易简皆以母贤上邀主眷，而先母刘太夫人，年登耄耋，赐帑恤终，恩遇之隆，超越前古。余方欲勒为成书，以彰母教，而花耘亦既先得我心矣。

《传》曰：欲知其子视其母。花耘之表彰母德，勤恳如是，则其母之贤可知，母贤而子之贤亦可附见。是录行，花耘为不没矣。虎痴其刊附《小学》《家范》之末，以俟天禄、石渠之采摭焉。

道光四年岁次甲申孟冬上澣通家生德化李鸿宾鹿坪氏书于长沙行馆

序 二

往余与花耘学博之尊，甫为总角，交谊至挚也。闻其卒于浙中，寝门之恸，至今难忘。后知其有贤俪教其子，花耘兄弟绩学立名，未尝不为之欣慰而嘉叹也。及余官关中，厥弟虎痴孝廉自都门至，云花耘已铨城步广文归觐矣。禄秩虽薄，抑亦捧檄之喜也。岂意到官未久，遽赋玉楼。今余旋里展墓，过其庐，其母夫人命孙以花耘所撰《贤母录》见示，且曰：吾子孝爱而不永年，公父执也，幸为序而刊之。余读其书，虽仍宋孙氏旧名而补编之，然孙氏录不可考，是录则搜述详而慎，体例严而当，皆为其慈亲比证阐扬，不特《旌节录》为表章也。母节既蒙恩旌闾，是录又举其贞修懿训，与古贤媛并传不朽，即其尊甫亦当含笑于九原矣。花耘之志，虽没犹生也。鹿坪尚书主持风化，既为之序，余故次第其原委以授虎痴，俾付之梓，以报其慈闱之德教云尔。

道光五年乙酉岁长至日陶山唐仲冕撰

序 三

母德之见于经典者，惟《毛诗·生民》《思齐》等章，及《左》《国》《檀弓》所载晋叔姬、鲁敬姜数事而已。其见于历朝史传者，如截发、和丸、传经、画荻，求诸往籍，代有名闺。然史编列女，多采节烈之行要，非专纪母德而作。惟刘向《列女传》，独以母仪为首，似为旌德之书，然贤明仁智，分列七门，究其旨归，亦非专纪母德而作也。《隋书·经籍志》有徐广《孝子传》三卷。夫子之贤不肖，多由于母德之臧否而成。孝子有传，贤母顾可无录乎？昔人之为是录者，有宋太常少卿孙景修，景修名顾，长沙孙成象之子，少孤而教于母，既老，而念母之心不忘，为《贤母录》以致其意。其书久佚，而著书之意，略见于苏颖滨《古今家诫》序文中。本骐七岁而孤，以长以教，均资母训。年逾四十，宦学无成。既不能以名位显亲，复不能以文章寿世。因与孙氏生同郡贯，颇切景行。爰采史传所载贤母事迹，上起陶唐，下迄明代，编为四卷，而以家慈《旌节录》附焉。托诸束皙补《诗》之义，以寓《蓼莪》报德之思。裒集旧文，未敢辄加论断。虽不知与孙书义例相去几何，要亦为人子者当尽之心。大雅君子，或不嗤为钞书胥、兔园册，则幸甚幸甚。

道光二年仲冬宁乡黄本骥自识

序 四

《贤母录》四卷，先兄花耘未完书也。先兄是录，特刺取史传以补宋孙氏亡书，未及卒业，而先兄下世，故去取尚有未定，采择亦有未周，然其著书之心，则可悯矣。先兄长予四岁，少时同为孤子，母氏督之严，稍有童心，立加呵责，箠楚之下，未尝以手护其头。旁有尊长为之解劝，必婉容谢曰：俟吾母痛责后，其怒自息，不尔，徒以积忿伤母心也。长跪竟日，辞色怡然，不命之起，不敢起，此骥为童子时所习见，而自愧不如者。稍长即以谋养，奔走吴越间，千里长途，惧陨慈训，尝作《母命》八章，至今读之，令人泪下。年逾四十，愉婉一如儿时，故为是录，以彰母教，而以嘉庆二十二年，母氏奉旌，事实及通志、县志、节孝传附焉。壬午秋，选授城步训导，山县僻远，骤难迎养，到任未及三月，即请假归省，抵家才九日而殁，时癸未正月也。骥以试事留都门，不及执手永诀，旋里后检点遗书，于簏衍中得是录底稿，凡三百条，虽未足尽古今内训，然教子之法已无不备，凡为母者，既可以众母为法，其为子者，亦可以众母之子为法，则是录未尝非完书。因于馆暇手录付梓，即谓孙氏之书为未亡，而先兄孝养未竟之志，托是录以不朽焉，可也。

道光四年季春同怀弟本骥跋于衡阳郡斋

例 言

　　母之类，凡七：曰母，曰继母（亦曰后母），曰嫡母，曰生母，曰庶母，曰所后母，曰本生母，均于标题处叙明，不为分类。而祖母及伯叔母（叔母，亦曰世母）之贤者，亦录焉。保母、乳母，择其最贤者，录于每朝之后。

　　标题处以子名冠母姓之上，以母有从子之义，亦如志节妇者以夫名冠首，志贞女者以父名冠首也。

　　自汉以前，多采刘向《列女传》，自汉以后，多采各史列传，说部、文集亦间采之。私传、谀词难凭信者，不录。史传泛言妇德者，不录。如公父文伯之母见于《国语》者，凡八条，止录其五。《北史》魏溥妻割耳表节，《元史》周术忽妻书臂明礼，皆能教子有成，止录其教子一节。是录以教子为贤，与《列女传》有别。

　　母子俱贤，家庭盛事，母贤而子不肖者，仍录之，不以朱、均累父圣也。如汉崔篆母导其子以不忠，魏单固母劝其子以取祸，如此类者不录。

　　曾母搤臂，曾子心动；蔡母噬指，蔡顺心动。此言子孝，非言母贤。梁沈约夜读，其母为之减油；唐毕諴夜读，其母为之夺火；宋陈彭年好学，其母禁其夜读；元吴澄夜读至旦，其母为之节膏，火不多与，明张元忭素羸弱，其母为之藏灯幕中。此言子之好学，非言母道之贤。罗含梦飞鸟入口，叔母知其必以才华显；江淹获貂蝉于樵所，其母知其不以贫贱终。此言子之休徵，非言母之贤行。北周宇文护母自齐归，武帝率亲戚行家人礼；唐赵隐为相，百官升堂庆母。此言母之荣遇，亦非言其贤行。如此类者，概不录。

慈为天性，非贤行也。故《韩非子》曰：慈母多败子。晋谢安留侄朗与支遁讲论，朗母以其年幼体羸，流涕携去。齐崔慰祖父丧，断盐，其母亦为不食。如此类者，母子虽贤，不录。

贤行见于各书，另行条例，书异而事同，录最初一条；事同而详略各异，录其详者；事同而所载异词，附注于本条之下。

昔贤颂、赞、论、表，择其古雅者，附录各条之后。

是编于古事搜采颇详，明代非见正史者不录。

国朝人才蔚起，内教之多，盛于前代。野史所录，未为周详，不敢妄为登载。嘉庆二十二年，母氏奉旌文案及省志、县志、节孝传，别为《旌节录》一卷，附是录之后，不敢与古贤并列。

卷一

扫一扫　听导读

后稷弃母姜嫄

弃^①母姜嫄^②者，邰侯^③之女也。姜嫄之性，清静专一，好种稼穑。及弃长，而教之种树桑麻。弃之性明而仁，能育其教，卒致其名。尧使弃居稷官^④，更国邰地，遂封弃于邰，号曰后稷。君子谓姜嫄静而有化。《列女传》

【注释】①弃：后稷，周朝始祖，姬姓，名弃，曾在稷山（今山西稷山县）为农官（官名后稷），被称之为稷王（也作稷神或者农神）。曾经被尧举为"农师"，被舜命为后稷。后稷教民耕种，被认为是最开始种稷和麦的人。②姜嫄：姜姓，名嫄（一作"原"），出生在有邰氏部落（今陕西眉县邰亭）。上古时期历史人物，帝喾元妃，周族始祖后稷之母。③邰侯：邰氏部落首领。相传邰氏为神农氏炎帝后裔，姜姓，封于邰。④稷官：古代掌管农事的官员。

【译文】弃的母亲姜嫄，是邰氏部族首领的女儿。姜嫄心性纯正，恬静专一，喜好种植庄稼。弃长大后，姜嫄就教他种植桑麻的方法。弃品性聪明且仁爱，能快速地领会母亲的教导，最终成为有名声的人。尧任命弃担任农官，又让他在邰地建国，封赏给他，弃号称后稷。君子称赞姜嫄心性纯正、恬静，懂得教化。《列女传》

附 颂

（汉）刘向

弃母姜嫄，清静专一。履迹而孕，惧弃于野。
鸟兽覆翼，乃复收恤。卒为帝佐，母道既毕。

【译文】弃的母亲姜嫄，心性纯正，恬静专一。踩了巨人的脚印而怀孕生子，因为恐惧而将弃抛弃在郊野。看到鸟兽都来保护（弃），就把他又抱回来自己抚养。弃最终成为帝王的佐臣，姜嫄的为母之道可以说非常完备。

又 颂

（晋）王氏（刘柔妻）

英英姜嫄，实德之纯。肇承灵瑞，武敏是遵。
诞育岐嶷，毗赞皇纶。播殖之训，万叶攸循。

【译文】姜嫄俊美不凡，实是由于德行纯正。起初蒙受上天的祥瑞，沿着巨人足迹的拇趾印，生子聪明特异，辅佐帝王。种植庄稼的教导，万代遵循。

司徒契母简狄

契①母简狄②者，有娀氏③之女也。简狄性好人事之治，上知天文，乐于施惠。及契长，而教之理，顺之序。契之性聪明而仁，能育其教，卒致其名。尧使为司徒④，封之于亳⑤。君子谓简狄仁而有礼。《列女传》

【注释】①契：子姓，名契，又名禼（xiè），别称"阏伯"，是帝喾与简狄之子、帝尧异母兄。被帝尧封于商（今河南商丘），主管火正，其部族以地为号称"商"，契为商始祖，是商朝建立者商汤的先祖。后世尊为"商祖""火神"。②简狄：上古传说中商始祖契之母，帝喾的次妃，一作简易、简逷，因是有娀氏的女子，又称娀简。相传她偶出行浴，吞鳦卵而生契。③有娀（sōng）氏：古氏族名，在今山西永济西。此处指有娀氏首领。④司徒：古官名，三公之一。管理土地和征发徒役。⑤亳：地名，此处指南亳谷熟镇，汤都，在今河南商丘县东南。

【译文】契的母亲简狄，是有娀氏首领的长女。简狄喜好处理人情世事，知晓天文历法，乐意给人恩惠。契长大后，她就教育契要明晓事理，顺应世序。契天性聪明仁德，能融合领会母亲的教导，最终扬名于世。尧任命他为司徒，封赐亳地给他。君子称赞简狄仁慈而有礼仪。《列女传》

附 颂

刘向

契母简狄，敦仁厉翼。吞卵产子，子遂修饰。

教以事理，推恩有德。契为帝辅，盖母有力。

【译文】契的母亲简狄，仁厚奋勉。吞下鳦卵而生子契，不断修养自己的品德。教导契万物的事理，广布恩惠有德行。契能辅佐尧舜，是母亲的功劳。

附姜嫄简狄赞

（魏）曹植

喾①有四妃，子皆为皇。帝挚②早崩，尧承大纲。

元鸟大迹，殷周美祥。稷契既生，功显虞唐③。

【注释】①喾（kù）：即帝喾，姬姓，名俊，号高辛氏，即五帝之一的高辛氏，河南商丘人，喾前承炎黄，后启尧舜，奠定华夏基根，是华夏民族的共同人文始祖。②帝挚：姬姓，名挚，号青阳氏，华夏族帝喾长子，生母是常仪。中国古代部落联盟首领；被后世尊为"帝"。③虞唐：唐尧与虞舜的并称。亦指尧与舜的时代，古人以为太平盛世。

【译文】帝喾有四个妃子，所生的儿子都是帝王。帝挚早早驾崩，尧帝承续帝位。玄鸟、巨人的脚印，是殷商、周朝的吉兆。后稷、契辅佐唐尧虞舜，彰显他们的功绩。

夏

帝启母涂山氏

启①母者，涂山氏②之长女也，夏禹③娶以为妃。既生启，辛壬癸甲④，启呱呱泣。禹去而治水，惟荒度⑤土功，三过其家，不入其门。涂山独明教训，而致其化焉。及启长，化其德而从其教，卒致令名。禹为天子而启为嗣，持禹之功而不殒。君子谓涂山强于教诲。《列女传》

【注释】①启：也称夏启、帝启、夏后启，阳翟（今河南省禹州市）人，他是禹的儿子，夏朝的第二任君王。其母是涂山氏族的女子。②涂山氏：部族名，居于涂山，故名。神话传说中大禹妻子的氏族。大禹曾在此大会诸侯（部族首领）。③夏禹：姒姓，名文命，字高密。史称大禹、帝禹，为夏后氏首领、夏朝开国君王。其父名鲧，被帝尧封于崇，为伯爵，世称"崇伯鲧"或"崇伯"，其母为有莘氏之女。④辛壬癸甲：典出《书·益稷》："娶于涂山，辛壬癸甲。"按古代干支纪日法。从辛日经过壬日、癸日，到甲日，共是四日。此处是指生启后四日禹去治水，而《史记·夏本纪》则认为是禹娶涂山后四日去治水。⑤荒度：大力治理，统盘筹划。

【译文】启的母亲涂山，是涂山氏首领大女儿，夏禹娶她为妃。启出生后四天还在啼哭不停。夏禹就离家治水。从此他就全身心地整治水土，多次经过家门都没有进去。涂山氏独自承担教育启的重任，施行教化。启长大后，深受母亲德行的影响，遵从母亲的教诲，最终美名传扬。夏禹成为天子，启被册立为后嗣，继承父亲的功业而没有损害它。君子称赞涂山氏擅长教导训戒。《列女传》

附 颂

刘向

启母涂山，维配帝禹。辛壬癸甲，禹往敷土。
启呱呱泣，母独论序。教训以善，卒继其父。

【译文】启的母亲涂山氏，夏禹娶她为妃。生下儿子才四日，夏禹就离家去治水。启啼哭不停，涂山独自论道教诲，用善行训导，启最终承续父亲大禹的功业。

又 颂
王氏

涂山静居,元朗悟几。大禹至公,过而不归。
明此道训,孩允是绥。仁哲以成,永系天晖。

【译文】涂山氏静修安居,旷达聪敏。大禹极为公正,毫无偏私,
三过家门而不入。涂山氏使启明晓道之准则,得到安抚。仁爱智慧成就
了启,使他得以永远维系上天的光辉。

附 赞
曹植

禹妻涂山,土功是急。惟启之生,过门不入。
矫达明义,勋庸是执。成长圣嗣,天禄以袭。

【译文】夏禹的妻子涂山氏,让夏禹全部身心投入到治水事业。
启出生后,夏禹过家门而不入。她洞达忠义,握有功勋。启长大后也被
立为后嗣,承袭帝位。

周

王季母太姜（二条）

太姜①者，太王②之妃，有台氏③之女也。贤而有色，生太伯④、仲雍⑤、季历⑥，化导三子，皆有贤德。太王有事，必谘谋焉。《诗》曰：爰及姜女，聿来胥宇。此之谓也。《列女传》

【注释】①太姜：周朝先祖古公亶父的正妃，周文王的祖母。她以"贞顺"的女德，成为丈夫的左膀右臂，是周朝创业之时的贤德妇人。②太王：周文王之祖古公亶父的尊号，也称"周太王"。③有台氏：相传为四岳的后代。姜姓，地处今河南南阳西。此处指吕国国君。④太伯：又称泰伯，吴国第一代君主，东吴文化的宗祖。姬姓，吴氏，名泰。父亲为周部落首领古公亶父。⑤仲雍：又称虞仲、吴仲、孰哉，姬姓，周部落首领古公亶父的第二子。⑥季历：姬姓，名历。季是排行，所以称季历，尊称公季、王季、周王季。周部落首领古公亶父之少子，周文王之父，周武王和周公旦之祖父。

【译文】太姜，是周太王的妃子，吕国国君的女儿。贤德且容貌俊美，生有太伯、仲雍、季历。她教化开导三个儿子，都有美德。周太王有事处理，必定会找太姜商议谋划。《诗经》记载：于是娶了姜氏女，共同察看山水和可筑房屋的地基和方向。说的就是这个意思。《列女传》

太姜有色而贞顺，率导诸子，至于成童，靡有过失。《史记正义》

【译文】太姜容貌俊美、专一婉顺，以自身表率德行教导三个儿子，三个儿子长大后，都没有过失。《史记正义》

文王母太任

太任①者，挚任氏②中女也，王季娶以为妃。太任之性，端一诚庄，惟德之行。及其有娠，目不视恶色，耳不听淫声，口不出敖言，能以胎教。溲于豕牢，而生文王。文王生而明圣，太任教之以一而识百。君子谓太任为能胎教。《列女传》

【注释】①太任：任姓，又称大任，汝南平舆（今河南平舆县北）人。商朝时期西伯侯季历之正妃。周文王姬昌之母，历史上有记载的胎教先驱。②挚任氏：相传为仲虺的后代，任姓。此处指挚国国君。

【译文】太任，是挚国国君的二女儿，王季娶她为妃。太任心性端庄诚实专一，严格遵循德行行事。怀孕之后，眼不看邪恶的颜色，耳不听淫邪的乐声，口不出傲慢的言语，非常注意胎教。太任在茅厕便溺的时候生下了文王。文王生下来就明达圣哲，对于太任的教诲，善于类推，听到一点就能理解很多。君子称赞太任善于进行胎教。《列女传》

武王母太姒

太姒①者，禹后，有莘姒氏②之女，仁而明道。文王亲迎于渭，旦夕勤劳，号曰文母。生十男（长伯邑考③，次武王发④，次周公旦⑤，次管叔鲜⑥，次蔡叔度⑦，次曹叔振铎⑧，次霍叔处⑨，次成叔武⑩，次康叔封⑪，次冉季载⑫，与《左传》小异），太姒教诲十子，自少至长，未尝见邪僻之事。君子谓太姒仁明而有德。《列女传》

【注释】①太姒：有莘国（今陕西合阳县东南）人，姒姓，周文王的正妃，周武王之母。太姒天生姝丽，聪明淑贤，分忧国事，严教子女，尊上恤下，深得文王厚爱和臣下敬重，被人们尊称为"文母"。②有莘姒氏：又名有侁、姺、莘、辛，姒姓，位于今河南省洛阳市伊川县。此处指有莘国国君。③伯邑考：又称姬考，周文王姬昌和太姒的长子，周武王姬发的兄长，是一名心善纯孝的年轻男子。④武王发：即周武王姬发，周文王姬昌与太姒的嫡次子，其正妻为邑姜，西周王朝开国君主。⑤周公旦：姬姓，名旦，周文王姬昌第四子，周武王姬发的弟弟，曾两次辅佐周武王东伐纣王，并制作礼乐。因其采邑在周，爵为上公，故称周公。被尊为"元圣"和儒学先驱。⑥管叔鲜：姬姓，名鲜，周文王姬昌与太姒所生第三子，周武王姬发同母弟，周初三监之一，周朝诸侯国管国（今河南郑州）国君。因受封管国，故称管叔或管叔鲜。⑦蔡叔度：姬姓，名度，世称蔡叔度，周文王姬昌与太姒所生第五子，周武王姬发同母弟，周初三监之一，蔡国始封君，蔡姓始祖。⑧曹叔振铎：姬姓，名振铎，周文王姬昌与太姒所生第六子，周武王姬发同母弟，周代诸侯国曹国始封之君，曹姓始祖。⑨霍叔处：姬姓，名处，世称霍叔处，周文王姬昌与太姒所生第八子，周武王姬发同母弟，周初三监之一，周朝诸侯国霍国（今山西霍州）始封君，霍姓始祖。⑩成叔武：即郕叔武，本名姬武，周文王姬昌的第七子，周武王姬发的弟弟。为周朝诸侯国郕国开国君主。⑪康叔封：姬姓，卫氏，周文王姬昌与正妻太姒所生第九子，周武王姬发同母弟，因获封畿内之地康国（今河南禹州西北），故称康叔或康叔封。卫国第一代国君。⑫冉季载：即聃季载，本名姬载，为周朝诸侯国聃国开国君主，是周文王姬昌的第十子、周武王的幼弟，同母兄弟十人。冉季载被尊为冉姓始祖。

【译文】太姒，是夏禹的后代，莘国国君的女儿，仁厚且知晓事理。文王亲自到渭水河边去迎娶她，太姒日夜辛勤操劳，被称为文母。太姒生有十个儿子（长子伯邑考，下面依次是武王发、周公旦、管叔鲜、蔡叔度、曹叔振铎、霍叔处、成叔武、康叔封、冉季载。与《左传》的记载稍有不同），太姒教导训诫十个儿子，使他们从小到大，从来没有接触过荒谬背理的事情。君子称赞太姒仁爱明察而有德行。《列女传》

附 颂
刘向

周室三母，太姜任姒。文武之兴，盖由斯起。太姒最贤，号曰"文母"。三姑之德，亦甚大矣。

【译文】周王室的三位贤母，分别是太姜、太任、太姒。文王、武王功业的兴起，大概是缘于此。其中太姒最是贤德，号称"文母"，三位贤母的德行，也很是高尚了。

成王母邑姜（二条）

武王妃，太公①之女，曰邑姜②，修教于内，生太子诵③。《帝王世纪》

【注释】①太公：即齐太公姜尚，字子牙，吕氏，一名望，尊称太公望，道家前身。武王尊之号为"师尚父"，世称"姜太公"。②邑姜：姜姓，齐太公吕尚之女，周武王姬发的王后，周成王姬诵、唐叔虞的母亲。③太子诵：即周成王姬诵，姬姓，名诵，周朝第二位君主，周武王姬发的儿子，太师姜子牙的外孙，母为王后邑姜。

【译文】周武王的王后，叫邑姜，是太公姜尚的女儿，邑姜在内实

行教化，生下太子姬诵。《帝王世纪》

　　周后娠成王于身，立而不跛，坐而不差，独处不倨，虽怒不詈，胎教之谓也。《大戴礼记》

　　【译文】周武王的王后孕育周成王时，站有站相，不将重心倚在一边，坐有坐相，不歪斜，独居一处时也不懈怠放任，即使愤怒也不会责骂他人，胎教指的就是这个意思。《大戴礼记》

臧文仲母

　　鲁大夫臧文仲①为鲁使齐，其母送之曰："汝刻而无恩，好尽人力，穷人以威。鲁国不容子矣，而使子之齐，凡奸将作，必于变动。害子者，其于斯发事乎！汝其戒之。鲁与齐通壁（言屋庐相接），壁邻之国也（壁言邻近）。鲁之宠臣多怨汝者，又皆通于齐高子②、国子③，是必使齐图鲁，而拘汝留之，难乎其免也。汝必施恩布惠，而后出而求助焉。"至是，文仲托于三家④，厚士大夫而后之齐。齐果拘之，而兴兵欲袭鲁。文仲微使人遗公书，恐得其书，乃谬其辞曰："敛小器，投诸台⑤；食猎犬，组羊裘；琴之合，甚思之；臧我羊，羊有母；食我以同鱼⑥；冠缨不足，带有余。"公及大夫相与议之，莫能知之。人有言："臧孙母者，世家子也，君何不试召而问焉？"于是召而语之曰："吾使臧子之齐，今持书来，云尔何也？"臧孙母泣下沾襟，曰："吾子拘于木治⑦矣。"公曰："何以知之？"对曰："敛小器，投诸台者，言取郭外萌⑧，内⑨之于城中也；食猎犬，组羊裘者，言趣⑩飨战斗之士，而缮甲兵也；琴之合，甚思之者，言思妻也；臧我羊，羊有母者，是善告妻善养母也；食我以同鱼者，其文错，错者所以治锯，锯者所以治木也，是以有木治，系于狱矣；冠缨不足，带有余者，头乱不得梳，饥不得食也；故知吾子拘而有木治矣。"于是以臧孙母之言，军于境上。齐方发兵，将以袭鲁，闻兵在境上，乃还文仲而不伐鲁。《列女传》

【注释】①臧文仲：姬姓，臧氏，名辰，曲阜（今山东曲阜市）人。春秋时鲁国大夫。历仕鲁庄公、闵公、僖公、文公。谥号为文，世称臧文仲。②高子：春秋时期齐国的大夫世族，是齐文公之子公子高的后裔，是齐国二守之一。③国子：春秋时期齐国的世族，与高氏为周天子策命世袭的齐国上卿，号称天子二守。④三家：即"三桓"，指鲁国卿大夫孟孙氏、叔孙氏和季孙氏。⑤台：段玉裁曰："台"即"瓵（yí）"，一种口小腹大的陶制盛酒器。⑥同鱼：王照圆曰："'同'与'铜'古字相通。铜鱼，送死之具，以饰棺。"⑦木治：古代木制的手铐。⑧萌：通"氓"，百姓。⑨内（nà）：古同"纳"，收容，接受。⑩趣（cù）：古同"促"，从速，急促。

【译文】鲁国大夫臧文仲担任鲁国使臣，出使齐国，他的母亲为他送行，对他说："你刻薄寡恩，喜欢让人竭尽全力，依靠威严穷究别人的事情。鲁国已经不能容纳你了，于是让你出使齐国，凡是奸诈的事情发生，必定会出现在有变动的时候，谋害你的人，大概会在这个时候下手吧！你要多加防备。鲁国与齐国接壤，是邻国。鲁国的宠臣大多怨恨你，又都与齐国的高子、国子有往来，他们必定会让齐国图谋鲁国，进而拘禁扣留你，看来你很难避免灾祸了。你必须要布散给予别人恩德，然后才能出来求助。"于是臧文仲向鲁国三家权臣请托，厚交士大夫，随后出使齐国了。齐国果然拘禁了他，并调动军队，准备偷袭鲁国。臧文仲暗中派人送信给鲁国国君，他怕书信被人截获，就用隐语写道："收集小器皿，投到瓿里面；饲养猎狗，编织羊皮袄；琴曲相合，非常思念它；好好对待我的羊，羊也有母亲；用铜鱼喂养我；帽带不足，腰带却有余。"鲁国君与大夫们一起讨论，但都不理解书信的含义。有人进言道："臧孙的母亲是大家望族的女子，国君您为什么不试着召她来问一问呢？"于是鲁国君就召见了她，并对她说："我派遣臧子出使齐国，现在他派人送了封信，你看看信里说了什么内容？"臧孙的母亲看信后，泪如雨下，沾湿了衣襟。说道："我的儿子被带上刑具，扣留下来了。"鲁国君问道："你怎么知道呢？"臧孙的母亲回答道："收集小器皿，投到瓿里面，指的是应该把城郭外的百姓迁移到城郭里；饲养猎狗，编织羊皮袄，指的是应该赶快犒赏军队，整顿武备；琴曲相合，非常思念它，指的是思念妻子；好好对待我的羊，羊也有母亲，是告诉妻子要好好赡养母亲；用铜鱼喂养我，指的是铜花纹交错，错是用来修治锯子的，锯子是用来锯木料的，意思是他身上带着刑具，被关押在狱中了帽带不足，腰带却有余，指的是头发散乱不能梳理，腹中饥饿不能进食；因此知道我儿子被扣留而且带上了刑具。"鲁国国君根据臧孙母亲的解读，在鲁国边境驻扎军队。齐国正在调动军队，准备偷袭鲁国，

听说鲁国军队驻扎在边境，就放还了臧文仲，而且停止讨伐鲁国。《列
女传》

附 颂
刘向

臧孙之母，刺子好威。必且遇害，使援所依。
既厚三家，果拘于齐。母说其书，子遂得归。

【译文】臧文仲的母亲，讥讽儿子威刑苛刻。必定会遭受祸害，于
是求人援助有所依托。臧文仲厚交鲁国三家大夫后，果然被扣留在齐
国。母亲解读他送回来的书信，最终使臧文仲得救。

密康公母

周共王①游于泾上，密康公②从，有三女奔之。其母曰："必致
之于王。夫兽三为群，人三为众，女三为粲。王田不取群，公行下
众，王御不参一族。夫粲，美之物也，众以美物归女，而何德以堪
之？王犹不堪，况尔小丑乎？小丑备物，终必亡。"公弗献。一年，王
灭密。《国语》

【注释】①周共王：姬姓，名繄(yī)扈(hù)，一作伊扈，周穆王姬满之子，谥共王，一作恭王，西周青铜器铭文多称他为龚王。②密康公：姬姓，华夏族，西周时期的诸侯国密国国君。

【译文】密康公跟随周共王，出游到泾水边上，恰逢三个美女来投奔密康公。密康公的母亲说："你一定要把她们进献给君王。野兽有三只就称群，人有三个就叫众，美女有三个就叫粲。君王田猎时，不敢猎取成群的野兽，诸侯出行时，要对众人以礼相待，君王娶嫔妃不会迎娶同胞三姐妹。那三个女子都很美丽，大家都把美好的东西给你，你有什么德行承受得起呢？君王尚且不能承当，更何况你这样的小人物呢？小人物备办各种器物，最终必定导致灭亡。"密康公不听母亲劝告，没有进献那三名美女。第二年，周共王派兵灭了密国。《国语》

芮伯万母姜氏

芮伯万①（芮，姬姓国；伯，爵；万，名）之母芮姜（齐女）②，恶芮伯之多宠人也，故逐之，出居于魏。《左传》

【注释】①芮伯万：姬姓，名万，芮国国君。②芮姜：又名仲姜，太公姜子牙的后人。是史书上第一个成功驱逐国君的国君之母，第一个执掌王权的女性。

【译文】芮伯万的母亲芮姜，厌恶芮伯姬妾佞臣众多，于是把芮伯

驱逐出国, 芮伯只得迁居魏国。《左传》

介之推母

晋侯①（文公）赏从亡者, 介之推②不言禄, 禄亦弗及。推曰:
"献公③之子九人, 唯君在矣, 惠、怀④无亲, 外内弃之。天未绝晋,
必将有主。主晋祀者, 非君而谁？天实置之, 而二三子以为己力,
不亦诬乎？窃人之财, 犹谓之盗。况贪天之功, 以为己力乎？下义其
罪, 上赏其奸, 上下相蒙, 难与处矣。"其母曰: "盍亦求之？以死谁
怼？"对曰: "尤而效之, 罪又甚焉! 且出怨言, 不食其食。"其母曰:
"亦使知之, 若何？"对曰: "言, 身之文⑤也。身将隐, 焉用文之？
是求显也。"其母曰: 能如是乎？与女偕隐。"遂隐而死。《左传》

【注释】①晋侯: 即晋文公, 春秋时期晋国国君。姬姓, 晋氏, 名重
耳, 晋献公之子。因献公立幼子为太子。他流亡在外十九年, 后由秦国送
回。晋文公文治武功卓著, 是春秋五霸中第二位霸主。②介之推: 又名介
子推、介推, 后人尊为介子, 春秋时期晋国人, 因"割股奉君", 隐居"不
言禄"之壮举, 深得世人怀念。③献公: 即晋献公, 姬姓, 晋氏, 名诡诸,
晋武公之子。④惠、怀: 晋惠公、晋怀公。惠公是文公重耳的弟弟, 怀公的
父亲。⑤文: 花纹, 装饰。

【译文】晋文公赏赐跟随他逃亡的人, 介之推没有去要求封赏,

晋文公封赏时也没有想到他。介之推说:"晋献公有九个儿子,唯独他(重耳)还在世,惠公、怀公没有亲信,晋国内外都抛弃了他们。上天不曾灭绝晋国,所以必定会有君主。主持晋国祭祀的人,不是文公又会是谁呢?上天早就安排好了,跟随文公逃亡的人却认为功劳是自己的,这不是欺骗吗?偷窃别人的钱财,尚且被称为盗窃。更何况是把天所成就的功绩,当作是自己的贡献呢?下臣把过失当作道义,君上赏赐奸邪。上下互相蒙骗,我难以和他们相处。"他的母亲说:"你何不也去要求赏赐呢?不然这样贫困地死去能埋怨谁呢?"介之推回答说:"斥责这种行为却又效仿它,过失更重啊!况且还说了埋怨的话,我不能再接受国君的俸禄了。"他的母亲说:"也应该让国君知道这个事,怎么样?"介之推回答说:"语言,是身体的装饰。身体将要隐居了,哪里还需要语言装饰它呢?这是在乞求显贵啊。"他的母亲说:"你能这样做,那我和你一起隐居。"于是母子一直隐居到死。《左传》

卫公子母定姜

卫姑定姜①者,卫定公②之夫人,公子之母也。公子既娶而死,其妇无子。毕三年之丧,定姜归其妇,自送之,至于野。恩爱哀思,悲心感恸。立而望之,挥泣垂涕,乃赋诗曰:"燕燕于飞,差池其羽。之子于归,远送于野。瞻望不及,泣涕如雨。"(《诗传》谓《燕燕》为庄姜送其娣戴妫而作)送去,归泣而望之。又作诗曰:"先君之思,以畜寡人。"君子谓定姜为慈姑,过而之厚。定公卒,立敬姒③之子衎为君,是为献公④,居丧而慢。定姜既哭而息,见献公之不哀也,叹曰:"是将败卫国,必先害善人,天祸卫国也。夫吾不获鱄也,使主社稷。"鱄者,献公弟子鲜也。后献公暴虐,慢侮定姜。卒见逐走,出亡至境,使祝宗⑤告亡,且告无罪于庙。定姜曰:"不可。若令无,神不可诬。有罪,若何告无罪也?且公之行,舍大臣而与小臣谋,一罪也;先君有冢卿⑥以为师保⑦,而蔑之,二罪也;余以巾栉⑧事先君,而暴妾使余,三罪也。告亡而已,无告无罪。"其后赖鱄力,献公复得反国。君子谓之定姜能以辞教。《列女传》

【注释】①定姜:姜姓,定是跟从丈夫的谥号,春秋时期卫国国君卫定公的夫人,卫献公嫡母。②卫定公:卫臧,姬姓,卫氏。卫穆公之子,卫献公之父。③敬姒:姒姓,卫定公的妾,子卫献公、子鲜。④献公:卫衎,姬姓,卫氏,卫定公之子,卫殇公之兄(一说卫献公叔父)。⑤祝宗:古代主持祭祀祈祷者。⑥冢卿:孤卿,上卿。六卿中掌国政的人。⑦师保:古时任辅弼帝王和教导王室子弟的官,有师有保,统称"师保"。⑧巾栉:巾和梳篦。代指婢妾执管之事。

【译文】卫姑定姜,是卫定公的夫人,卫国公子的母亲。公子娶妻没多久就死了,他的妻子没有生育。三年守丧期满后,定姜就让她的媳妇改嫁了,并且亲自送她到郊外。回想起儿子、儿媳恩爱,又有对儿子的哀思,心里觉得感伤而且悲痛,站在那里望着媳妇,用手擦去流下的眼泪。定姜于是作诗道:"燕子在天上飞翔,参差不齐地舒展着翅膀。这个人今日要远归,送她到郊外的路旁。远远望去已经看不见人影,眼泪如同下雨流淌。"送走媳妇后，定姜转过身又哭起来，最后望了望媳妇远去的方向。定姜又作了一首诗："时常感念先王与我情深，用来勉励自己这个寡德之人。"君子称赞定姜是慈爱的婆婆，给予了媳妇厚爱。卫定公去世后，敬姒的儿子被册立为国君，就是献公。服丧期间，献公极为怠慢，很不庄重。定姜哭的中途看到献公居丧并不哀伤，就感叹说："这个人将会败亡卫国，并且会先伤害善良的人，这是上天降给卫国的灾祸。可叹我不能让鱄来管理国家。"鱄，是献公的弟弟子鲜。后来献公果然凶暴残虐，对定姜轻慢无礼，最终献公被逐出逃。逃亡到国境时，献公命祝宗到宗庙向祖先报告逃亡的情况，并且禀告祖先自己没有过失。定姜说："不行。如果没有罪过，神灵是不会被欺骗而认为你有罪的。如果有罪，为什么报告无罪？况且国君的言行，舍弃大臣却和小臣商量，这是第一个罪过；先君有作为辅政的正卿，你却轻视他们，这是第二个罪过；我曾长期侍候先君，你却像对待婢妾那样残暴地对待我，这是第三个罪过。只要报告逃亡就可以了，不需要报告无罪。"后来依赖鱄的帮助，献公才得以回国。君子称赞定姜擅长用言辞教育别人。
《列女传》

附 颂
刘向

卫姑定姜，送妇作诗。恩爱慈惠，泣而望之。

数谏献公，得其罪尤。聪明远识，丽于文辞。

【译文】卫国有一婆婆定姜，作诗为媳妇送行。对待媳妇仁爱慈惠，流着眼泪望着她。屡次劝谏献公，反而得罪受辱。定姜聪明有远见，文章辞藻华丽。

晋灵公母穆嬴

晋襄公①卒，灵公②（太子夷皋）少，晋人以难故（立少君，恐有难），欲立长君，使先蔑③（士伯）、士会④（随季）如秦，逆公子雍⑤（文公子，襄公庶弟）。穆嬴⑥（襄公夫人，灵公母也）日抱太子以啼于朝，曰：先君何罪？其嗣亦何罪？舍适嗣⑦不立，而外求君，将焉置此？出朝，则抱以适赵氏，顿首于宣子⑧（赵盾），曰：先君奉此子也，而属诸子曰：此子也才，吾受子之赐；不才，吾唯子之怨。今君虽终，言犹在耳，而弃之，若何？宣子与诸大夫皆患穆嬴，且畏逼，乃背先蔑而立灵公。《左传》

【注释】①晋襄公：姬姓，名驩，春秋时期晋国国君，晋文公和逼姞的儿子。②晋灵公：姬姓，名夷皋，晋文公之孙，晋襄公之子，春秋时期晋国国君。③先蔑：姬姓，先氏，先丹之子，先轸之弟，名蔑，一作眜，曾任晋国左行将和下军将。④士会：刘姓，士氏，名会，因被封于随、范，以邑为氏，别为范氏，谥武，又被称为士季、随会、随季、范子、范会、武季、随武子、范武子。是士蒍之孙，成伯缺之子，春秋晋国中军将、太傅。⑤公子雍：

姬姓，名雍，是晋文公的庶子，母为杜祁。⑥穆嬴：春秋时期晋襄公夫人，晋灵公的母亲。⑦适嗣：嫡嗣，正妻所生的长子。⑧宣子：即赵盾，赵宣子，嬴姓，赵氏，名盾，谥号"宣"，时人尊称赵孟或宣孟。春秋中前期晋国卿大夫，赵衰之子，杰出的政治家、战略指挥家。晋文公之后，晋国出现的第一位权臣，集军政大权于一身，担任执政，号称正卿，法治晋国。是赵氏孤儿赵武的祖父。

【译文】晋襄公去世后，灵公年幼，晋国人以立少君恐怕会有祸难的理由，打算拥立年长的国君。于是派遣先蔑、士会到秦国迎接公子雍。穆嬴每天抱着太子到朝堂上啼哭，说："先君有什么罪？他的继承人又有什么罪？不拥立嫡嗣，却到外边去求国君，你们准备怎样安置这个孩子？"出了朝堂，穆嬴就抱着太子到赵氏家去，向赵盾叩头，说："先君捧着这个孩子，嘱托您：'这个孩子如果成材，我就是受了您的赐予；如果不成材，我就会埋怨您。'现在国君虽然去世，话音还在耳边，现在却要丢弃它，怎么办呢？"赵盾和大夫们都怕穆嬴，而且害怕被威逼，就背弃先蔑而拥立灵公为君。《左传》

赵盾嫡母赵姬

晋赵衰①妻者，晋文公之女也。初，文公为公子时，与衰奔狄，狄人入其二女叔隗②、季隗③。公以叔隗妻衰，生盾。及反国，公以其女赵姬④妻衰，生原同⑤、屏括⑥、楼婴⑦。姬请迎盾与其母而纳之，乃逆叔隗与盾来。姬以盾为贤，请立为嫡子，使三子下之；以叔隗为内妇[8]，姬亲下之。及盾为正卿，思姬之让恩，请以姬中子屏括为公族大夫[9]，曰：君，姬氏之爱子也，微君姬氏，则臣狄人也，何以至此？成公[10]许之，遂以其族为公族大夫。《列女传》

【注释】①赵衰（cuī）：即赵成子，嬴姓，赵氏，字子余，一曰子馀，谥号"成季"。亦称孟子余。赵国君主的祖先。②叔隗（wěi）：赵衰之妻，赵盾之母，季隗的姐姐。③季隗：赤狄部族的公主，隗姓。晋文公夫人，帮助晋文公成为春秋五霸。④赵姬：春秋时期晋国执政大夫赵衰之妻，晋文公重耳之女。因其本为姬姓，其丈夫以赵为氏，故史称赵姬。⑤原同：即赵同，嬴姓，赵氏，因采邑在原，又称原同。春秋时期晋国大夫。⑥屏括：即赵括，嬴姓，赵氏，赵衰之子。因采邑于屏，又称屏括。春秋时期晋国大夫。⑦楼婴：即赵婴齐，嬴姓，赵氏，名婴齐，因食邑于楼，故又称楼婴。春秋时期晋国大夫。⑧内妇：犹内子，卿大夫的嫡妻。⑨公族大夫：掌管公族及卿大夫子弟的官职。⑩成公：即晋成公，姬姓，名黑臀，晋文公之子，晋襄公异母弟，晋灵公的叔叔，母为周王室之女，春秋时期晋国的国君。

【译文】晋国赵衰的妻子，是晋文公的女儿。晋文公还是公子的时候，与赵衰逃亡到狄地，狄人将叔隗、季隗两个女子献给文公。文公又将叔隗赐给赵衰为妻，生下赵盾。返回晋国之后，文公又把女儿赵姬嫁给赵衰，生了原同、屏括、楼婴。赵姬请赵衰接回赵盾和他的母亲，于是赵衰迎回叔隗和赵盾。赵姬认为赵盾是贤才，请求将他立为嫡子，让自己生的三个儿子居于赵盾之下；又让叔隗作正室，自己居于她之下。

后来赵盾成为晋国正卿，想起赵姬谦让的恩情，就奏请晋成公让赵姬的次子屏括担任公族大夫，赵盾说："屏括他是君姬氏的爱子，如果没有君姬氏，那么下臣就是狄人了，哪里能像现在这样呢？"晋成公答应了，于是屏括带领自己的家族成为公族大夫。《列女传》

孙叔敖母

楚令尹①孙叔敖②为婴儿时，出游，见两头蛇，杀而埋之。归见其母而泣，母问故，对曰："吾闻见两头蛇者死，今者出游见之。"母曰："蛇今安在？"对曰："吾恐他人复见之，杀而埋之矣。"母曰："汝不死矣。夫有阴德者阳报之，德胜不祥，仁除百祸。天之处高而听卑。《书》不云乎：'皇天无亲，惟德是辅。'尔嘿③矣，必兴于楚。"及叔敖长，为令尹。《列女传》

【注释】①令尹：春秋战国时楚国执政官名，相当于宰相。②孙叔敖：芈姓，蒍氏，名敖，字孙叔，楚国期思邑（今河南信阳市淮滨县）人。春秋时期楚国令尹。历史治水名人。③嘿：古同"默"。不作声。

【译文】楚国令尹孙叔敖还是孩子的时候，曾外出游玩看见一条两头蛇。他就把蛇杀死埋掉了。回家后孙叔敖看到母亲就哭了起来。母亲问他为什么哭，孙叔敖回答说："我听说看见两头蛇的人会死的，今天我在外面玩的时候看到了。"他的母亲问："那条蛇现在在哪里？"

他回答说:"我担心别人会再看到,就把它杀死埋掉了。"他的母亲说:"你不会死的。暗中做了有德于人的事,就会有显明的回报,德行会战胜不祥,仁义会消除百祸,上天处高位能观察到地上的事情。《尚书》有记载:'皇天不亲近任何人,只是帮助那些有德行的人。'你不需要再担心了,日后你一定会在楚国显名。"孙叔敖长大后,果然担任了楚国令尹。《列女传》

附 颂
刘向

叔敖之母,深知天道。叔敖见蛇,两头歧首。
杀而埋之,泣恐不及。母曰阴德,不死必寿。

【译文】孙叔敖的母亲,十分了解自然之道。孙叔敖外出看到一条怪蛇,发现是两头蛇。就杀死埋掉了,回家哭泣担心不久会死。母亲说他私下做了有德行的事情,不仅不会死而且必定会长寿。

又 颂
(北周)庾信

叔敖朝出,容悴归家。母氏顾访,知埋怪蛇。
尔有阴德,阳报将加。终为楚相,卒享荣华。

【译文】孙叔敖早上外出游玩，面容憔悴地回到家。母亲细问缘故，知道孙叔敖杀死怪蛇并埋掉了。你暗中做了有德行的事情，会有显名的回报。最终孙叔敖担任楚国相国，享受荣耀。

杞梁华舟母

齐庄公①伐莒②，为车五乘③之宾，而杞梁④、华舟⑤独不与焉，归而不食。其母曰："汝生而无义，死而无名，则虽五乘，孰不汝笑也? 汝生而有义，死而有名，则五乘之宾尽汝下也。"趣食乃行，莒人逆之，陷阵而死。《说苑》

【注释】①齐庄公：齐后庄公，亦称齐庄公，姜姓，吕氏，名光，齐灵公之子，春秋时期齐国国君。②莒（jǔ）：西周诸侯国名，嬴姓，其地在今山东莒县。③五乘：先秦的一种爵禄，似以车辆为计算单位。《韩非子·外储说左上》："卫人请以棘刺之端为母猴，燕王悦之，养之以五乘之奉。"又《外储说左下》载魏昭卯西退秦韩，东却齐楚，"魏襄王养之以五乘将军。"④杞梁：春秋时齐国大夫。一作杞殖。齐庄公四年，先伐卫、晋，回师袭莒。他与华舟还率少数甲士夜出隧险，突击至城郊。⑤华舟：《汉书人表》作"华州"，其事不详。

【译文】齐庄公讨伐莒国，建立了享受五乘爵禄的侍卫队伍，但唯独杞梁、华舟不在其中，因此他们回家后气得不想吃饭。他们的母亲说：

"你二人如果活着不行道义，死后就也不会有名声，即使成为享受五乘爵禄的侍卫，谁不嘲笑你们呢? 如果你们活着的时候重道义，死后也有名声，那么那些享受五乘爵禄的侍卫都在你二人之下了。"于是催促他们吃过饭后起行。后来莒国军队迎战他们，二人最终攻入敌阵而死。

叔向母叔姬（四条）

叔姬①者，羊舌子②（晋大夫，名职）之妻，叔向③、叔鱼④之母也，一姓杨氏。叔向名肸（《左传》作胏），叔鱼名鲋。羊舌子好正，不容于晋，去之三室⑤之邑。邑人攘羊遗之，羊舌子不受。叔姬曰："夫子居晋，不容，去之三室之邑，又不容，是于夫子不容也，不如受之。"羊舌子曰："为肸与鲋亨⑥之。"叔姬曰："不可。南方有鸟，名乾吉，食其子不择肉，子常不遂。今肸与鲋，童子也，随大人而化者，不可食以不义之肉，不如埋之，以明不与。"于是盛以瓮，埋垆阴。后二年，攘羊事发，发而视之，其骨存焉。都吏曰："君子哉! 羊舌子不与攘羊之事矣。"《列女传》

【注释】①叔姬: 晋国大夫羊舌职之妻，叔向之母，以慧著称。②羊舌子: 即羊舌职，春秋时期晋国大夫，羊舌突之子。③叔向: 姬姓，羊舌氏，名肸，字叔向，又字叔誉，因被封于杨（今山西洪洞县），以邑为氏，别为杨氏，又称叔肸、杨肸。春秋后期晋国贤臣。④叔鱼: 即羊舌鲋，复姓羊舌,名鲋,也称叔鲋,字叔鱼,春秋时期晋国大夫,羊舌职之子,羊舌四族之一。羊舌鲋是中国有史书记载以来,第一个因为贪污而受到惩罚的官员。⑤三室:祖宗三庙。《礼记·王制》:"大夫三庙:一昭,一穆,与太祖之庙而三。"⑥亨:古同"烹",煮。

【译文】叔姬是晋国大夫羊舌子的妻子,叔向、叔鱼的母亲,一说姓杨。叔向名肸,叔鱼名鲋。羊舌子为人正直,在晋国不被容纳,于是离开晋国,前往祖宗三庙所在的城邑。城邑的人偷了羊,还送给羊舌子一只,羊舌子不肯接受。叔姬说:"夫子您在晋国时不被容纳,离开后来到此处,又不被人容纳,看来您是不会被人接纳了,不如接受邑人送来的羊。"羊舌子说:"烹煮给肸和鲋食用。"叔姬说:"不可以。南方有一种鸟,名叫乾吉,喂养雏鸟时不拣择肉食,因此雏鸟都不能顺利生长。如今肸和鲋还是小孩子,仍在接受您的教育德化,不能让他们食用不义的肉。不如把羊埋掉,以表明您没有参与此事。"于是羊舌子就用瓮把羊装起来,埋在地底下,两年后,偷羊的事情被揭发,挖出装羊的瓮打开一看,羊的骨骸都保存完好。都吏说:"真是君子啊!羊舌子没有参与偷羊的事情。"《列女传》

叔向之母妒

叔虎①（叔向异母弟）之母,美而不使。其子皆谏其母。其母曰:"深山大泽,实生龙蛇,彼美,余惧其生龙蛇以祸女。女,敝族也,国多大宠，不仁人间之，不亦难乎？余何爱焉？"使往视寝，生叔虎，美而有勇力，栾怀子^②嬖之，故羊舌氏之族及于难。《左传》

【注释】①叔虎：即羊舌虎，复姓羊舌，名虎，也称叔虎，春秋时期晋国大夫。羊舌职幼子，羊舌四族之一。美而有力，因党于栾盈被杀。②栾怀子：即栾盈，姬姓，栾氏，名盈，一作"逞"（避讳西汉惠帝刘盈），栾黡之子，栾书之孙，谥怀，称栾怀子，春秋时期晋国下军佐。

【译文】叔虎的母亲，容貌俊美，但是叔向的母亲不让她侍寝。儿子们都劝谏母亲。叔向的母亲说："深邃的山野和广阔的湖泽之中，确实会生长龙蛇。她容貌俊美，我害怕她生下龙蛇来祸害你们，你们家，是衰败的家族，尽管国内有很多受到宠信的高官，但有坏人从中挑拨离间，不也是很难处吗？我自己有什么可吝惜的？"于是就让叔虎的母亲去陪侍丈夫，生下了叔虎，长得漂亮而有勇力，栾怀子宠溺于他，所以羊舌氏家族遭受祸难。《左传》

晋杀祁盈^①及杨食我^②，遂灭祁氏、羊舌氏。初，叔向欲娶于申公巫臣^③氏（陈夏姬之女），其母曰："子灵（巫臣字）之妻杀三夫（陈御叔、楚襄老、巫臣），一君（陈灵公），一子（夏徵舒），而亡一国（陈）、两卿矣（孔宁、仪行父），可无惩乎？吾闻之，甚美必有甚恶，是郑穆^④少妃姚子^⑤之子，子貉^⑥（郑灵公）之妹也。子貉早死，无后，而天钟美于是，将必以是大有败也。昔有仍氏^⑦生女，黰黑而甚美，光可以鉴，名曰玄妻^⑧。乐正后夔^⑨取之，生伯封，实有豕心，贪惏无餍，忿纇^⑩无期，谓之封豕。有穷后羿^⑪灭之，夔是以不祀。且三代之亡，共子

（太子申生）之废，皆是物也。女何以为哉？夫有尤物，足以移人。苟非德义，则必有祸。"叔向惧，不敢取。平公⑫强使取之，生伯石（杨食我）。伯石始生，子容之母（伯华妻）走谒诸姑，曰："长叔姒生男。"姑视之，及堂，闻其声而还，曰："是豺狼之声也。狼子野心，非是，莫丧羊舌氏矣。"遂弗视。《左传》

【注释】①祁盈：春秋时晋国人，祁午子，晋顷公时大夫。②杨食我：即杨伯石，字食我，以父叔向封邑杨为氏，号杨石。③申公巫臣：春秋时人。楚国申县（今河南南阳北）县尹。芈姓，屈氏，名巫，一名巫臣，字子灵。④郑穆：姬姓，名兰，郑国郑邑（今河南省新郑市）人。春秋时期郑国君主，郑文公庶子。谥号为穆（《史记》作郑缪公）。⑤姚子：夏姬之母，春秋时期郑国国君郑穆公的少妃，其女让九个男人为其付出性命。⑥子貉：即郑灵公，姬姓，郑氏，名夷，春秋时郑国君主，郑穆公之子，故称公子夷。郑襄公之兄。谥灵，故称郑灵公。⑦有仍氏：太昊、少昊后裔（东夷昊族），建立的国家称"任国"，是中华文明在上古时期四个风姓古国中最古老的一个。⑧元妻：上古时代乐正后夔的妻子。因其发色乌黑润泽，故称为"玄妻"。此处称"元"，为避清圣祖玄烨讳。⑨后夔：相传为舜时掌乐之官。⑩忿颣（lèi）：忿戾。⑪有穷后羿：夏王朝东夷族有穷氏的首领，嫦娥的丈夫，又称"夷羿"。⑫平公：即晋平公，姬姓，名彪，晋悼公之子，春秋时期晋国国君。谥号"平"。

【译文】晋顷公杀了祁盈和杨食我，灭亡了祁氏、羊舌氏。起初，叔向想要娶申公巫臣的女儿为妻，他的母亲说："巫臣的妻子克死了三个丈夫，一个国君，一个儿子，灭亡了一个国家，使两个卿大夫逃亡了，能够不引为教训吗？我听说，过分美丽必然会有很丑恶的一面。那个人是郑穆公少妃姚子的女儿,子貉的妹妹,子貉早死,没有后代,而上天把美丽专注在她身上,必然是要让她惹出大祸。从前有仍氏生了一个女儿,头发乌黑浓密而且生得非常美丽,头发的光泽可以照见人影,名叫‘玄妻'。乐官之长后夔娶了她,生下伯封,心地如同猪一样,贪婪无度,暴躁乖戾,人们叫他大猪。有穷氏首领后羿剿灭了他,夔因此无人祭祀。而且夏、商、周三代的灭亡,公子申生的被废,都是由于美色导致。你娶她做什么呢?有了绝色的美女,可以使人完全改变。如果不是道德信义非常深厚的人娶她,就必然会有灾祸。"叔向听后害怕,不敢娶她了。晋平公强行让叔向娶了她,生了杨食我。杨食我刚生下来,子容的母亲跑去告诉婆母,说:"大姐生了个男孩。"叔向的母亲准备去探视,走到堂前,听到孩子的哭声就往回走,说:"这是豺狼发出的声音。狼崽子虽幼,却有凶恶的本性。除了他,没有人会毁掉羊舌氏。"于是就不去看他。《国语》

　　叔鱼生,其母视之曰:是虎目而豕喙,鸢肩而牛腹,谿壑可盈,是不可餍也,必以贿死。遂弗视。《国语》

　　【译文】叔鱼刚出生的时候,他的母亲看到后说:"这孩子虎眼猪嘴,鹰肩牛腹,谿壑尚有盈满的时候,他的贪欲却不会满足,将来必定会因为贪财受贿而死。"于是就不再去看他。《国语》

附 颂

刘向

叔向之母，察于情性。推人之生，以穷其命。
叔鱼（鲋）、食我（伯硕），皆贪不正。必以货死，果卒分争。

【译文】叔向的母亲善于观察人的性情，推究人的出生，能知晓命运前途。叔鱼、伯硕，都贪财受贿不正直，最终果然纷争出事。

公父文伯母敬姜（八条）

鲁季敬姜①者，莒女也，号戴己。鲁大夫公父穆伯②之妻，文伯③之母，季康子④之从祖叔母也。博达知礼。穆伯先死，敬姜守养。文伯出学而还归，敬姜侧目而盼之，见其友上堂，从后阶降而却行，奉剑而正履，若事父兄。文伯自以为成人矣。敬姜召而数之曰："昔者武王罢朝，而结丝韎绝（"韎"，与"袜"同。《韩非子》作袜，系解而自结），左右顾，无可使结之者，俯而自申之，故能成王道；桓公⑤坐友三人，谏臣五人，日举过者三十人，故能成伯业；周公一食而三吐哺，一沐而三握发，所执贽⑥而见于穷闾隘巷者七十余人，故能存周室。彼二圣一贤者，皆霸王之君，而下人如此，其所与游者,皆过己者也,是以日益而不自知也。今以子之少而位之卑,所与游者,皆为服役,子之不益,亦以明矣。"文伯乃谢罪。于是择严师贤友而事之,所与游者皆黄耇倪齿⑦也。文伯引衽攘卷而亲馈之。敬姜曰:"子成人矣。"君子谓敬姜备于教化。

　　文伯相鲁,敬姜谓之曰:"吾语汝,治国之要,尽在经矣(以织喻政)。夫幅者,所以正枉曲也,不可不强,故幅可以为将。画者,所以均不均、服不服也,故画可以为正。物者,所以治芜与莫也,故物可以为都大夫。持交而不失,出入不绝者,捆也,捆可以为大行人。推而往,引而来者,综也,综可以为关内之师。主多少之数者,均也,均可以为内史。服重任,行远道,正直而固者,轴也,轴可以为相。舒而无穷者,摘也,摘可以为三公。"文伯再拜受教。《列女传》

　　【注释】①敬姜:姜姓,名戴己,齐国莒县(今山东省莒县)人。春秋时期(与孔子同时)的女性历史人物,齐侯庶出之女。②公父穆伯:姬姓,春秋时期鲁国三桓季悼子之子,季平子的兄弟。③文伯:即公父文伯,姬姓,名歜,春秋时期鲁国三桓季悼子之孙,公父穆伯的儿子。④季康子:即季孙肥,春秋时期鲁国的正卿。姬姓,季氏,名肥。谥康,史称"季康子"。⑤桓公:即齐桓公,姜姓,吕氏,名小白。姜姓齐国国君,春秋五霸之首。⑥执贽:古代交际礼仪。贽亦写作挚,即礼品,拜谒尊长及串亲访友时必携见面礼物。始于周代。⑦倪齿:老人齿落后又重新长出的牙齿。倪,通"齯"。后以"倪齿"指高寿之人。

　　【译文】鲁国季氏敬姜,是莒国的女子,号戴己,是鲁国大夫公父穆伯的妻子，公父文伯的母亲，季康子的从叔祖母。她博学通达，知晓礼节。公父穆伯早死，敬姜就守寡，独自抚养儿子。文伯外出游学归来，敬姜偏着头看，看到他的朋友进了堂屋，又从后面的台阶倒退着走下来，捧着剑正立对着他，如同事奉父兄一般。文伯自认为已经成人了。敬姜把他叫过来，责备道："从前周武王退朝时，脚上系袜子的带子断掉了，环视左右，发现没有可以帮自己系袜带的人，就自己俯身重新将带子系上，因此能够成就王道；齐桓公有三个敢和自己争论的朋友，五个直言规劝他的大臣，三十个每天检举自己过失的人，因此能够成就霸业；周公吃一餐饭会多次停顿，洗一次头会多次挽起头发，以接待贤人，带着礼物到陋巷拜访过七十多人，因此能够维系周朝的统治。三人二圣一贤，都是有成就王业之道才能的人，却这样屈居人下，与自己交游的，也都是强于自己的人，所以他们逐渐强大起来而不自知。现在你年纪小，地位不高，交往的都是供你役使的人，你难以成长，也是显而易见的。"于是文伯承认了自己的错误。从此选择严师贤友事奉，同自己交游的，都是年高德重的人。文伯拉起衣袖，整理衣服，亲自馈送食物事奉他们。敬姜说："文伯已经长大成人了。"君子称赞敬姜是注重全面教化的人。

文伯出任鲁国相国，敬姜对他说："我告诉你，治国的关键，全都在经上。幅是用来矫正弯曲的，不能不强，因此像幅一样的人可以为将。画是用来调和不均平、均衡不贴服的，因此像画一样的人可以为正官长。物是用来治理芜和莫的，因此像物一样的人可以为都大夫。交织众线而不错失，往来出入不断的是捆。因此像捆一样的人可以为大行人。推来过往，交织经线、纬线的是综，因此像综一样的人可以为关内之师。决定丝缕多少的是均，像均一样的人可以为内史。担负重任，行远道，正直坚固的是轴，像轴一样的人可以为国相。具有延展性且没有界限的是摘，摘可以做三公。"文伯拜了又拜，接受教诲。《列女传》

公父文伯饮南宫敬叔①酒，以露睹父②为客。羞鳖焉小，睹父怒，相延食鳖，辞曰："将使鳖长而后食之。"遂出。文伯之母闻之，怒曰："吾闻之先子③（谓先舅，季悼子也）曰：'祭养尸，飨养上宾。'鳖于何有？而使夫人怒也！"遂逐之。五日，鲁大夫辞而复之。《国语》

【注释】①南宫敬叔：姬姓，鲁国南宫氏，名阅或说，一名绦，谥敬，是孟僖子的儿子，孟懿子的弟弟。②露睹父：鲁国大夫。③先子：称丈夫的亡父。

【译文】公父文伯在宴请南宫敬叔的酒宴上，尊露睹父为上宾。端上鳖这道菜时，鳖有点小，露睹父很生气。相请吃鳖的时候，露睹父离席告辞说："等这只鳖长大后我再来吃吧。"于是中途离开了。文伯的母亲听说后，生气地对儿子说："我听故世的季悼子说过：'祭祀时好好招待代表死者受祭的人，宴客时要好好招待上宾。'你为什么要吝惜鳖这道菜，而惹上宾生气呢！"于是把公父文伯从家里赶出去了。过了五天，鲁国大夫都前来说情，文伯的母亲才同意公父文伯回家。《国语》

公父文伯退朝，朝其母，其母方绩。文伯曰："以歜（文伯名）

之家而主犹绩，惧干季孙（康子）之怒也，其以歇为不能事主乎？"其母叹曰："鲁其亡乎！使僮子备官而未之闻耶？居，吾语女。昔圣王之处民也，择瘠土而处之，劳其民而用之，故长王天下。夫民劳则思，思则善心生；逸则淫，淫则忘善，忘善则恶心生。沃土之民不材，逸也；瘠土之民莫不向义，劳也。是故天子大采①朝日，与三公、九卿祖识②地德；日中考政，与百官之政事，师尹惟旅牧，相宣序民事；少采③夕月，与大史、司载纠虔天刑；日入监九御，使洁奉禘、郊④之粢盛⑤，而后即安。诸侯朝修天子之业命，昼考其国职，夕省其典刑，夜儆百工，使无慆淫⑥，而后即安。卿大夫朝考其职，昼讲其庶政，夕序其业，夜庀其家事，而后即安。士朝受业，昼而讲贯，夕而习复，夜而计过无憾，而后即安。自庶人以下，明而动，晦而休，无日以怠。王后亲织元紞⑦，公侯之夫人加之以纮、綖⑧，卿之内子为大带⑨，命妇成祭服⑩，列士之妻加之朝服，自庶士以下，皆衣其夫。社⑪而赋事，烝⑫而献功，男女效绩，愆则有辟，古之制也。君子劳心，小人劳力，先王之训也。自上以下，谁敢虚心舍力？今我，寡也，尔又在下位，朝夕处事，犹恐忘先人之业，况有怠惰，其何以避辟？吾冀而朝夕修我曰：'必无废先人。'尔今曰：'胡不自安？'以是承君之官，余惧穆伯之绝祀也。"仲尼闻之曰："弟子志之，季氏之妇不淫矣。"《国语》

【注释】①大采：古代天子祭日所穿的礼服。②祖识：熟习知悉。③少采：黼衣。古代绣有黑白斧形花纹的一种礼服。④禘郊：天子祭祀始祖和天神的大典。⑤粢（zī）盛：古代盛在祭器内以供祭祀的谷物。

⑥慆淫：享乐过度，怠慢放纵。⑦元紞（dǎn）：即"元紞"。礼冠上系塞耳玉的丝带。古代有皇后亲织玄紞之事，后因以玄紞指女红。⑧纮（hóng）綖（yán）：古代冠冕上装饰的绳带。⑨大带：古代贵族礼服用带，有革带、大带之分。革带以系佩韨，大带加于革带之上，用素或练制成。⑩祭服：古代祭祀时所穿的礼服。历代形制有异。⑪社：古代指土地神和祭祀土地神的地方、日子以及祭礼。⑫烝：古代特指冬天的祭祀。

【译文】 公父文伯退朝回家后，向母亲请安，他的母亲正在纺麻。公父文伯说："像我们这样显赫的人家，主母还在纺麻，我担心触怒季康子，他会认为我没有侍奉好母亲！"他的母亲叹息说："鲁国可能是要灭亡了吧！让你这样不明事理的人在朝中做官，却没有将做官的道理告诉你吗？坐下来，我来跟你说。过去圣王管理百姓，都是选择贫瘠的土地安置他们，使百姓辛勤劳动，把土地耕种好，就能长久地统治天下。百姓勤劳就会节俭，想到节俭就会生发善良的心；安逸则会放纵，放纵就会忘记善良，忘记善良必然产生恶毒的心。生活在肥沃土地上的百姓不能成材，就是因为太安逸了；生活在贫瘠土地上的百姓都向往仁义，这是因为勤劳的缘故。因此天子每年在朝拜日神那天，早上和三公九卿一起熟习知悉五谷的生长情况；正午要考查朝政的得失和百官政事的勤怠，大夫官和各属官的长官辅佐天子按次序全面安排民政事务；天子祭祀月神的时候，和太史、司载虔诚恭敬地体察上天的法则；日落以后监督内宫女官的工作，让他们干净整洁地准备好禘祭和郊祭的祭品，然后才能安寝。诸侯在早上要处理天子交给的任务和命令，白天考察自己封国的国事与政令，晚上检查法令的执行情况，夜间还要儆省百工，使他们不敢怠慢放纵，然后才能安寝。卿大夫在早上要查核自己的本职工作，白天讲习各种政务，晚上检查自己经办的事务，夜间处理家中的私事，然后才能安寝。士人在早上要接受朝廷交办的任务，白天讲习政事，晚上复习，夜间检讨自己的过失，没有遗憾，然后才能安寝。自一般百姓以下，太阳升起就起来劳动，太阳下山就休息，没有一天可以怠惰。王后要亲自编织礼冠上系塞耳玉的丝带，公侯的夫人还要在此基础上再加编织冠冕上装饰的绳带，卿的妻子要亲自编织束身用的黑色礼服腰带，大夫的妻子要亲自做祭祀用的礼服，列士的妻子除此之外还要给丈夫做朝服，自一般百姓以下的妻子都要给丈夫做衣服穿。春祭时要分配劳作之事，冬祭时要奉献谷帛，男女都尽力效劳，有了过失就要治罪，这是古时的法式制度。君子费心思操劳，小人用体力操劳，这是先王的教诲。自上而下，谁敢放纵自己而不用气力？如今我是个寡妇，你也只是个大夫，从早到晚兢兢业业地做事，尚且担心败坏了祖先的基业，如果心存懈怠之念，又怎么能躲避罪责呢？我希望你每天早晚都提醒我：'一定不要败坏先人的基业。'你刚才却说：'为什么不自求安逸？'用这样懈怠的态度来承受国君赋予你的官职，我真担心你的父亲穆伯会断绝祭祀啊！"孔子听到敬姜所说的这番话，说："弟子们要记住，季氏家的妇人可真算是一个不放纵的人了。"《国语》

公父文伯之母欲室文伯，飨其宗老①，而为赋《绿衣》之三章。老请守龟②卜室之族。师亥③（鲁乐师之贤者）闻之曰："善哉！男女之飨，不及宗臣④；宗室之谋，不过宗人⑤。谋而不犯，微而昭矣。诗所以合意，歌所以咏诗也。今诗以合室，歌以咏之，度于法矣。"《国语》

【注释】①宗老：古代大夫家臣之管理宗事者。本身为宗人。②守龟：天子诸侯占卜用的龟甲，据《周礼》，此龟甲由专人（称龟人）掌守，故称。③师亥：鲁国一流乐师的名字。④宗臣：与国君宗族的臣子。⑤宗人：古代官名。掌宗庙、谱牒、祭祀等。

【译文】公父文伯的母亲准备给他娶妻，宴请了管理宗事的家臣，并吟诵《绿衣》篇第三章中的诗句。家臣请占卜之人卜问了女方家族的情况。师亥听说这件事后说："好啊！为了男女婚嫁而举行的宴会，不必请国君宗族的臣子到场；同族的人商量着娶媳妇，只要请主持礼乐的家臣参加就可以了。如此谋划婚事，没有违背礼节，吟诵古人的诗句能微妙而公开地表明对婚事的态度。诗是用来表达想法的，歌是用来吟咏诗句的。现在通过吟诵古人的诗句来促成婚事，用歌来吟咏婚事，是符合法度的。"《国语》

公父文伯卒，其母戒其妾曰："吾闻之：好内，女死之；好外，士死之。今吾子夭死，吾恶其以好内闻也。二三妇之辱共先祀者，请无瘠色，无洵涕①，无揢膺，无忧容，有降服，无加服，从礼而静，是昭吾子也。"仲尼闻之曰："女知莫如妇，男知莫如夫。公父氏之妇知也，夫欲明其子之令德也。"《国语》

【注释】①洵涕：默默地流泪。洵，通"泫"。
【译文】公父文伯去世，其母告诫他的妻妾说："我听说：贪恋妻妾姬侍，妻妾会为他而死。热心国家大事，士会为他而死。'如今我儿子不幸早死，我不希望他有贪恋妻妾的名声。你们几个人在供奉亡夫的祭祀仪式上要受点委屈，请不要因悲伤而消瘦，不要默默地流泪，不要捶打胸膛，不要神情忧愁，要降低一等丧服，不要提高丧服的等级。遵守礼节静静地完成祭祀，这样才能彰显我儿子的美德。"孔子听说这件事后说："姑娘的智慧比不上妇人，男孩子的智慧比不上丈夫。公父家的妇人是明智的！她这样做是想彰显儿子的美德。"《国语》

公父文伯之母朝哭穆伯而莫哭文伯，仲尼闻之曰："季氏之妇可谓知礼矣，爱而无私，上下有章。"《国语》

【译文】公父文伯的母亲应对丧事，早晨哭亡夫穆伯，黄昏哭亡子文伯。孔子听到后说："季氏家的这个妇人可以说是知晓礼节了，怜爱亡去的亲人却没有私情，早晨哭亡夫，黄昏哭亡子，上下有法度。"《国语》

文伯之丧，敬姜据其床而不哭，曰："昔吾有斯子也，吾以将为贤人也，吾未尝以就公室。今及其死也，朋友诸臣未有出涕者，而内人皆行哭失声。斯子也，必多旷于礼矣夫！"《檀弓》

【译文】公父文伯死的时候，敬姜靠着他的床暂停哭泣时，说道："从前我有这个儿子，想着将来会成为贤人。我不曾到过他办公的地方。现在他死了，朋友众臣没有为他伤心流眼泪的，而他的妻妾却因悲伤过度而泣不成声。如此看来，这个孩子，在待人接物的礼仪方面一定很荒废。《檀弓》

公父文伯病死，妇人为之自杀于房中者二八。其母闻之，不肯哭也，曰："孔子，贤人也，逐于鲁，而是人不随。今死，而妇人为死者十六人。若是者，其于长者薄而于妇人厚。"《战国策》

【译文】公父文伯生病死了，妇人因他之死而有十六人在房中自杀。文伯的母亲听说后，不肯哭泣，说："孔子是有才德的人，被鲁国驱逐在外，但没有人追随。如今文伯死了，却有十六个妇人为他而死。出现这种情况，说明他对长者情薄，而对妇人情厚。"《战国策》

附 颂
刘向

文伯之母，号曰敬姜。通达知礼，德行光明。
匡子过失，教以法理。孔子贤焉，列为慈母。

【译文】公父文伯的母亲，名号叫敬姜。通情达理，知晓礼仪，道德品行光大显扬。匡正儿子的过失，用法则情理进行宣讲。孔子多次称赞她贤德，列为慈母。

附　赞

（晋）左九嫔（左思妹）

邈矣敬姜，含德之英。于行则高，于理斯明。

垂训子宗，厉发奇声。宣尼①之叹，万古遗馨。

【注释】①宣尼：对孔子的尊称。孔子字仲尼，汉平帝元始元年追谥孔子为褒成宣尼公，后因称孔子为宣尼。或称为"宣圣"。

【译文】敬姜高远超卓，怀藏道德，才能出众。举止行动高尚，通达事理。垂示教训家族子孙，严肃阐述特别的教诲。孔子赞叹她，美好的名声永远流传。

叔文母

叔文相莒三年，归，其母自绩。谓母曰："文相莒三年，有马千驷，今母犹绩，文之所得事，皆将弃之已。"母曰："吾闻君子不学诗书射御，必有博塞①之心；小人不好田作，必有窃盗之心；妇人不好纺绩，必有淫佚之行。好学为福也，犹飞鸟之有羽翼也。"《庄子逸篇》

【注释】①博塞：本作"簙（bó）簺（sài）"。古代的博戏。属于棋类游戏。

【译文】叔文担任莒国相国三年，回家后看到母亲自己在绩麻。就对母亲说："我担任了三年鲁国相国，拥有四千匹马，但母亲仍然在绩麻，我所得到的东西，都将要扔掉了。"叔文的母亲说："我听说君子如果不学习诗书射御，就一定会有博戏的心思；平民如果不能耕作，就一定会生出偷盗的坏心；女子如果不能纺丝、绩麻，就一定会有纵欲放荡的行为。喜爱学习是福气，就好像飞鸟拥有翅膀一样。"《庄子逸篇》

佛肸母

赵佛肸①母者，赵之中牟宰佛肸之母也。佛肸以中牟叛。赵之法，以城叛者，身死家收。佛肸之母将论，自言曰："我死不当。"士长问其故，母曰："为我通于主君，乃言；不通，则老妇死而已。"士长为之言于襄子②。襄子出，问其故，母曰："不得见主君则不言。"于是襄子见而问之曰："不当死，何也？"母曰："妾之当死，亦何也？"襄子曰："而子反。"母曰："子反，母何为当死？"襄子曰："母不能教子，故使至于反，母何为不当死也？"母曰："吁！以主君杀妾为有说也，乃以母无教邪？妾之职尽久矣，此乃在于主君。妾闻子少而慢者，母之罪也；长而不能使者，父之罪也。今妾之子少而不慢，长而能使，妾何负哉？妾闻之，子少则为子，长则为友，夫死从子，妾能为君长子，君自择以为臣，妾之子与在论中，此君之臣，非妾之子，君有暴臣，妾无暴子，是以言妾无罪也。"襄子曰："善！夫佛肸之反，寡人之罪也。"遂释之。《列女传》（按：肸母不能教子于未叛之前，复为强辩于既叛之后，本无可取，以其言曰：子少而慢者，母之罪也；长而不能使者，父之罪也。二语有裨家教，录之。）

【注释】佛（bì）肸（xī）：春秋末年晋卿赵鞅的家臣，为中牟的县宰，但投靠范氏、中行氏。②襄子：即赵襄子，嬴姓，赵氏，名无恤（亦作"毋恤"）。春秋末叶晋国大夫，赵氏家族首领，战国时期的赵国的创始人。谥号为"襄子"，故史称"赵襄子"。

【译文】赵佛肸母是赵氏家臣中牟县宰佛肸的母亲。佛肸占据中牟，发动叛乱。按照当时赵氏的法律，占据城池叛乱的人，会被处死，家人也会被收捕。佛肸的母亲将被论罪，愤愤不平地说道："我不应该被处死。"士长问其中的原因，她说："请替我通传国君一声，如果不成，那老妇就只有去死了。"士长把此事奏报给赵襄子。赵襄子出来问为什么，佛肸的母亲说："不见到主君，我是不会说的。"于是赵襄子召见了佛肸的母亲，问她："你说你不该死，为什么呢？"佛肸的母亲反问道："妾身该死，又是为什么呢？"赵襄子说："因为你的儿子造反了。"佛肸的母亲又问："儿子造反，为什么母亲就该被处死？"赵襄子说："母亲不能教育好儿子，导致他造反，母亲还不该被处死吗？"佛肸的母亲说："唉！我以为主君杀我会有些道理，原来是认为我没有教育好儿子，其实妾身的职责早就尽到了，佛肸反叛这个责任在主君你呀。妾身听说孩子小时候傲慢无礼，是母亲的罪过；长大了不能为国效力，是父亲的罪过。我的儿子小时候没有傲慢无礼，长大后又能为国效力，妾身有什么责任呢？我听说，儿子小时候是儿子，长大后要把他看作朋友，丈夫死后，要听从儿子的。我能为主君将儿子抚养成人，主君愿意选择他为臣下，妾身的儿子按您的理论，此时他是主君的臣下，不是妾身的儿子，主君有残暴的臣下，妾身没有残暴的儿子，因此说妾身是没有罪责的。"赵襄子说："你说的对！佛肸造反，是寡人的罪过。"于是就释放了佛肸的母亲。《列女传》（按：赵佛肸的母亲不能在儿子没有叛乱之前教导他，在儿子叛乱之后她又进行强辩，这本不可取。她说：孩子小时候傲慢无礼，是母亲的罪过；长大了不能为国效力，是父亲的罪过。这两句话有益于家教，所以记录在这里。）

江乙母

楚大夫江乙之母，当恭王①之时，乙为郢大夫，有入王宫中盗者，令尹以罪乙，请于王而绌②之。处家无几何，其母亡布八寻，乃往言于王曰："妾夜亡布八寻③，令尹盗之。"王方在小曲之台，令尹侍焉。王谓母曰："令尹信盗之，寡人不为其富贵而不行法焉；若不盗而诬之，楚国有常法。"母曰："令尹不身盗之也，乃使人盗之。"王曰："其使人盗，奈何？"对曰："昔孙叔敖之为令尹也，道不拾遗，夜不闭关，而盗贼自息。今令尹之治也，耳目不明，盗贼公行，是故使盗得盗妾之布，是与使人盗何以异也？"王曰："令尹在上，寇盗在下，令尹不知，有何罪焉？"母曰："吁！何大王之言过也！昔者，姜之子为郢大夫，有盗王宫中之物者，姜子坐而绌，姜子亦岂知之哉？然终坐之。令尹独何人，而不以是为过也？昔者周武王有言曰：'百姓有过，在予一人。'上不明则下不治，相不贤则国不宁。所谓国无人者，非无人也，无理人者也。王其察之。"王曰："善。非徒讥令尹，又讥寡人。"命吏偿母之布，因赐金十镒④。母让金、布，曰："妾岂贪货而失大王哉？怨令尹之治也。"遂去，不肯受。王曰："母智若此，其子必不愚。"乃复召江乙而用之。《列女传》

【注释】①恭王：即楚恭王，恭，又作"共"。芈姓，熊氏，名审，楚庄王之子，春秋时期楚国国君。②绌：古同"黜"，罢免，革除。③寻：古代的长度单位，一寻等于八尺。④镒：古代重量单位，合二十两（一说二十四两）。

【译文】楚国大夫江乙的母亲，在楚恭王时期，江乙担任郢大夫，有人进入王宫盗窃，令尹凭借此事降罪江乙，请求恭王罢免了他。江乙在家闲住没多久，他的母亲丢了八寻布，就去禀告恭王说："妾身夜里丢了八寻布，是被令尹偷走的。"当时恭王正在小曲台上，令尹陪侍在侧。恭王对江乙的母亲说："如果确实是令尹偷盗的，我不会因为他身份尊贵而不依法行事，如果不是令尹偷盗而是你诬陷他，楚国也有定法通例。"江乙的母亲说："不是令尹亲自去偷的，是他派人去偷的。"恭王问："他怎么让人去偷的呢？"江乙的母亲回答说："从前孙叔敖担任令尹的时候，东西掉到路上也不会有人拾走，夜里睡觉都不需要关门防盗，而且盗贼都消失了。当今令尹执政，耳不聪，目不明，盗贼公开做坏事，因此使得盗贼偷走了妾身的布，这与令尹让盗贼盗窃有什么不同呢？"恭王说："令尹在庙堂之上，盗贼身处民间，令尹不知道他们的不法行为，有什么罪过呢？"江乙的母亲说："唉！大王的话多么没道理啊！从前，妾身的儿子担任郢大夫，有人偷盗了王宫的东西，我的儿子受到牵连被罢官，难道他知道盗贼的行动吗？但最终还是受到了牵连。令尹是什么人，为什么不把这件事当作他的罪过呢？从前，周武王说过：'百姓有了过错，都是我一个人造成的。'上位的人不明智，下位的人就不会治理好，相国不贤明，国家就不会安宁。所谓国家没有人，不是真的没有人，指的是没有治理百姓的人。请大王明察。"楚恭王说："说得好啊！不止是规劝了令尹，同时也劝谏了寡人。"于是命令手下把布偿还给江乙的母亲，并且赏赐给他十镒黄金，江乙的母亲婉拒了黄金和布匹，说："妾身难道是贪图财货而来冒犯大王的吗？我只是对令尹的治理不满。"于是离开了，不肯接受恭王的赏赐。恭王说："母亲如此有智慧。她的儿子一定不会愚蠢。"就又把江乙召回来，加以任用。《列女传》

附 颂

刘向

江乙失位，乙母动心。既归家处，亡布八寻。
指责令尹，辞甚有度。王复用乙，赐母金布。

【译文】江乙失去官位，他的母亲心中不平。江乙在家闲居，母亲八寻布被偷。前往王宫指责令尹，言辞有分寸。恭王重新启用江乙，赏赐江乙的母亲黄金和布匹。

范氏母

晋范氏母者，范献子①（士鞅）之妻也。其三子游于赵氏。赵简子②乘马园中，园中多株③（木根也），问三子曰："奈何？"长者曰："明君不问不为，乱君不问而为。"中者曰："爱马足则无爱民力，爱民力则无爱马足。"少者曰："可以三德使民。设令伐株于山，将有马为也。已而开囿，示之株。夫山远而囿近。是民一悦矣；夫（疑去字讹）险阻之山而伐平地之株，民二悦矣；既毕而贱卖民，三悦矣。"简子从之，民果三悦。少子伐其谋，归以告母。母喟然叹曰："终灭范氏者，必是子也。夫伐功施劳，鲜能布仁，乘伪行诈，莫能久长。"其后智伯④灭范氏。君子谓范氏母为知难本。《列女传》

【注释】①范献子：即士鞅，祁姓，范氏，讳鞅，谥献，其名范鞅，又曰士鞅，史称范献子，士匄（gài）之子，春秋后期晋国才干卓越的政治家，外交家。②赵简子：即赵鞅，春秋时期晋国赵氏的领袖，原名赵鞅，又名志父，亦称赵孟。《赵氏孤儿》中的孤儿赵武之孙。谥号"简"。③株：露出地面的树根。④智伯：即荀瑶，姬姓，智氏，名瑶，因"智"通"知"，故古书多作知瑶、智瑶，智氏出于荀氏，故又多称其荀瑶，时人尊称其智伯（同"知伯"）。又称知伯瑶，谥号"襄子"，又称智襄子。春秋末年晋国四卿之一，智宣子荀申之子。

【译文】晋范氏母是范献子的妻子。她的三个儿子在赵氏那里游玩。赵简子在园林中骑马，园林里有很多树根，挡住了马的去路，赵简子问范氏三个儿子说："这应该怎么办呢？"大儿子说："贤明的君主事情不经过讨论就不会去做，昏乱的国君不经过讨论，什么事情都敢去做。"第二个儿子说："爱惜马脚就无力顾及民力，爱惜民力就无法顾及马脚。"最小的儿子说："可以用三种恩惠来役使百姓。假设先砍伐了山上的树根，那马就有活动的地方了，然后再开放园林，让百姓看到园林中的树根，山远而园林近，这就能让百姓高兴一次；移平险要的山，砍掉平地上的树根，百姓就会高兴两次。砍伐掉树根之后，再贱卖给百姓，他们就会高兴三次。"赵简子听从了这个建议，百姓果然高兴了三次。最小的儿子夸耀自己的计谋，回家后告诉了母亲。他的母亲听完后，感叹道："最终让范氏灭亡的，一定会是这个儿子。夸耀自己的功劳而把烦难的事情推到百姓身上，一定不会施行仁义。弄虚作假，一定不会长久。"不久，智伯果然灭掉了范氏。君子称赞范氏母了解灾难的本源。《列女传》

附 颂

刘向

范氏之母，贵德尚信。小子三德，以诈与民。

知其必灭，鲜能有仁。后果逢祸，身死国分。

【译文】范氏的母亲，重视德行崇尚信义。小儿子所谓的三种恩惠，实际上是欺诈百姓。母亲知道他一定会灭亡，因为他不能施行仁义，后来果然遭遇灾难，身死而国家被瓜分。

鲁母师

母师者，鲁九子之寡母也。腊日①休作者，岁祀礼事毕，悉召诸子，谓曰："妇人之义，非有大故，不出夫家。然吾父母家多幼稚，岁时礼不理，吾从汝谒往监之。"诸子皆顿首许诺。又召诸妇曰："妇人有三从之义，而无专制之行。少系于父母，长系于夫，老系于子。今诸子许我归视私家②，虽逾正礼，愿与少子俱，以备妇人出入之制。诸妇其慎房户之守，吾夕而反。"于是使少子仆，归辨家事。天阴，还失早，至闺外而止，夕而入。鲁大夫从台上见而怪之，使人闲视其居处，礼节甚修，家事甚理。使者还以状对。于是大夫召母而问之曰："一日从北方来，至闺而止，良久，夕乃入。吾不知其故，甚怪之，是以问也。"母对曰："妾不幸，早失夫，独与九子居。腊日，礼毕事间，从诸子谒归视私家，与诸妇孺子期，夕而反。妾恐其醩醾③醉饱，人情所有也。妾反太早，不敢复返，故止闺外，期尽而入。"大夫美之，言于穆公④，赐母尊号曰母师。使朝谒夫人，夫人、诸姬皆师之。《列女传》

【注释】①腊日：古时岁终祭祀百神的日子，一般指腊八。②私家：已婚妇女的父母或兄弟之家。③酺（pú）醵（jù）：聚会饮食。出钱为醵，出食为酺。④穆公：即鲁穆公，本名姬显，战国初期鲁国国君，《史记索隐》作不衍，鲁元公之子。

【译文】母师，是鲁国中一位有九个儿子的守寡母亲。腊日停止劳作，按照礼仪完成祭祀后，母师把儿子们都叫过来，说："妇人的仪则，没有重大的事故，不能离开丈夫家。然而我的父母那里，孩子还小，过年的礼仪不能完备，我想和你们一起回去做个参谋。"儿子们都叩头应允了。她又叫来儿媳们，说道："妇人应该有三从之义，而不应该独断专行，年少的时候听命父母，成人后听命于丈夫，年老后听命于儿子。现在儿子们允许我回家看看，这虽然不符合正礼，但我希望小儿子能同我一起，以遵循妇人出入方面的法则。你们要谨慎地看守门户，我傍晚就会回来。"随后让小儿子驾车，回娘家帮着料理事务。天阴沉下来，母师很早就往回赶，到里巷的大门外就停下来，等到傍晚才进家门。鲁国大夫在高台上看到后感到很奇怪，就派人找机会查访他家平日的仪容举止，发现这个九个儿子的母亲施行礼教，治理家事有条理。使者回来后，把看到的情况回报给鲁国大夫。于是鲁国大夫叫来这个九个儿子的母亲，问道："有一天你从北方回来，到里巷的大门外就停下来，过了很久才进去。我不晓得其中的缘故，感到非常奇怪，因此问一问。"这位母亲回答说："妾身不幸，很早丈夫就去世了，独自与九个儿子生活。腊日祭祀结束后，没有别的事情，就和儿子们回娘家探视请安，与媳妇、小孩子们约定傍晚回来。妾身担心他们聚会饮食过度，这也是人之常情。我回来得太早，不敢再回去，所以就等在里巷的大门外，到约定好的时间再进去。"鲁国大夫称赞她，把这事告诉了鲁穆公，

鲁穆公把"母师"的尊号赏赐给这位母亲。让她早上去见自己的夫人，夫人以及众姬妾都以她为典范效仿。《列女传》

附 颂

刘向

九子之母，诚知礼经。谒归还返，不揜人情。

德行既备，卒蒙其荣。鲁君贤之，号以尊名。

【译文】鲁国九子的母亲，确实是通晓礼经。探访娘家后回来，顾念个人私情。道德品行完全具备，最终蒙受荣光。鲁国国君以她为贤，赏赐尊号传扬美名。

孟子母仇氏

仇氏^①，孟子之母也。其舍近墓。孟子之少也，嬉游为墓间之事，踊跃筑埋。母曰："此非吾所以居处子。"乃去。舍市傍，其嬉戏为贾人衒卖之事，又曰："此非吾所以居处子也。"复徙。舍学宫之傍，其嬉游乃设俎豆^②，揖让进退。母曰："真可以居吾子矣。"孟子既学而归。母方绩，问学所至，孟子自若也。母以刀断织，曰："子之废学，若吾断斯机也。夫君子学以立名，问则广知，是以居则安宁,动则远害。今而废之,是不免于厮役,而无以离于祸患也,何以异于织绩而食,中道废而不为,宁能衣其夫子,而长不乏粮食哉?女则废其所食,男则堕于修德,不为窃盗,即为虏役矣。孟子惧,勤学不息,师事子思③,遂成天下之名儒。孟子既娶,将入私室,其妇袒而在内,孟子不悦,遂去不入。妇辞母求去,曰:"妾闻夫妇之道,私室不与焉。今者妾窃堕在室,而夫子见妾,勃然不悦,是客妾也。妇人之义,盖不客宿,请归父母。"于是母召孟子,谓之曰:"夫礼,将入门,问孰存,所以致敬也;将上堂,声必扬,所以戒人也;将入户,视必下,恐见人过也。今子不察于礼,而责礼于人,不亦远乎?"孟子谢,遂留其妇。孟子处齐,有忧色。母曰:"子若有忧色,何也?"孟子曰:"不敏。"异日闲居,拥楹而叹。母曰:"乡见子有忧色,曰'不也',今拥楹而叹,何也?"孟子对曰:"轲闻之,君子称身而就位,不为苟得而受赏,不贪荣禄,诸侯不听,则不达其上(上,疑土字讹)。听而不用,则不践其朝。今道不用于齐,愿行而母老,是以忧也。"母曰:"夫妇人之礼,精五飰④(即饭字),审酒浆,养舅姑⑤,缝衣裳而已矣。故有闺内之修,而无境外之志。《易》曰:'在中馈,无攸遂。'《诗》曰:'无非无仪,惟酒食是议。'以言妇人无擅制之义,而有三从之道。年少从乎父母,出嫁从乎夫,夫死从乎子,礼也。今子成人也,而我老矣,子行乎子义,吾行乎吾礼。"

《列女传》

【注释】①仉(zhǎng)氏:孟轲的母亲,以教子有方著称。②俎(zǔ)豆:古代祭祀、宴会时盛肉类等食品的两种器皿。③子思:即孔伋，字子思，鲁国人，孔子的嫡孙、孔子之子孔鲤的儿子。④五飯（fàn）：即"五饭"。古时饭用五谷即稷、黍、麦、菽、稻做成，故称"五饭"。⑤舅姑：称夫之父母。俗称公婆。

【译文】仉氏，是孟子的母亲。她的房舍靠近坟墓。孟子小时候在坟墓边嬉笑游玩，学会了丧葬跳跃、筑穴埋葬的事情。孟母说："这个地方不适合我的儿子居住。"就离开了。搬到市集旁边，孟子就在嬉笑游戏中模仿商人吆喝叫卖之类的事，孟母又说："这个地方也不适合我的儿子居住。"就又离开了。居住在一座学宫旁边，孟子在嬉笑游戏中学会了摆设祭品以及鞠躬行礼的礼节。孟母说："这里确实是适合我儿子居住的地方。"孟子外出求学，没多久就回来了。孟母正在绩麻，孟母问孟子学得怎么样，孟子说还是老样子。孟母拿起剪刀剪断织机上的纱线，说道："你荒废学业，就像我剪断织线一样，君子通过学习才能建立名声，通过请教才能增长智慧，所以君子坐则安心平静，动则远离祸害。如今你荒废学业，将来不免成为受人驱使的奴仆，而且难以逃避祸患。这就像纺织绩麻，为人提供衣物，中途停止，怎么能让丈夫穿上衣服进而长期不缺乏粮食呢？女子停止提供衣物，男子不能修养德行，那么他们不是沦为盗贼，就会成为供人使唤的奴仆。"孟子很害怕，勤奋学习，没有松懈，拜子思为师，后来成为天下闻名的儒士。孟子结婚后，进入卧室时，发现妻子脱去上衣，露出身体。孟子不高兴，就离开了，没有进去。他的妻子向孟母辞行，请求离开，说："妾身听说夫妇之道，卧室是不包含在内的。刚才我躺在卧室内，夫子看到后突然大发脾气，这是把我当作客人对待了，作为妇人的准则，是不能在外住宿的，请让我回到父母家去。"于是孟母把孟子叫来，对他说："按照礼的要求，将要进门的时候，应该问谁在里面，用来表示尊敬；将要到厅堂的时候，必须高声传扬，用来提醒别人；将要进入内室的时候，眼睛要往下看，以免发现别人的隐私。今天你没有研究清楚礼，却用礼来责备别人，不也是离礼的要求很远吗？"孟子连连道歉，留下了妻子。孟子在齐国做官时，面带忧愁。孟母问道："你好像面带忧愁，是怎么了？"孟子回答说："没有什么。"后来又有一天，孟子在家无事，靠着楹柱叹息。孟母说道："之前我看你面带忧愁，你说'没什么'，现在又靠着楹柱叹息，这是为什么呢？"孟子回答说："我听说，君子衡量自己的才德而就职，不为不当得而得，不贪图功名利禄，诸侯不采纳自己的主张，就不到他那里去，采纳了却不实行，就不再登上他的朝堂。现在齐国不肯推行我的政治主张，我想远行，但母亲您的年纪大了，所以我很为难。"孟母说："礼对妇人的要求，只是做好五饭，暖好酒浆，奉养公婆，缝补衣服罢了，因此她们只能修治闺门之内的事情，而不能处理闺门之外的事务。《易经》记载：'妇人在家中料理饮食之事，没有远大的成就。'《诗经》记载：'不要违背礼仪，一心操持家务。'这说的是妇人不应该独断专行，而应该遵循三从之道。年少的时候听命于父母，出嫁后听命于丈夫，丈夫死后听命于儿子，这是礼的规定。现在你已经长大成人，而我也已经老了，你行你的义，我行我的礼。"《列女传》

孟子少时，闻东家杀豚，问母何为，曰：欲啖汝。既而，母悔曰：吾怀妊是子，割不正不食，席不正不坐，胎教之也。今适有知而欺之，是教之不信也。乃买邻肉以食之。《韩诗外传》

【译文】孟子小的时候，听到邻居家在杀猪，就问母亲邻居家为什么杀猪，孟母说"要给你吃肉。"话说完，孟母就后悔了，自言自语道："我怀着这个孩子时，肉割得不正，我不吃，席子摆得不正，我不坐，这是对他进行胎教。如今他刚懂事我却欺骗他，这是在教他不诚实啊。"于是买了邻居家的猪肉给孟子吃。《韩诗外传》

附 颂
刘向

孟子之母，教化列分。处子择艺，使从大伦。
子学不进，断机示焉。子遂成德，为当世冠。

【译文】孟子的母亲，教育感化善于诱导。安排儿子选择技艺，让他遵行人伦大道。儿子学业不长进，剪断织线警示劝谏。儿子最终成就德行，在当世居第一位。

附 赞
左九嫔

邹母善导，三徙成教。邻止庠序，俎豆是效。
断织激子，广以坟奥。聪达知礼，教述圣道。

【译文】邹国人孟轲的母亲善于引导，三次迁居成就教化。与学堂为邻，摆设祭品，效法揖让进退的礼节。剪断织线激励儿子，学习众多深奥的古籍。聪明而通达事理,陈述圣人之道。

鲁师春姜

鲁师春姜嫁其女,三往而三逐。春姜问故,以轻其室人也。春姜召其女而笞之,曰:"妇事夫有五:平旦纚笄^①而朝,则有君臣之严;沃盥溃食(沃,涤也;溃与馈通),则有父子之敬;报反而行,则有兄弟之道;所期必诚,则有朋友之信;寝席之间,然后有夫妇之际。夫妇人以顺从为务,贞悫为首。今尔骄溢不逊以见逐,曾不悔前过。吾告尔数矣,而不吾用,尔非吾子也。"笞之百,而留之三年,乃复嫁之。女奉守节义,终知为妇之道。《家范》

【注释】①纚(lí)笄(jī):束发加簪。

【译文】鲁国有一位叫师春姜的母亲,三次嫁出自己的女儿,但三次都被赶回了娘家。春姜询问其中的缘故,婆家回答说,因为媳妇常常轻慢欺侮婆家的人。于是春姜把女儿叫来,一边鞭打,一边教训说:"妻子事奉丈夫有五件事:清晨束发加簪而朝见,就有君臣之间的庄重;洗涤食器,进献食物,则有父子之间的尊敬;报返而行动,则有兄弟之间的道义;期望真心实在,则有朋友之间的诚信;寝席之间,然后有夫妻的交界。作为妻子最大的美德就是要顺从,而且首先要坚贞诚信,现在你因为傲慢无礼被驱逐回家,几次都不能悔过。我已经和你讲过好几次了,你却不能听我的话,你不是我女儿了。"鞭打了女儿上百下,并留女儿在家教育了三年。三年后再次出嫁,女儿恪守礼义,终于知道妻子应该遵守的行为准则了。《家范》

附 论
司马光

今之为母者,女未嫁不能诲也,既嫁为之援,使挟己以陵其婿家,及见弃逐,则与婿家斗讼,终不自责其女之不令也。如师春姜者,岂非贤母乎?

【译文】 如今身为母亲,女儿在出嫁之前不能教诲;出嫁之后,又做女儿的后援,让女儿依仗娘家的势力去欺凌婆家。等到女儿被婆家抛弃,赶回娘家,就又与婆家争讼。始终不会责怪自己的女儿不守妇道。做到像师春姜这样,难道不是贤母吗?

王孙贾母

齐大夫王孙贾①,年十五,事齐闵王②。国乱,闵王出见弑,国人不讨贼。王孙母谓贾曰:汝朝出而晚来,则吾倚门而望汝;汝暮出而不还,则吾倚闾而望汝。今汝事王,王出走,汝不知其处,汝尚何归乎？"王孙贾乃入市中，而令百姓曰："淖齿③乱齐国，弑闵王，欲与我诛之者，袒右④！"市人从者四百人，与之诛淖齿，刺而杀之。
《续列女传》

【注释】①王孙贾：战国时齐闵王侍臣。②齐闵王：亦称齐愍王、齐湣王，妫姓，田氏，名地（一作遂），齐宣王之子。③淖齿：一作"卓齿""踔齿""悼齿"，战国时期楚国将领。④袒右：脱去右袖，露出右臂。古时表示参加起事的标志。

【译文】齐国大夫王孙贾，十五岁的时候，就事奉齐闵王。齐国动乱，齐闵王出逃被杀，国中却无人讨伐逆贼。王孙贾的母亲对他说："你早上出去，晚上回来，我就靠着房门等你；你天黑外出，没有回来，我就靠着里巷的大门等你。如今你侍奉君王，君王出逃了，你连君王在哪里都不知道，你还回来做什么呢？"于是王孙贾就跑到街市中，号令百姓："淖齿祸乱齐国，杀害闵王，愿意和我诛杀叛贼的，请脱去右袖，露出右臂！"街市中的百姓跟随他的有四百人，与他一起去诛杀淖齿，最后将淖齿杀了。《续列女传》

田稷子母

田稷子①相齐，受下吏之货金百镒，以遗其母。母曰："子为相三年矣，禄未尝多若此也，岂修士大夫之费哉？安所得此？"对曰：

"诚受之于下。"其母曰："吾闻修身洁行，不为苟得，竭情尽实，不为诈伪，非义之事，不计于心，非理之利，不入于家，言行若一，情貌相副。今君设官以待子，厚禄以奉子，言行则可以报君。夫为人臣而事其君，犹为人子而事其父也，尽力竭能，忠信不欺，务在效忠，必死奉命，廉洁公正，故遂而无患。今子反是，远忠矣。夫为人臣不忠，是为人子不孝也。不义之财，非吾有也；不孝之子，非吾子也。子起。"稷子惭而出，反其金，自归罪于宣王②，请就诛焉。宣王闻之，大赏其母之义，遂舍稷子之罪，复其相位，而以公金赐母。

《列女传》

【注释】①田稷：战国中期齐国人，得齐宣王信任，为相国。②宣王：即齐宣王，妫姓、田氏，名辟疆，战国时代齐国国君，齐威王之子。

【译文】田稷子担任齐国相国时，接受了下属官员贿赂的百镒黄金，送给自己的母亲。他的母亲问道："你担任相国三年了，俸禄从来没有这样多，难道是从其他士大夫那里索取来的吗？它到底是怎么来的？"田稷子回答说："确实是接受了下属的贿赂。"他的母亲说："我听说修养德性、操行清白，不贪求不应得之物；尽心尽实，不弄虚作假，违背道义的事情，不放在心上；不合理的好处，不进家门，言行一致，表里如一。如今国君授予你官职，发放丰厚的俸禄供养你，你的一言一行应当报效国君。身为人臣而事奉国君，应当像儿子事奉父亲，尽心竭力，忠诚信实不欺瞒，绝对竭尽忠诚，执行君命，不惜生命，廉洁奉公，不循私情，因此会通达而没有祸患。现在你却不是这样，远离了忠的要求。身为人臣不能忠诚，就是做儿子不孝顺。不当得的钱财不是我该拥有的；不孝顺的儿子，不是我的儿子。你走吧。"田稷子心中惭愧，就出门把黄金还给了贿赂自己的官员，并向宣王承认自己贪污的罪行，请求诛杀。齐宣王听说事情的原委后，非常赞赏田稷子母亲的大义，于是赦免了田稷子的罪责，恢复了他的相位，而且用朝廷的金子赏赐了田稷子的母亲。《列女传》

赋 颂
刘向

田稷之母，廉洁正直。责子受金，以为不德。
忠孝之事，尽财竭力。君子受禄，终不素食。

【译文】田稷子的母亲，清白高洁，公正刚直。斥责儿子接受贿赂，认为这是不修德行。忠于君国，孝于父母的事情，竭尽能力去做。君子接受应得的俸禄，从来不会不劳而食。

齐义继母

齐义继母者，齐二子之母也。齐宣王时，有人斗死于道，吏讯之，有兄弟二人立其傍。吏问之，兄曰："我杀之。"弟曰："非兄也，乃我杀之。"期年，吏不能决，言之于相；相不能决，言之于王。

王曰："今皆赦之，是纵有罪也；皆杀之，是诛无辜也。寡人度其母能知子善恶，试问其母，听其所欲杀活。"相召其母，问之曰："母之子杀人，兄弟欲相代死，吏不能决，言之于王，王有仁惠，故问母何所欲杀活。"其母泣而对曰："杀其少者。"相受其言，因而问之曰："夫少子者，人之所爱。今欲杀之，何也？"其母曰："少者，妾之子也；长者，前妻之子也。其父疾，且死之时，属于妾曰：'善养视之。'妾曰：'诺。'今既受人之托，许人以诺，岂可忘人之托而不信其诺邪？且杀兄活弟，是以私爱废公义也；背言忘信，是欺死者也。夫言不约束，已诺不分，何以居于世哉？子虽痛乎，独谓行何？"泣下沾襟。相人言于王，王美其义，高其行，皆赦不杀，而尊其母号曰义母。《列女传》

【译文】齐义继母，是齐国两个孩子的母亲。齐宣王时期，有人在路上斗殴时被打死，官吏前去讯问，发现有兄弟二人站在死者旁边，官吏就问他们，兄长说："人是我杀的。"弟弟说："不是哥哥，是我杀的。"一年过后官吏还是难以判决，就禀报了相国；相国也难以决断，就奏报了齐宣王。齐宣王说："如果把他们都赦免，这是纵容有罪的人；如果把他们都杀了，这就会牵连到无辜的人。我推测他们的母亲能够知道儿子的善恶，试着问一下他们的母亲，然后确定二人的死活。"相国叫来他们的母亲，问道："你的儿子杀了人，但兄弟二人争着认罪去死，属吏难以裁决，奏报国君，国君仁爱慈惠，所以想问您对杀谁不杀谁的意见。"母亲说："杀掉小的。"相国听从了她的意见，但接着又问她："小儿子是世人都宠爱的。现在你却要杀了他，是为什么呢?"母亲说:"小儿子是妾身亲生的;大儿子是前妻所生的。他们的父亲生病临终时,嘱咐我说:'希望你好好养护照看他。'我说:'好的'现在已经答应了别人的嘱托,怎么可以忘记托付,而不信守诺言呢?况且杀掉哥哥,活下弟弟,是以私爱废弃公义,违背诺言,不守信诺,这是欺骗死者。誓言不受约束,自己的承诺不信守,凭借什么生活在世间呢?我虽然哀痛失去儿子,但这对行义有什么影响呢?"说完眼泪就流下来,沾湿了衣襟。相国进宫,把她的话奏报了宣王,宣王赞美她的高义,崇尚她的品行,就把两个儿子都赦免了,而且赐予她"义母"的尊号。《列女传》

附 颂
刘向

义继信诚,公正知礼。亲(己子)假(前妻子)有罪,相让不已。吏不能决,王以问母。据信行义,卒免二子。

【译文】诚实守信义继母,公正无私知礼仪。亲子继子犯了罪,互相谦让争死。官吏不能裁决,国君询问母亲。母亲信守诺言,躬行仁义,最终两个儿子都被赦免。

附 赞

左九嫔

圣教元化,礼贵信诚。至哉继母,行合典经。
不遗宿诺,义割私情。表德来裔,垂则后生。

【译文】圣教德化,礼节以诚实不欺为贵。伟大啊继母,行为符合规范。不忘记从前许下的承诺,遵循大义割舍私情。彰显品德、垂示法则给后代子孙。

子发母

楚将子发[①](名舍,见《荀子》)攻秦,绝粮,使人请于王,因归问其母。母问使者曰:"士卒得无恙乎?"对曰:"士卒并分菽粒而食之。"又问:"将军得无恙乎?"对曰:"将军朝夕刍豢[②]黍粱。"子发破秦而归,其母闭门而不内,使人数之曰:"子不闻越王句践之伐吴,客有献醇酒一器,王使人注江之上流,使士卒饮其下流,味不及加美,而士卒战自五也。异日有献一囊糗糒[③]者,王又以赐军士,分而食之,甘不逾嗌[④],而战自十也。今子为将,士卒分菽粒而食之，子独朝夕刍豢黍粱，何也？《诗》不云乎：'好乐无荒，良士休休。'言不失和也。夫使人入于死地，而自康乐于其上，虽有以得胜，非其术也。子非吾子也，无入吾门。子发于是谢其母，然后内之。君子谓子发母能以教诲。《列女传》

【注释】①子发：战国时楚宣王的将军，名舍，字子发。②刍（chú）豢（huàn）：牛羊犬豕之类的家畜。泛指肉类食品。③糗（qiǔ）糒（bèi）：以干饭做成的干粮。④嗌（yì）：咽喉。

【译文】楚国将领子发攻打秦国，粮草用尽，于是派人向楚王求援，顺道去子发家探望了他的母亲。子发的母亲问使者："士兵们都平安无事吧？"使者回答："士兵们都在食用分配的豆子。"子发的母亲又问："将军也平安无事吧？"使者回答说："将军每天都在享用精美的主食和肉类。"子发打败秦国后凯旋，他的母亲关着门不让他进门，派人责备他说："你没听说过越王勾践讨伐吴国时，有一个宾客献上一坛醇酒，越王派人把酒倒在江的上游，让士兵在下游喝，味道虽然不好，但是士兵的战斗力增加了五倍。又有一天，有一个人献上一袋干粮，越王又赏赐给士兵分着吃，甘美的味道虽然不曾经过咽喉，但士兵的战斗力增加了十倍。现在你担任将领，士兵分豆子吃，而你却每天食用精美的主食和肉类，这是为什么呢？《诗经》不是有记载吗：'娱乐不能太放纵，君子应当有节制。'这说的是不要失去与人之间的和谐关系。让别人进入危险的地方，而自己却安闲享乐，即使取得了胜利，也不是他自身的功劳。你不是我的儿子，不要进我的家门。"子发于是连忙向母亲道歉，母亲才让他进门。君子称赞子发的母亲善于教诲。《列女传》

附 颂

刘向

子发之母，刺子骄泰。将军稻粱，士卒菽粒。

责以无礼，不得人力。君子嘉焉，编于母德。

【译文】子发的母亲，批评儿子骄恣放纵。将军早晚食用精美的主食，士兵一起分食豆子。母亲责备儿子不懂礼节，不能让士兵尽心效力。君子嘉奖她的行为，编为母德仪范。

魏芒慈母

魏芒慈母者，孟阳氏之女，芒卯①之后妻也。有三子，前妻之子有五人，皆不爱慈母。遇之甚异，犹不爱。慈母乃命其三子，不得与前妻子齐衣服饮食、进退起居甚相远。前妻之子犹不爱。于是，前妻中子犯魏王令，当死。慈母忧戚悲哀，带围②减尺，朝夕勤劳，以救其罪。人有谓慈母曰："人不爱母至甚也，何为劳勤忧惧如此？"慈母曰："如妾亲子，虽不爱妾，犹救其祸而除其害。独于假子③而不为，何以异于凡母？其父为其孤也，而使妾为其继母。继母如母，为人母而不能爱其子，可谓慈乎？亲其亲而偏其假，可谓义乎？不慈且无义，何以立于世？彼虽不爱，妾安可以忘义乎？"遂讼之。魏安釐王④闻之，高其义，曰："慈母如此，可不救其子乎？"乃赦其子，复其家。自此五子亲附慈母，雍雍若一。慈母以礼义之渐，率导八子，咸为魏大夫卿士。《列女传》

【注释】①芒卯：战国时期魏国将领，以诈术而受到魏昭王的重视。②带围：腰带绕身一周的长度。旧时以带围的宽紧观察身体的瘦损与壮健。③假子：夫的前妻之子或妻的前夫之子。④魏安釐王：原名魏圉，魏昭王之子。

【译文】魏芒慈母，是魏国孟阳氏的女儿，芒卯续娶的妻子。她生了三个儿子。芒卯的前妻生了五个儿子，都不敬爱慈母。慈母对他们特殊照顾，他们仍然不为所动。慈母就命令自己所生的三个儿子，不要和前妻的儿子攀比，无论衣服饮食，还是起居出入，差别都很大。即使这样，前妻的五个儿子仍然不敬爱慈母。在这个时候，前妻的第三个儿子触犯了魏王的法令，应当判处死刑。慈母忧愁悲伤，哀伤痛苦，身体日渐消瘦，腰带往里缩了一尺，一天到晚奔波劳累，竭力救赎三儿子的罪孽。有人对她说："他们非常不尊重你，为什么你这样忧苦恐惧、操心费力呢？"她说："假使是我的亲生儿子，即使他不爱我，我仍要为他去祸除害，如果是单对丈夫前妻的儿子不这样做，这与平庸的母亲又有什么不同呢？他们的父亲由于他们失去了母亲，才使我成为他们的继母。继母如同亲生母亲一样。身为母亲却不慈爱儿子，这能说是慈吗？亲近自己亲生的儿子而疏远前妻的儿子，这能说是义吗？不慈爱又不公义，靠什么立身在世上呢？他们虽然不敬爱我，我怎么可以忘义呢？"于是就到官府为三儿子争讼。魏安釐王听说了这件事，敬重慈母的高义，说："慈母达到这个程度，我怎么能不帮助她的儿子呢？"于是赦免了三儿子，免除了她一家的赋税徭役。从此以后，前妻的五个儿子都非常亲近依附慈母，八个儿子相处得融洽和乐，如同一母所生。慈母以自身的表率行为潜移默化地教育感化八个儿子，最终使他们都成为魏国的大夫卿士。《列女传》

附 颂
刘向

芒卯之妻，五子后母。慈惠仁义，扶养假子。

虽不吾爱，拳拳若亲。继母若斯，亦诚可尊。

【译文】芒茆的妻子，是前妻五个儿子的继母。宽仁慈爱，抚育教养前妻之子。虽然他们不敬爱她，她却真挚诚恳地对待他们如同亲生。像她这样的继母，确实值得尊敬。

如耳母曲沃负

曲沃负（《汉书注》：俗谓老大母为阿负）者，魏大夫如耳母也。秦立魏公子政为魏太子，魏哀王使使者为太子纳妃而美，将自纳焉。

曲沃负谓其子如耳曰："王乱于无别，汝胡不匡之？方今战国，强者为雄，义者显焉。今魏不能强，王又无义，何以持国乎？王中人也，不知其为祸耳。汝不言，则魏必有祸矣，有祸必及吾家，汝言以尽忠，忠以除祸，不可失也。"如耳未遇闲，会使于齐，负因款王门而上书曰："曲沃之老妇也，心有所怀，愿以闻于王。"王召入，负曰："妾闻男女之别，国之大节也。妇人脆于志，窳于心，不可以邪开也，是故必十五而笄，二十而嫁，早成其号谥，所以就之也。聘则为妻，奔则为妾，所以开善遏淫也。节成，然后许嫁；亲迎，然后随从，贞女之义也。今大王为太子求妃，而自纳之于后宫，此毁贞女之行而乱男女之别也。自古圣王必正妃匹。妃匹正则兴，不正则乱。夏之兴也以涂山，亡也以末喜；殷之兴也以有㜪，亡也以妲己；周之兴也以太姒，亡也以褒姒。周之康王夫人晏出朝，《关雎》预见，思得淑女以配君子。夫雎鸠之鸟，犹未尝见乘居而匹处也。夫男女之盛，合之以礼，则父子生焉，故为万物始。君臣、父子、夫妇三者，天下之大纲纪也。三者治则治，乱则乱。今大王乱人道之始，弃纲纪之务，敌国五六，南有从楚，西有横秦，而魏居其间，可谓仅存矣。王不忧此，而从乱无别，父子同女。妾恐大王之国政危矣。"王曰："寡人不知也。"遂与太子妃，而赐负三十钟，如耳还而爵之。王勤行自修，劳来国家，而齐、楚、强秦不敢加兵焉。《列女传》

【译文】曲沃负，是魏国大夫如耳的母亲。秦国拥立魏公子政为魏国太子，魏哀王为太子娶妃，见太子妃长得很漂亮，哀王就想把她娶回自己的后宫。曲沃负对儿子如耳说："魏王长幼不分，父子不别，你怎么不加以匡正呢？当今战国时代，能力非凡的人称雄，行义之人名声显赫。眼下魏国不能强盛，魏王又不行道义，靠什么来治理国家呢？魏王是个平庸的人，不知道自己已经引起了祸端。你不去劝谏，那么魏国一定会发生祸患，发生祸患，必定会殃及我们家。你劝谏是为了尽忠，有了忠心就可以消除灾祸，不要错过这个时机。"如耳还没有找到劝谏的机会，就奉命出使齐国去了，于是曲沃负叩开王宫的大门，上书哀王："我是曲沃邑的一个老妇人，心里有些想法，希望能让大王听到。"哀王就召她入宫。曲沃负说："妾身听说男女之别，是国家基本的道德准则。妇女意志脆弱，思想懒惰，经不起邪僻言行的诱惑，所以必须十五岁盘发插笄，二十岁出嫁，及早地确定她们的号谥，这是为了使她们心志专一。经过订婚聘娶而嫁人的称为妻，不行礼仪而私奔的称为妾，这是为了启发她们的善心，遏制淫思。女子成人后才允许嫁人，行过亲迎之礼然后才可以随从男方，这是贞洁妇女的行为准则。现在大王您为太子选妃，却又将她纳入自己的后宫，这是破坏贞洁妇女的行为，扰乱男女之别。古来圣明的君王，必定会正确地处理婚配之事，处理好了就能促进国家兴盛，处理不好就会导致国家混乱。夏朝的兴起是因为涂山，灭亡是因为末喜；殷朝的兴起是因为有㛥，灭亡是因为妲己；周朝的兴起是因为太姒，灭亡是因为褒姒。周康王的夫人早上很晚才起床，诗人便创作《关雎》，希望贤良美好的女子能够配给君子。即使是雎鸠鸟，也不曾见到有双居，雌雄共处的。男女成年之后，通过礼仪结合在一起，就出现了父子，所以夫妇是人类万物的开端。君臣、父子、夫妇三者之间的关系，是天下重大的纲纪。三种关系处理得好，天下就会太平,三种关系处理不好,国家就会动乱。现在大王破坏人伦大道的开端,抛弃国家的重大纲纪,魏国有五六个敌国,南面有合纵的楚国,西面有连横的秦国,而魏国处在它们中间,可以是勉强存在了。大王不为此事担忧,却不分长幼,不别父子,强占本属于儿子的女子。妾身担心大王国家的政事会有危险了。"哀王说:"我不够明智了。"于是他还回了太子妃,而且赏给曲沃负三十钟粮食,在如耳回国后,赐予他爵位。哀王勤奋实行,注意自我修养,努力治理国家,以致齐、楚、强大的秦国都不敢派兵发动战争。《列女传》

附 颂
刘向

魏负聪达,非刺哀王。王子纳妃,礼别不明。
负款王门,陈列纪纲。王改自修,卒无敌兵。

【译文】魏国的曲沃负聪明通达,讽刺批评魏哀王。哀王纳娶太子妃,礼仪分别不明。曲沃负叩开王宫门劝谏,列叙伦常与纪纲。哀王改正过失修养自身,敌国不敢进犯。

赵括母

秦与赵兵相距长平，时赵奢①已死，使廉颇②将攻秦。秦数挑战，廉颇不肯。秦间言曰："秦之所恶，独畏马服君赵奢之子赵括③为上将。"赵王因以括为将，代廉颇。括自少时学兵法，言兵事，以天下莫能当。尝与其父奢言兵事，奢不能难，然不谓善。括母问故，奢曰："兵，死地也，而括易言之。使赵不将括即已，若必将之，破赵军者必括也。"及括将行，其母上书言于王曰："括不可使将。"王曰："何以？"对曰："始妾事其父，时为将，身所奉饭饮而进食者以十数，所友者以百数，大王及宗室所赏赐者尽以予军吏士大夫，受命之日，不问家事。今括一旦为将，东向而朝，军吏无敢仰视之者，王所赐金帛归藏于家，而日视便利田宅可买者买之。王以为何如其父？父子异心，愿王勿遣。"王曰："母置之，吾已决矣。"括母因曰："王终遣之，即如有不称，妾得无随坐乎？"王许诺。括既代廉颇，出锐卒自搏战，秦军射杀赵括，数十万之众，秦悉坑之。赵王以括母先言，竟不诛也。《史记·赵奢传》

【注释】①赵奢：战国后期赵国名将，战国时代东方六国八名将之一。因屡立战功，被赵惠文王封为"马服君"；人们便称他的儿子赵括为"马服子"。②廉颇：嬴姓，廉氏，名颇，字洪野，战国末期赵国名将，与白起、王翦、李牧并称"战国四大名将"。③赵括:嬴姓,赵氏,名括。战国时期赵国人,赵国名将马服君赵奢之子。赵括熟读兵书,但缺乏战场经验,不懂得灵活应变。

【译文】秦军与赵军在长平对峙,那时赵奢已死,赵王派廉颇率兵攻打秦军,秦军屡次挑战,廉颇都置之不理。于是秦国就散布谣言说:"秦军忌讳的,单单是马服君赵奢的儿子赵括担任将军。"因此赵王就任命赵括为将军,替换了廉颇。赵括从小就学习兵法,谈论军事,认为天底下没人能抵得过他。他曾经与父亲赵奢谈论军事,即使是赵奢也难不倒他,但赵奢并不认为他好。赵括的母亲问赵奢其中的缘故,赵奢说:"行军打仗,是关乎生死的大事,然而他却把这事说得那么容易。假使赵国不用赵括为将也就罢了,如果一定让他为将,使赵军失败的就一定是他呀"。等到赵括将启程的时候,他的母亲上书给赵王说:"不可以让赵括领军打仗。"赵王说:"为什么?"赵括的母亲回答说:"当初我侍奉他的父亲,当时他是将军,由他亲自捧着饮食侍候吃喝的人数以十计,被他当作朋友看待的数以百计,大王和王族们赏赐的东西,他都分发给军吏和士大夫,从接受王命的那天开始,就不再过问家事。现在赵括突然担任了将军,就面向东接受朝见,军吏没有一个敢抬头看他,大王赏赐的金帛,他都带回家藏起来,而且每天访查哪里有便宜合适的田地房产,能买的就买下来。大王认为他有哪一点像他的父亲?父子二人的心性不同,希望大王不要派他领兵。"赵王说:"您就别管这事了,我已经决定了。"赵括的母亲接着说:"大王一定要派他领兵,如果他有不称职的情况,妾身能够不受牵连治罪吗?"赵王答应了。赵括代替廉颇之后,派遣精锐部队亲自与秦军战斗,秦军射死了赵括,

赵国的几十万大军，全部都被秦军活埋了。赵王因为赵括的母亲有言在先，最终并没有牵连到她。《史记·赵奢传》

附 颂
刘向

孝成用括，代颇拒秦。括母献书，知其覆军。
愿止不得，请止罪身。括死长平，妻子得存。

【译文】赵孝成王起用赵括，代替廉颇统军抗秦。赵括的母亲上书赵孝成王，预知赵括将会全军覆没。希望大王改令但王不听从，于是赵括的母亲请求罪刑只罚赵括本人。赵括果然战死长平，但妻子儿女得以保存。

魏卒母

吴起为魏将，与士卒分劳苦。卒有病疽者，起为吮之。卒母闻而哭之。人曰："子卒也，而将军自吮其疽，何哭为？"母曰："非然也。往年吴公吮其父，其父战不旋踵，遂死于敌。吴公今又吮其子，妾不知其死所矣，是以哭之。"《史记·吴起传》

【译文】吴起担任魏国将领，与士兵们同甘共苦。士兵中有人生了一种毒疮，吴起亲自替他吸吮脓液。这个士兵的母亲听说后，放声大哭。有人觉得奇怪，就问："你的儿子只是个普通士卒，将军亲自替他吸吮脓液，你为什么还哭呢？"那位母亲答道："不是这样啊，从前吴将军替他父亲吸吮毒疮，他父亲作战时勇往直前不退缩，最终死在敌人手里。现在吴将军又为我的儿子吸吮毒疮，我不知道他会死在什么地方，因此，我才哭啊。"《史记·吴起传》

鲁孝公保母臧氏

义保者，鲁孝公①之保母也，姓臧氏，与其子俱入宫，养孝公。鲁人作乱，求孝公，将杀之。义保乃令其子，衣公之衣，卧公之处，鲁人杀之。义保遂抱公子以出，遇公舅鲁大夫于外，遂托以公而逃，鲁人高之。《论语》曰："可以托六尺之孤。"义保之谓也。《闺范》

【注释】①鲁孝公：姬姓，名称，鲁武公之子，鲁懿公之弟。

【译文】义保是鲁孝公的保母，姓臧。与她的儿子一起进宫，照料鲁孝公的生活。鲁国人作乱，在宫中搜求鲁孝公，准备杀了他。义保就让儿子穿上鲁孝公的衣服，躺在孝公睡的地方，鲁国人把她的儿子当作孝公杀了。义保抱着鲁孝公逃出王宫，在外面遇到了鲁孝公的舅舅，义保就把鲁孝公托付给他的舅舅带他逃离鲁国，鲁国人都很敬重义保。《论语》里记载："可以托付六尺高的孤儿。"说的就是义保这样的人。《闺范》

魏公子乳母

秦攻魏，破之，杀魏王瑕，诛诸公子。而一公子不得，令魏国曰："得公子，赐金千镒。匿之者，夷三族。"乳母与公子俱逃。魏故臣见乳母而识之，曰："公子安在？"母曰："不知。虽知之，不可以言。"故臣曰："国破族灭，子尚谁为乎？且千金，重利也。夷族①，极刑也。汝其图之。"母曰："见利而反上者，逆也；畏死而弃义者，乱也。今持逆乱而求利，吾不为，且为人养子者，务生之，非为杀之也。岂可利赏畏诛，废正义而行逆节哉？"遂逃公子于泽中。故臣以告，秦军争射之。乳母以身蔽公子，遂同死焉。秦王闻之，以卿礼葬乳母，祠之太牢②，宠其兄为五大夫，赐金百镒。《闺范》（按：乳母事见《韩诗外传》，不及此条详尽。《闺范》为明吕坤著，未详所引书目，今据见本采入，他条仿此。）

【注释】①夷族：亦称"族诛"。中国古代因一人犯死罪而诛灭其亲属的刑罚制度。②太牢：古代祭祀天地，以牛、羊、猪三牲具备为太牢，以示尊崇之意。

【译文】秦攻打魏国，打败了它，杀掉了魏王瑕和魏国的众公子，但是有一个公子没有抓住，秦军就在魏国故地下令："抓住公子的人赏赐千镒黄金，胆敢藏匿者夷灭三族。"乳母带着公子一起出逃，魏国旧臣看到乳母，认出了她，就问："公子在哪里？"乳母说："不知道公子在哪里，即使知道，也不可以说出来。"旧臣说："国家已经灭亡，王族也被灭族，您还藏着公子，这是为了谁呢？况且千镒黄金，是极为厚重的利益。夷灭宗族，是严厉的刑罚，你好好考虑一下。"乳母说："见到有利就背叛君上，这是叛逆，畏惧死亡而抛弃大义，这是昏乱。现在背着叛逆和昏乱的罪名去追求私利，我是不会这样做的，况且为人家抚养孩子，是力求能让孩子活着，不是让他被人杀害。怎么能够为了私利和赏赐、害怕被杀，就废弃道义，而违背法度呢？"于是就抱着公子逃进沼泽地中。魏国旧臣把这件事报告给秦军，秦军争着朝乳母和公子射箭。乳母用身子挡住公子，为公子挡箭，最后和公子一同死去。秦王听说这件事后，用对待卿的礼仪安葬了她，以太牢规格祭祀，宠爱她的哥哥，赐予五大夫的爵位，赏赐百镒黄金。《闺范》

卷二

扫一扫　听导读

汉

陈婴母

陈婴①者，故东阳令史，居县中，素谨信，称为长者。东阳少年杀其令，相聚数千人，欲置长，无适用，乃请陈婴。婴谢不能，遂疆立婴为长，县中从者得二万人。少年欲立婴，便为王，异军苍头特起。陈婴母谓婴曰："自我为汝家妇，未尝闻汝先古之有贵者。今暴得大名，不祥。不如有所属，事成犹得封侯，事败易以亡，非世所指名也。"婴乃不敢为王。谓其军吏曰："项氏世世将家，有名於楚。今欲举大事，将非其人，不可。我倚名族，亡秦必矣。"于是众从其言，以兵属项梁②。《史记·项羽本纪》

【注释】①陈婴：秦末东海郡东阳县人，初任县令史，为人诚实而谨慎。②项梁：姬姓，项氏，名梁，下相（今江苏宿迁）人。楚国贵族后代，楚国名将项燕之子，西楚霸王项羽的叔父。

【译文】陈婴原本是东阳令史，在县里向来恭谨诚信，大家称他为德高望重的人。东阳的青年杀死了县令，聚集了几千人，想推选一个领头的，没有找到合适的人，就请陈婴来担任。陈婴推辞不能胜任，大家就强行推选他为首领，县中追随他的有两万人。青年们打算拥立陈婴乘势称王，而且为了与其他军队区分开，士兵们以青巾裹头，表示异军突起。陈婴的母亲对陈婴说："自从我嫁到你家，不曾听说你的先辈中有过高官贵爵。现在你突然得到大名望，这不是好兆头。不如有所归属，事情成功了，还能得到封侯，事情失败了，也容易逃脱，因为不是被世人瞩目。"因此陈婴不敢称王。对他的军士说："项家世代为将，在楚国非常有名。现在想要做成大事，将帅一定要用有能力的人。我们依附名门望族，一定能灭亡秦朝。"于是大家听从他的话，把军队归到项梁部下。《史记·项羽本纪》

王陵母

汉王还击项籍①，王陵②以兵属汉。项羽取陵母置军中，陵使至，则东向坐陵母，欲以招陵。陵母既私送使者，泣曰："愿为老妾语陵，善事汉王。汉王长者，毋以老妾故持二心。妾以死送使者。"遂伏剑而死。项王怒，烹陵母。陵卒从汉王定天下。《汉书·王陵传》

【注释】①项籍：即项羽，名籍，字羽，秦末下相（今江苏宿迁）人，楚国名将项燕之孙，他是中国军事思想"兵形势"代表人物（兵家四势：

兵形势、兵权谋、兵阴阳、兵技巧），堪称中国历史上最强的武将之一，古人对其有"羽之神勇，千古无二"的评价。②王陵：战国末年楚国沛县（今江苏沛县）人。西汉开国功臣之一。

【译文】汉王刘邦回军攻打项籍时，王陵才带兵投到汉王麾下。项羽把王陵的母亲扣留在军中，王陵的使者到了，项羽就让她向东而坐，想凭借这种方式招降王陵。王陵的母亲私下为使者送行，哭着说道："希望您替老妇人告诉王陵，好好事奉汉王，汉王是德高望重的人，不要因为老妇的缘故而怀有二心。我将以死来为使者送行。"于是以剑自刎而死。项王十分恼怒，烹煮王陵母亲的尸身以泄愤。王陵最终跟随汉王平定了天下。《汉书·王陵传》

附《王命论》(节录)

(汉) 班彪

当秦之末，豪杰并起，共推陈婴而王之。婴母止之曰：自吾为子家妇，而世贫贱，今卒富贵，不祥。不如以兵属人，事成，少受其利；不成，祸有所归。婴从其言，而陈氏以宁。王陵之母，亦见项氏之必亡，而刘氏之将兴也。是时，陵为汉将，而母获于楚。有汉使来，陵母见之，谓曰："愿告吾子，汉王长者，必得天下，子谨事之，无有二心。"遂对汉使伏剑而死，以固勉陵。其后果定于汉，陵为宰相，封侯。夫以匹妇之明，犹能推事理之致，探祸福之机，全宗祀于无穷，垂策书①于春秋，而况大人之事乎？是故穷达有命，吉凶由人。婴母知废，陵母知兴，审此二者，帝王之分决矣。

【注释】①策书：古代常用以记录史实的简册。代指史书。

【译文】在秦朝末年，英雄人物纷纷涌现，他们共同推举陈婴为王，陈婴的母亲阻止说："自从我嫁到你家，你家世代贫贱，如今突然富贵，是不吉利的。不如把军队交给别人，事情成功，多少能有些好处；事情失败了，也不会遭祸。"陈婴听从了母亲的话，而陈氏也因此得以安宁。王陵的母亲，也预见到项羽必定会败亡，刘邦将会兴盛。那时，王陵为汉将，王陵的母亲被西楚抓获。有汉朝的使者到楚地，王陵的母亲见到使者，对他说："请转告我儿子，汉王是德高望重的人，一定能得到天下，你好好事奉汉王，不要怀有二心。"于是当着汉使的面拔剑自杀，以勉励王陵。后来汉王果然平定了天下，王陵担任宰相，被封安国侯。以平民妇女的见识，尚且能够推衍事物道理的精细，探求祸福的机微，从而保全宗庙祭祀于无穷，为史书记载而传流千古，更何况大丈夫行事呢！所以穷困显达皆由上天命定，祸福却由人力造成，陈婴母亲知道王位将废，王陵母亲知道汉室将兴，审察这两点，帝王的归属就知道了。

张汤母

张汤①为御史大夫，三长史谋陷汤罪，汤自杀。昆弟诸子欲厚葬汤，汤母曰："汤为天子大臣，被汙恶言而死，何厚葬乎？"载以牛车，有棺无椁。天子闻之，曰："非此母不生此子。"乃尽案诛三

长史。《史记·张汤传》

【注释】①张汤：西汉时期官员、酷吏，杜陵（今陕西西安东南）人，因为治陈皇后、淮南、衡山谋反之事，得到汉武帝的赏识。

【译文】张汤担任御史大夫，三位长史合谋诬陷张汤有罪，张汤于是自杀。他的兄弟和子侄打算厚葬张汤，张汤的母亲说："张汤是天子的大臣，遭受恶言诬告而死，何必厚葬呢？"于是就用牛车拉着棺材，只有棺，没有椁。天子知道这种情况后，说："没有这样的母亲，生不出这样的儿子。"于是彻查此案，诛杀了诬陷张汤的三个长史。《史记·张汤传》

金日磾母阏氏

金日磾①匈奴休屠王②太子也。元狩中，票骑将军霍去病③击匈奴右地。昆邪、休屠谋降汉。休屠王后悔，昆邪王④杀之，并将其众，降汉。日磾与母阏氏⑤、弟伦俱没入官。日磾母教诲两子，甚有法度，上闻而嘉之。病死，诏图画于甘泉宫，署曰休屠王阏氏。日磾每见画常拜，乡⑥之涕泣，然后乃去。《汉书·金日磾传》

【注释】①金日（mì）磾（dī）：字翁叔，西汉匈奴人。原是匈奴国休屠王太子，投汉后全部落居胡城。事武帝忠心耿耿，被托为辅助年幼昭帝的大臣之一。②休屠王：匈奴王族称号，驻地凉州休屠城，统领休屠部、独孤部、屠各部，后来著名的金氏、独孤氏就出自休屠王部。③霍去病：西汉名将，官至大司马骠骑将军，封冠军侯。名将卫青的外甥。④昆邪王：即浑邪王，名浑邪，匈奴人。归降汉朝，封漯阴侯，谥号定侯。⑤阏氏：原为女性妆扮用的胭脂古称。后意义扩展为汉朝公主及匈奴皇后号，史书中常称"阏氏"为"有阏氏"。⑥乡（xiàng）：用作动词，通"向"。面对着。

【译文】金日磾，是匈奴国休屠王的太子。元狩年间，骠骑将军霍去病追击匈奴西部地区，昆邪王和休屠王恐慌，谋划投降汉朝。事后休屠王后悔，昆邪王杀了他，兼并了他的部下投降汉朝。金日磾与他的母亲阏氏、弟伦都被收入官府。金日磾的母亲教导两个儿子，言行举止都很有法度，汉武帝听说后称赞她。金日磾的母亲病死，武帝下诏，将阏氏照影图形画在甘泉宫，题写"休屠王阏氏"五字于画上。金日磾入宫，每见画像常拜，面对画像哭泣，然后才离去。《汉书·日磾传》

隽不疑母

隽不疑①擢京兆尹，每行县，录囚徒还，其母辄问不疑："有所平反，活几何人？"即不疑多所平反，母喜笑，为饮食，语言异于他时。或无所出，母怒，为之不食。故不疑为吏严而不残。《汉书·隽不疑传》

【注释】①隽不疑：字曼倩，勃海郡（治今河北沧县东）人。

【译文】隽不疑擢升为京兆尹，每次隽不疑到地方州县，巡视判决囚徒的罪状后回到京师，他的母亲就会问他："有没有为囚犯平反？拯救了多少含冤的人？"如果得知隽不疑审案平反冤案多，他的母亲就会喜笑颜开，甚至连饮食、言语都与平时不同；如果得知隽不疑未能平反冤案，他的母亲就会非常生气，并因此而不吃饭。所以隽不疑为官，威严而不残暴。《汉书·隽不疑传》

翟方进后母

翟方进^①，年十二三，失父孤学，给事太守府为小史，数为掾史所署辱。方进自伤，辞其后母，欲西至京师受经。母怜其幼，随之长安，织屦以给。积十余年，经学明习，诸儒称之。《汉书·翟方进传》

【注释】①翟方进：字子威，汝南郡上蔡（今河南上蔡县）人。

【译文】翟方进十二三岁时，丧父失学，在太守府中供职担任小史，常常遭受掾史的责骂侮辱，方进自感忧伤，向后母辞行，打算西去前往京师长安从师学习经书。母亲怜恤他年幼，随他一同前往长安，编织鞋子供方进读书。经过十多年的学习，他对经学研究得极为透彻，京师的读书人都对他极为称赞。《汉书·翟方进传》

严延年母

　　严延年①巧为狱文，所欲诛杀，奏成手中。冬月，传属县囚，会论府上，流血数里。河南数曰"屠伯。"母从东海来，到雒阳，适见报囚，母大惊，便止都亭，不肯入府。延年出至都亭谒母，母闭阁不见。延年免冠顿首阁下，良久，母乃见之。因数责延年："幸得备郡守，专治千里，不闻仁爱教化，有以全安愚民，顾②乘刑罚，多刑杀人，欲以立威，岂为民父母意哉！"延年服罪，因自为母御，归府舍。母毕正腊③，谓延年："天道神明，人不可独杀，我不意当老见壮子被刑戮也。行矣，去汝东归，扫除墓地耳。"遂去。归郡，见昆弟宗人，复为言之。后岁余，果败（坐怨望，非谤政治不道，弃市）。东海莫不贤知其母。延年兄弟五人，皆有吏材，至大官，东海号曰万石严妪。《汉书·严延年传》

　　【注释】①严延年：字次卿，东海下邳（今江苏睢宁）人，西汉酷吏。②顾：文言连词，反而、却。③正腊：冬至后第三个戌日举行的祭祀。因是日为腊日，故称。

　　【译文】严延年擅长书写判决狱讼的文书，他打算处死的人，就将奏章写成在手。冬季，严延年传令所属各县囚犯，集中到郡府进行处决，流血数里。河南郡称他为"屠伯"。严延年的母亲从东海郡来，到达洛阳时，正巧看到判决囚犯。严延年的母亲大惊，于是停在城郭附近的亭舍，不肯进郡府。严延年赶到都亭拜谒母亲，但他的母亲闭阁不见。严延年在阁下脱下帽子磕头，过了很久，他的母亲才见他，接着斥责他说："你受皇恩得以担任郡守，治理方圆千里的地方，没听说你施行仁爱教化，使百姓平安，反而依靠刑罚，过多地施刑杀人，想以此树立自己的威信，难道这是你为民父母的意愿？"严延年认错，于是亲自替母亲赶车，回到府上住下。严延年的母亲过完正腊的祭祀后，对严延年说："天道神明，人不可能只杀他人，而不被他人所杀，我不愿意在我年老的时候看见我壮年的儿子受刑被杀戮！我要走了，离开你回到东海郡，等着你的丧期到来。"于是离开严延年。回到东海郡，见到严延年的兄弟族人，又与他们谈及此事。一年多以后，严延年果真失势。东海郡人都认为他的母亲贤明。严延年兄弟五人都有为政的才能，做了大官，东海郡人称他们的母亲为"万石严妪"。《汉书·严延年传》

珠崖义母

珠崖令前妻之女名初，年十三。珠崖多珠，继母连大珠以为系臂。及令死，当送丧。法：内^①珠入于关者死。继母弃其系臂珠。其子男年九岁，好而取之，置母镜奁中，皆莫之知，遂奉丧归。至海关，关候士吏搜索，得珠十枚于继母镜奁中。吏曰："嘻！此值法，无可奈何，谁当坐者？"初在，左右顾，心恐母云置镜奁中，乃曰：

"初当坐之。"吏曰："其状何如？"对曰："君不幸，夫人解系臂弃之，初心惜之，取而置夫人镜奁中，夫人不知也。"继母闻之，遽疾行问初。初曰："夫人所弃珠，初复取之，置夫人奁中，初当坐之。"母意亦以初为实，然怜之，乃因谓吏曰："愿且待，幸无劾儿，儿诚不知也。此珠，妾之系臂也，君不幸，妾解去之，而置奁中。迫奉丧，道远与弱小俱，忽然忘之，妾当坐之。"初固曰："初实取之。"继母又曰："儿但让耳，实妾取之。"因涕泣不能自禁。女亦曰："夫人哀初之孤，欲强活初身，夫人实不知也。"又因哭泣，泣下交颈。送葬者尽哭，哀动傍人，莫不为酸鼻挥涕。关吏执笔书劾，不能就一字。关候垂泣，终日不能忍决，乃曰："母子有义如此，吾宁坐之，不忍加文。且又相让，安知孰是？"遂弃珠而遣之。既去，后乃知男独取之也。君子谓二义慈孝。《列女传》

【注释】①内：古同"纳"，藏带，收入。

【译文】珠崖郡属一个县令前妻的女儿名叫初，年纪十三岁。珠崖地区盛产珍珠，初的继母曾将大珍珠串起来系在手臂上作为装饰品。县令去世后，应当运送棺柩到内地安葬。法令规定：藏带珍珠入关的会被判处死刑。继母扔掉系在手臂上的珍珠。她九岁的儿子，觉得好奇就将珠子捡起来，放在母亲的梳妆盒里，家里人都不知道这个事，就这样护送棺柩往内地去了。到达海关，海关长官和吏员检查搜索，在继母的梳妆盒里发现了十颗珍珠。吏员说："嘿！这是犯法的，没有办法了，谁来承担这个罪责呢？"初站在一边，左右看看，担心继母承认是自己放在梳妆盒里的，就说："初应该承担罪责。"吏员问："事情是怎样的呢？"初回答说:"我父亲不幸去世后,夫人就解下手臂上的珠串,扔掉了,我觉得很可惜,就捡起来放到夫人的梳妆盒里,夫人还不知道这事。"继母一听,急忙快步来到初跟前问初。初说:"夫人丢掉的珠串,我又捡起来,放在夫人的梳妆盒里了。我应当被治罪。"继母也以为初讲的是实情,但又怜悯她,于是就对吏员说:"请等一等,希望您不要治孩子的罪,孩子的确不知道这件事。这个珠串是我戴在手臂上的装饰品。丈夫不幸去世后,我解下来放到梳妆盒里,因为急着料理丧事,路途遥远,又和孩子们一起,一不留心忘了这事。有罪的应该是我。"初坚持说:"确实是我拿的。"继母又说:"女儿只不过是争罪罢了,实际上是我拿的。"说着就禁不住泪流满面,哭泣起来。女儿也说:"夫人哀怜我年少丧父,想尽力让我活下来,夫人实在是不知道我藏珠串的事。"接着也哭起来,泪水都流到脖子上。送葬的人见此情景都哭了,哀痛之情感动了一旁的人,没有人不为之鼻子一酸,涌出眼泪。海关吏员拿着笔想撰写讼文,却一个字也写不出来。海关长官低着头无声地流泪,始终不忍心判决,就说道:"母女这般有情义,我宁愿被定罪,也不忍以法处治。况且她们又互相推让,哪里知道谁该判罪呢?"于是就扔掉珠串,打发她们离开了。她们离开之后,后来人们才知道珠串是小儿子自己偷偷拿的。君子称赞两个行义的女子,一个仁慈一个孝顺。《列女传》

附 颂

刘向

珠崖夫人,甚有母恩。假(前妻之女)继(继母)相让,维女亦贤。

纳珠于关，各自伏愆。二义如此，为世所传。

【译文】珠崖郡县令的夫人，非常有母亲恩情。前妻之女与继母争相推让，这个女子也贤明。藏带珠串到海关，二人都愿意承担罪行。母女如此行义，永远为世人传颂。

肃宗母明德马皇后

明德马皇后[①]无子，贾贵人生肃宗[②]。显宗[③]命后母养之，谓曰："人未必当自生子，但患爱养不至耳。"后于是尽心抚育，劳瘁过于所生。肃宗亦孝性淳笃，恩性天至，母子慈爱，始终无纤芥之间。古今称之，以为美。《家范》

【注释】①明德马皇后：为后汉明帝（显宗）的皇后，一生以俭朴自奉，不信巫祝，待人和善，约束外家著称，死后谥号明德，为后汉一代贤后。②肃宗：即汉章帝刘炟，汉明帝刘庄第五子。谥号孝章皇帝，庙号肃宗。③显宗：即汉明帝刘庄，初名刘阳，光武帝刘秀第四子，母光烈皇后阴丽华。庙号显宗，谥号孝明皇帝。

【译文】明德马皇后没有子嗣，贾贵人生下了肃宗，显宗就命人抱给皇后，让皇后以母亲的身份抚养他，并对皇后说："人并不是要自己生的孩子才好，应该忧虑的是对孩子的爱护养育达不到。"皇后对此深表赞同，于是尽心抚养照顾孩子，辛苦劳累不比亲生母亲少，而肃宗孝顺的

德行也质朴厚重，恩性天生而成，母慈子孝，与母后之间始终没有一点芥蒂，如同亲生。古今都称赞她，认为她美善。《家范》

附赞
（晋）傅咸

明德马后，执履贞素。光崇六行，动遵礼度。
作后作母，帝谘厥谋。国赖内训，家应显祚。

【译文】明德马后，操守和行为贞纯素朴。推重六项行为标准，行动遵循礼仪法度。身为皇后、母亲，皇帝向她询问计策。国家依赖对妇女的训诫教育，家族显要受福。

沛孝王广祖母周氏

沛献王辅①孙孝王广，有固疾。安帝②诏祖母周领王家事。周明正有法礼，汉安③中薨，顺帝④下诏曰：沛王祖母太夫人周，秉心淑慎，导王以仁，使光禄大夫赠以妃印绶。《后汉书·沛献王传》

【注释】①沛献王辅：即刘辅，东汉光武帝刘秀与皇后郭圣通所生次子，东汉宗室。封沛王。②安帝：即刘祜，汉章帝刘炟之孙，清河孝王刘庆之子，母左小娥。谥号孝安皇帝。③汉安：东汉皇帝汉顺帝刘保的第四个年号。④顺帝：即刘保，汉安帝刘祜之子，母宫人李氏，谥号孝顺皇帝。

【译文】沛献王刘辅的孙子沛孝王刘广，有久治不愈的病痛，汉安帝下诏刘广的祖母管理王家的事情。周氏不仅明辨还有礼仪法度，她在汉安帝年间去世，汉顺帝发布诏令："沛王祖母周太夫人，用心贤良谨慎，引导沛王实行仁德，派遣光禄大夫追赠王妃的封号。"《后汉书·沛献王传》

曹成母班大家

扶风曹世叔妻者，同郡班彪②之女也，名昭，字惠班，一名避司马昭讳，博学高才。世叔早卒，有节行法度。和帝③数召入宫，令皇后诸贵人师事焉，号曰大家④。邓太后临朝，与闻政事，以出入之勤，特封子成关内侯，官至齐相。作《女诫》七篇，有助内训，马融⑤善之，令妻女习焉。《后汉书·列女传》

【注释】①曹世叔：即曹寿，东汉扶风平陵（今咸阳境）人，班彪婿。工草书。②班彪：字叔皮，扶风安陵（今陕西咸阳东北）人，出身于汉代显贵和儒学之家。③和帝：即刘肇，东汉第四位皇帝，汉章帝刘炟第四子，生母为梁贵人。谥号为孝和皇帝。④大家（gū）：即大姑。古代对女子的尊称。⑤马融：字季长。扶风郡茂陵县（今陕西兴平东北）人。东汉时期著名经学家，东汉名将马援的从孙。

【译文】扶风郡曹世叔的妻子，是同郡人班彪的女儿，名叫班昭，表字惠班。又有一名班姬，学识渊博，才智过人。曹世叔去世的早，班昭品行节操高尚，讲究礼节规范。汉和帝多次下诏召班昭进宫，并要求皇后和贵人们以老师之礼事奉她，班昭因此号称"大家"。邓太后临朝听政时，与班昭谈论国事，因为出入宫廷，为政勤奋。于是邓太后特别破例封班昭的儿子曹成为关内侯，官至齐国国相。班昭著有《女诫》七篇，对妇女的训诫教育很有帮助，马融读后觉得很好，让自己的妻子、女儿学习。

《后汉书·列女传》

女 诫

鄙人愚暗，受性不敏，蒙先君之馀宠，赖母师之典训，年十有四，执箕帚①于曹氏，于今四十余载矣。战战兢兢，常惧黜辱②，以增父母之羞，以益中外之累。夙夜劬心，勤不告劳，而今而后，乃知免耳。吾性疏顽，教导无素，恒恐子谷（子谷即成之字）负辱清朝，圣恩横加，猥赐金紫③，实非鄙人庶几所望也。男能自谋矣，吾不复以为忧也。但伤诸女，方当适人，而不渐训诲，不闻妇礼，惧失容他门，取耻宗族。吾今疾在沈滞，性命无常，念汝曹如此，每用惆怅。闲作《女诫》七章，愿诸女各写一通，庶有补益，裨助汝身。去矣，其勖勉之。

【注释】①执箕帚：手持畚箕扫帚从事贱役。后多指为人妻的谦词。②黜辱：贬斥受辱，贬斥侮辱。③金紫：秦、汉时丞相等官金印紫绶，唐、宋贵官服金鱼袋及紫衣，均简称为"金紫"。

【译文】我是愚昧之人，生性不够聪敏，能蒙受先夫传留的恩泽，都是有赖于母亲、师傅准则性的训示。我从十四岁时嫁入曹家为妻，至今已有四十多年了。小心谨慎，时常担心哪里做的不周到而被婆家贬斥赶出门，从而使自己的父母增添羞辱，使家里家外增受连累。早晚劳心，即使辛勤也不向别人表示自己的劳苦，从今以后，才知道勉励。我生性懒散顽钝，平时不经常教诲开导，常担心子谷不争气，辱没了家族清白的名声。帝王的恩宠宏大，赏赐的金印紫绶，实在不是我所希望得到的。家里的男孩能自食其力，我为他们忧虑。但是家中的女孩子们刚到了该出嫁的年龄，却没有受到好的教导，不懂得妇女的礼仪，恐怕会令未来的夫家丢脸，辱没了宗族。我现在身患疾病，性命无常，每每想到你们这些女孩子，就常让我伤感懊恼。于是利用闲暇时间创作《女诫》七章，希望你们各自抄写一遍，但愿对你们自身有所裨补助益。我将要离去，诸位勉励吧！

卑弱第一

古者生女三日，卧之床下，弄之瓦砖①，而斋告焉。卧之床下，明其卑弱，主下人也。弄之瓦砖，明其习劳，主执勤也。斋告先君，明当主继祭祀也。三者盖女人之常道，礼法之典教矣。谦让恭敬，先人后己，有善莫名，有恶莫辞，忍辱含垢，常若畏惧，是谓卑弱下人也。晚寝早作，勿惮夙夜，执务私事，不辞剧易，所作必成，手迹整理，是谓执勤也。正色端操，以事夫主，清静自守，无好戏笑，洁齐酒食，以供祖宗，是谓继祭祀也。三者苟备，而患名称之不闻，黜辱之在身，未之见也。三者苟失之，何名称之可闻，黜辱之可远哉？

【注释】①瓦砖：亦作"瓦塼"。古代的纺锤。

【译文】古时候，女孩子出生多月后，就让她躺在床下，给女孩玩弄织布用的纺锤，斋戒过后将生女之事祝告宗庙。睡在床下，以表明她的卑微柔弱，地位低下。给她玩弄纺锤，以表明女子应当亲自从事劳作，不辞辛苦，斋戒祝告自己的祖先，以表明她要准备祭品帮夫君祭祀。这三者都是女子的寻常道理，礼法的典章教化。谦虚忍让，待人恭敬。首先考虑别人，然后想到自己。做了善事不声张，做了错事不推脱。忍受耻辱，包容污垢，常常表现出敬畏。这就是所谓的谦卑地对待他人。晚睡早起劳作，不怕早晚劳苦。亲自操持料理家务，不推却劳作的难易，做事有始有终，亲自从事安排，这些就是所谓的从事劳作。神色庄重、操守端正，凭借这些服侍夫君，纯正恬静、坚守本分。不喜好嬉笑玩闹，准备好洁净的酒食，凭借这些来供奉祖宗。这是所谓的接续祭祀。如果这三条都具备，却还忧虑好名声不会传扬，自身是否会蒙受贬斥侮辱，这是从来没有过的事。如果这三条都没有做到，哪里还会有什么好名声，贬斥侮辱还会远吗？

夫妇第二

夫妇之道，参配阴阳，通达神明，信天地之宏义，人伦之大节也。是以《礼》贵男女之际，《诗》著《关雎》之义。由斯言之，不可不重也。夫不贤，则无以御妇，妇不贤，则无以事夫。夫不御妇，则威仪废缺；妇不事夫，则义理堕阙。方斯二者，其用一也。察今之君子，徒知妻妇之不可不御，威仪之不可不整，故训其男，检以书传。殊不知夫主之不可不事，义理之不可不存也。但教其男而不教女，不亦蔽于彼此之数乎？《礼》，八岁始教之书，十五而至于学矣，独不可依此以为则哉？

【译文】夫妇之道，有阴阳匹配的道理，沟通传达于天地万物神明之间，包含了天地间的大义，人伦的基本法则。因此《礼记》注重男女之间的关系，《诗经》显明《关雎》的道理。由这些言论看来，夫妇之道不能不重视。丈夫如果品行不端，就无法驾驭管理妻子，妻子如果不贤惠，就无法事奉丈夫。丈夫如果驾驭不了妻子，就会失去庄重的容止仪态，妻子如果事奉不了丈夫，就会亡废道德公理。所说的这两件事，作用是一样的。调查研究现在的人们，只知道妻子妇人不可以不驾驭，自己庄重的容止仪态不可以不整顿，所以注重男子的教育。竟然不知道丈夫不可以不侍奉。道德公理不可以不保留。只是教育男子不教育女子，不也是掩盖彼此之间的礼数吗？《礼记》是八岁开始教的书，十五岁学成。不可以只依据这些作为准则！

敬慎第三

阴阳殊性，男女异行。阳以刚为德，阴以柔为用；男以强为贵，女以弱为美。故鄙谚有云："生男如狼，犹恐其尫。生女如鼠，犹恐其虎。"然则修身莫若敬，避强莫若顺。故曰："敬顺之道，妇之大礼也。夫敬非他，持久之谓也。夫顺非他，宽裕之谓也。持久者，知止足也。宽裕者，尚恭下也。夫妇之好，终身不离。房室周旋，遂生媟嬻①。媟嬻既生，语言过矣。语言既过，纵恣必作。纵恣既作，则侮夫之心生矣。此由于不知止足者也。夫事有曲直，言有是非。直者不能不争，曲者不能不讼。讼争既施，则有忿怒之事矣。此由于不尚恭下者也。侮夫不节，谴呵从之。忿怒不止，楚挞从之。夫为夫妇者，义以和亲，恩以好合。楚挞既行，何义之存？谴呵既宣，何恩之有？恩义俱废，夫妇离矣。"

【注释】①媟嬻：亦作"媟渎""媟嬻"。行为放荡不庄重。

【译文】阴阳性质不同，男女品行相异。阳以刚为德，而阴以柔为用。男子以刚强为贵，女子以柔弱为美。所以俗语说："生男如狼，还怕他懦弱；生女如鼠，还怕她像老虎那样凶猛。"那么涵养自身不过一个敬字，而回避刚强不过一个顺字。所以说："女子的敬重顺从，这是妇人的大礼。敬不是其他的，是一种持久恭敬的态度。顺不是别的，是宽和包容。持久，就是凡事知止知足；宽裕，就是要谦恭待下。夫妇之间亲密融洽，终身不分离，在室内辗转应酬，时间长了，就会轻薄放荡。轻薄放荡一旦产生，言语就会过分了，言语过分，放纵恣肆就会产生，放纵恣肆产生后，就会生出轻侮丈夫的想法，这是由于不知道知足知止的道理！事有曲直，言有是非，平直的不可能不争论，弯曲的不可能不辩驳，争论辩驳一旦产生，就会有愤怒的事。这是因为不知道恭顺、地位低下的道理！轻慢丈夫不收敛，紧接着就会是谴责呵斥，愤怒的情绪不停止，跟随着就是鞭打杖击。作为夫妻，本应以礼义相互亲善和睦，以恩爱相互和乐融洽。鞭打杖击已经发生，哪里有什么礼义存在？谴责呵斥已经出口，哪里有恩爱存在？礼义恩爱都没有了，夫妻也就要分离了。

妇行第四

女有四行：一曰妇德，二曰妇言，三曰妇容，四曰妇功。夫云，妇德不必才明绝异也，妇言不必辩口利辞也，妇容不必颜色美丽也，妇功不必技巧过人也。幽闲①贞静，守节整齐，行己有耻，动静有法，是谓妇德。择辞而说，不道恶语，时然后言，不厌于人，是谓妇言。盥浣尘秽，服饰鲜洁，沐浴以时，身不垢辱，是谓妇容。专心纺绩，不好戏笑，洁齐酒食，以奉宾客，是谓妇功。此四者，女人之大德，而不可乏之者也。然为之甚易，惟在有心耳。古人有言："仁远乎哉？我欲仁，而仁斯至矣。"此之谓也。

【注释】①幽闲：柔顺闲静。多用以形容女子。

【译文】女子有四行，分别是妇德、妇言、妇容、妇功。妇德不一定要才智独特不凡；妇言不一定要伶牙俐齿；妇容不一定要打扮得鲜艳美丽；妇功不一定要技艺精巧过人。柔顺闲静，端庄坚贞，谨守节操，立身行事有羞耻之心，行为举止都有规矩，这就是妇德。说话内容有所选择，不说粗恶无礼的话。说话注意时机，以免引起他人的反感。这就是妇言。洗涤污秽肮脏的衣服，保持衣服洁净无瑕。按时洗澡沐浴，身体保持干净，不存污垢，着装打扮得体，这是所谓的妇容。专心纺纱绩麻，不喜欢嬉笑打闹，备好干净可口的酒菜，用来招待宾客，这就是妇功。这四项，是女子的大节，一样都不能够缺少的啊。然而要做到很容易，只要用心。古人说："仁远乎哉？我欲仁，而仁斯至矣。"说的就是这个道理。

专心第五

《礼》，夫有再娶之义，妇无二适①之文。故曰：夫者，天也。天固不可逃，夫固不可离也。行违神祇，天则罚之；礼义有愆，夫则薄之。故《女宪》曰："得意一人，是谓永毕；失意一人，是谓永讫。"由斯言之，夫不可不求其心。然所求者，亦非谓佞媚苟亲也，固莫若专心正色。礼义居洁，耳无淫听，目不邪视，出无冶容，入无废饰，无聚会群辈，无看视门户，此则谓专心正色矣。若夫动静轻脱，视听邪偷，入则乱发坏形，出则窈窕作态，说所不当道，观所不当视，此谓不能专心正色矣。

【注释】①二适：再嫁。

【译文】《礼记》上说，男子有再娶的道理，女子没有再嫁的道理。所以说：丈夫是妻子的天。天是无法逃离的，所以丈夫也是不能离开的。行为如果违背神明，上天就会降下惩罚。礼义如果有过失，丈夫就会轻视你。所以《女宪》有记载："得意一人，是谓永毕；失意一人，是谓永讫。"由此而言，不能不设法得到丈夫发自内心的尊重与信赖。

但这也不是通过谄媚获得的，因此妻子莫过于用心专一，神情庄重。遵守礼义，保存纯洁，耳朵不听不该听到的言语，眼睛不偷看旁边，出门不能打扮妖艳妩媚，在家不能卸妆。不跟品行不好的人来往，不只是注重门第。这就是所谓的用心专一，神情庄重了。如果行为举止轻佻，目光和神情游移不定。在家披头散发，出门却浓妆艳抹，说不恰当的话，看不该看的事物。这就是所谓的用心不专、态度轻佻。

曲从第六

　　夫"得意一人，是谓永毕；失意一人，是谓永讫。"欲人定志专心之言也。舅姑之心，岂当可失哉？物有以恩自离者，亦有以义自破者也。夫虽云爱，舅姑云非，所谓以义自破者也。然则舅姑之心奈何？固莫尚于曲从矣。姑云不尔而是，固宜从令；姑云尔而非，犹须顺命。勿得违戾是非，争分曲直。此则所谓曲从矣。故《女宪》曰："妇如影响，焉不可赏。"

　　【译文】"得意一人，是谓永毕；失意一人，是谓永讫。"这是想让人安定心志，用心专一的言论。公婆的欢心，难道是可以失掉的吗。事物有因为恩惠而自我离弃的，也有因为道义而自我毁坏的。丈夫虽然对你怜爱，公婆说你不好，这就是所谓的因道义而对夫妻关系的深重伤害。但公婆的心意就是如此，你有什么办法呢？所以没有比委屈顺从更好的办法。婆婆不说你的好，你最好听从；婆婆说你的不好，你更要顺从，千万不要抵触，争辩对错。这就是所谓的委屈顺从。所以《女宪》上说：

"妇如影响，焉不可赏！"

和叔妹第七

　　妇人之得意于夫主，由舅姑之爱己也。舅姑之爱己，由叔妹之誉己也。由此言之，我臧否毁誉，一由叔妹，叔妹之心，复不可失也。人皆知叔妹之不可失，而不能和之以求亲，其蔽也哉！自非圣人，鲜能无过。故颜子①贵于能改，仲尼②嘉其不贰，而况于妇人者也！虽以贤女之行，聪哲之性，其能备乎！故室人和则谤掩，外内离则恶扬，此必然之势也。《易》曰："二人同心，其利断金。同心之言，其臭如兰。"此之谓也。夫嫂妹者，体敌而尊，恩疏而义亲。若淑媛谦顺之人，则能依义以笃好，崇恩以结援，使徽美显章，而瑕过隐塞，舅姑矜善，而夫主嘉美，声誉曜于邻邑，休光延于父母。若夫蠢愚之人，于叔则托名以自高，于妹则因宠以骄盈。骄盈既施，何和之有？恩义既乖，何誉之臻？是以美隐而过宣，姑忿而夫愠，毁訾布于中外，耻辱集于厥身，进增父母之羞，退益君子之累，斯乃荣辱之本，而显否之基也，可不慎哉？然则求叔妹之心，固莫尚于谦顺矣。谦则德之柄，顺则妇之行，凡斯二者，足以和矣。《诗》云："在彼无恶，在此无射。"此之谓也。

　　【注释】①颜子：即颜回，曹姓，颜氏，名回，字子渊，鲁国都城人（今山东曲阜市），居陋巷（今山东省曲阜市旧城内的陋巷街，颜庙所在之地），尊称复圣颜子，春秋末期鲁国思想家，儒客大家，孔门七十二贤之首。②仲尼：孔子字仲尼，儒学学派的创始人。鲁国陬邑（今山东曲阜东南）人。曾修《诗》《书》，定《礼》《乐》，序《周易》，作《春秋》。

【译文】妻子之所以能得到丈夫的钟意专注，是因为公婆对你的疼爱，公婆疼爱你，是由于小叔子小姑子对你的喜爱，由此来说，对自己的褒贬，毁誉和称赞，全在于小叔子小姑子。一旦失去他们的欢心就不可能再得到了。人们都知道小叔子小姑子的心不能丧失，要像亲兄妹一样和睦相处，如果这样还相处不好那就没有办法。自己不是圣人，哪能没有过错！从前颜回贵在有错就改正，所以孔子夸他不重犯同样的错误，更何况女人呢。即使具备了贤惠的品行，聪慧明智的天赋，就能说不会犯错了吗！所以说家人和气才可以遮掩家丑，外姓、内姓相离则家丑就会外扬。这是必然会出现的情况。《易经》上说："二人同心，其利断金。同心之言，其臭如兰。"说的就是这个道理。丈夫的兄嫂弟妹，彼此地位相等但应该尊重他们，虽然和自己没有血缘之亲，但却有深厚的亲缘和情义。如果是娴雅贞静、谦逊恭顺的美好女子，就能和婆家的亲人和睦相处。倘若你是个贤淑谦逊之人，就能依靠道义而和好，推崇恩义而结为支援，有些许美德就能彰显出来，而过失就可以被遮掩掉。公婆都称赞夸奖你，丈夫更会嘉奖赞美你，声望名誉传于邻里之间，盛美的光华荣及父母。如果你是个愚蠢的人，对着小叔子自恃清高，对着小姑子恃宠称骄，这样做，哪里还有和睦？恩义都没有了，哪里还有什么美誉可传！所以说没有了美德，缺点就会显现。婆婆愤怒，丈夫就会怨恨，使自己名誉受损，诋毁中伤都归于一身。继续这样，就会给父母增添羞耻，离开就会增添丈夫的负担，这是荣辱的根本，并且是荣枯穷通的基本点，能不谨慎吗？然而想要得到小叔子小姑子的欢心，最重要的就是要谦逊恭顺。"谦"是德的根本，"顺"是妇女的行为准则。这两条做好了，就足以使家庭和睦。《诗经》上说："在彼无恶，在此无射。"说的就是这个道理。

程兴后母李穆姜

汉中程文矩妻者，同郡李法之姊也，字穆姜。有二男，而前妻四子。文矩为安众令，丧于官。四子以母非所生，憎毁日积，而穆姜慈爱温仁，抚字益隆，衣食资供，皆兼倍所生。或谓母曰："四子不孝甚矣，何不别居以远之？"对曰："吾方以义相导，使其自迁善也。"及前妻长子兴遇疾困笃，母恻隐自然，亲调药膳，恩情笃密。兴疾久乃瘳，于是呼三弟谓曰：继母慈仁，出自天爱。吾兄弟不识恩养，禽兽其心。虽母道益隆，我曹过恶亦已深矣。遂将三弟诣南郑狱，陈母之德状己之过，乞就刑辟。县言之于郡，郡守表异其母，蠲除家徭，遣散四子，许以修革。自后训导愈明，并为良士。穆姜年八十余卒，临终敕诸子曰："吾弟伯度（李法之字），智达士也。所论薄葬，其义至矣。又临亡遗令，贤圣法也。今汝曹遵承，勿与俗同，增吾之累。"诸子奉行焉。《后汉书·列女传》

【译文】汉中郡人程文矩的妻子，是汉中郡李法的姐姐，表字穆姜，生有两个儿子，而程文矩的前妻生有四个儿子。程文矩担任安众县令时，死在任上。四个儿子认为母亲并非亲生，憎恶诋毁后母的心思日益严重，可是穆姜慈爱温和，抚养更加尽心，衣食资财供给都倍于亲生儿子，有人对程文矩的妻子说："四个孩子都很不孝顺，为什么不让他们另居一处以疏远他们呢？"程文矩的妻子回答说："我正要用道义来引导他们，让他们自己改过向善。"后来前妻的大儿子程兴病得很厉害，后母内心怜悯不忍，亲自调理药汤和膳食，恩情十分深厚。程兴病了许久才痊愈，于是把三个弟弟叫来说道："继母慈善仁爱，是出于天生的仁爱，我们兄弟却不知道孝顺，实在是禽兽心肠，虽然为母之道更加深厚，但我们的过恶也更深重了。"于是将三个弟弟送进南郑牢狱，力陈继母的恩德，叙述自己的过失，请求接受刑罚。县官报告郡守，郡守表彰其母，免去他家应该承担的徭役，遣散四个儿子回家，准许他们改过自新。从此以后教诲开导更加明白，他们都成为了贤士。穆姜八十多岁去世，临终告诫几个儿子："我的弟弟伯度，是聪慧敏达的人，他所论述的薄葬，意义深远。临终前的告诫，也合于圣贤的礼法，希望你们能够遵守，不要与流俗混同，增加我的负担。"几个儿子都遵照实行了。

《后汉书·列女传》

冯勤母

冯勤①从光武②，赐爵关内侯。勤母年八十，每会见，诏敕勿

拜,令御者扶上殿,谓诸王曰:"使勤贵宠者,此母也。"其见亲重如此。《后汉书·冯勤传》

【注释】①冯勤:字伟伯,魏郡繁阳(今河南内黄)人,弘农太守冯扬曾孙,东汉时期大臣。②光武:即汉世祖光武皇帝刘秀,字文叔,南阳郡蔡阳县人,生于陈留郡济阳县(今河南兰考),东汉开国皇帝。

【译文】冯勤追随光武帝,因功劳赐封关内侯爵位。他的母亲八十岁,每次朝见,光武帝都下令让她不用参拜,并让侍从扶她上殿,对诸王公说:"让冯勤显贵而受宠信,正是他的这位母亲。"冯勤受到光武帝的亲近和器重就是这样。《后汉书·列女传》

郭丹后母

郭丹①,七岁而孤,小心孝顺,后母哀怜之,为鬻衣装,买产业。《后汉书·郭丹传》

【注释】①郭丹,字少卿,东汉时期南阳穰人。

【译文】郭丹七岁成了孤儿,谨慎孝顺,后母同情怜悯他,为他卖衣装,买产业。《后汉书·郭丹传》

陆续母

陆续^①，幼孤，仕郡曹使，太守尹兴^②辟为别驾从事。时楚王英^③谋反，阴疏天下善士，显宗^④得其录，有尹兴名，征兴诣廷尉狱，续诣洛阳诏狱就考。续母远至京师，觇候消息，无缘与续相闻，母但作馈食，付门卒以进之。续虽见考苦毒，而辞色慷慨，未尝易容，惟对食悲泣，不能自胜。使者怪而问其故，续曰："母来不得相见，故泣耳。"使者大怒，以为门卒通传意气，召将案之。续曰："因食饷羹，识母所自调和，故知来耳，非人告也。"使者问："何以知母所作乎？"续曰："母截肉未尝不方，断葱以寸为度，是以知之。"使者问诸谒舍，续母果来，于是阴嘉之，上书说续行状，帝即赦兴等事，还乡里。《后汉书·独行传》

【注释】①陆续：字智初，会稽吴县（今苏州）人。东汉时期名士。②尹兴：东汉会稽郡太守，汉明帝永平中免职。③楚王英：即刘英，东汉楚王，为东汉光武帝和许美人所生。后因为图谋取代汉明帝被废去王位，后自杀。④显宗：即汉明帝刘庄，初名刘阳，光武帝刘秀第四子，母光烈皇后阴丽华，庙号显宗，谥号孝明皇帝。

【译文】陆续从小就成了孤儿，后来在郡府担任户曹。太守尹兴征召他为别驾从事。当时楚王刘英谋反，暗地里搜求天下的人才，显宗皇帝刘庄获得了这份记录名册，有尹兴的名字，于是传令尹兴到廷尉的监狱，陆续前往洛阳诏狱接受审讯。陆续的母亲从遥远的家乡赶到京师，打听消息，但是没有办法与陆续见面。母亲只能做好饭菜，交付门卒转送陆续。陆续虽然遭受各种酷刑拷打，但情绪激昂，充满正气，不曾改变神色态度。只是对着饭菜悲伤哭泣。使者觉得奇怪，就问他是什么缘故。陆续说："母亲来了却不得见面，所以落泪。"使者非常生气，认为门卒通风报信，要召来审讯。陆续说："我是因为吃了食物和喝了肉羹，知道是母亲亲手烹调的，因此晓得是母亲来了，不是别人告诉我的。"使者问："怎么知道是你母亲亲手烹调的呢？"陆续说："母亲切的肉从来都是方形的，切葱都以一寸为标准，我是根据这个知道的。"使者向客店打听，得知陆续的母亲果然来到了京城，心中暗自赞赏，上书陈述了他的事迹，皇上赦免了尹兴等人，让他们返回故乡。《后汉书·独行传》

赵苞母

赵苞①迁辽西太守，遣使迎母及妻子，道经柳城，值鲜卑万余人入塞寇抄②，苞母及妻子遂为所劫质，载以击郡。苞率步骑二万，与贼对阵。贼出母示苞，苞悲号谓母曰："为子无状，欲以微禄奉养朝夕，不图为母作祸。今为王臣，义不得顾私恩，毁忠节，惟当万死，无以塞罪。"母遥谓曰："威豪（苞之字），人各有命，何得相顾，以亏忠义！昔王陵母对汉使伏剑，以固其志，尔其勉之。"苞即时进战，贼悉摧破，其母妻皆为所害。苞殡敛母毕，自上归葬，灵帝^③遣策吊慰，封鄃侯。苞葬讫，谓乡人曰："食禄而避难，非忠也；杀母以全义，非孝也。如是，有何面目立于天下！"遂呕血而死。《后汉书·独行传》

【注释】①赵苞：字威豪，甘陵东武城（今河北故城县）人。②寇抄：亦作"寇钞"。攻劫掠夺。③灵帝：即汉灵帝刘宏，汉章帝刘炟的玄孙。谥号孝灵皇帝。

【译文】赵苞迁任辽西郡太守，派人到故乡迎接母亲妻子和儿子，路上经过柳城时，正遇着鲜卑族一万余人入侵边塞劫掠，赵苞的家人全被劫持作为人质，用车载着她们来攻打辽西郡城。赵苞率领两万骑兵布阵，准备与贼寇交战，鲜卑人在两军阵前推出赵苞的母亲给赵苞看，赵苞悲痛号哭，对母亲说："孩儿罪大不可言状，本来打算用微薄的俸禄早晚侍候赡养您左右，没想到反而为您招来大祸。如今孩儿身为朝廷的大臣，大义不能顾及私恩，破坏忠节，只有拼死一战，否则没有别的办法来弥补我的罪恶。"母亲远远地嘱咐他说："威豪我儿，各人生死有既定的命运，怎能因为顾念我而使忠义有亏？昔日王陵的母亲在汉王的使臣面前拔剑自刎，以坚定王陵的志向，你应该勉励，效仿王陵。"于是赵苞立即下令出击，鲜卑军队全被摧陷攻克，但他的家人也都被鲜卑人杀害。赵苞上奏朝廷，请求护送母亲、妻子的棺柩回乡安葬，汉灵帝派遣使节，前往祭奠慰问，封赵苞为鄃侯。赵苞安葬好母亲、妻子后，对同乡的人说："享受朝廷的俸禄却逃避灾难，不是忠臣；杀了母亲而保全忠义，不是孝子。像我这样，还有什么脸面活在世上呢？"最终吐血而死。《后汉书·独行传》

范滂母

建宁二年，大诛党人，诏下急捕范滂^①等。其母就与之诀，滂白母曰："仲博（滂弟之字）孝敬，足以供养。滂从龙舒君（滂父显为龙舒侯相）归黄泉，存亡各得其所。惟大人割不可忍之恩，勿增感戚。"母曰："汝今得与李杜（李膺、杜密）齐名，死亦何恨！既有令名，复求寿考，可兼得乎？"滂跪受教，再拜而辞。《后汉书·党锢传》

【注释】①范滂：字孟博，汝南征羌（今河南漯河市召陵区青年镇砖桥村）人，东汉时期党人名士，与郭林宗、宗慈、巴肃、夏馥、尹勋、蔡衍、羊陟并称为"八顾"。又与刘表、陈翔、孔昱、范康、檀敷、张俭、岑晊并称为"江夏八俊"。

【译文】建宁二年，汉灵帝大批诛杀党人，诏令紧急逮捕范滂等人。范滂的母亲前来与范滂诀别。范滂对母亲说："仲博孝顺尊敬，能够供养母亲，范滂跟随龙舒君命归黄泉，我们生死存亡各得其所。希望母亲大人割断难分难舍的恩情，不再增加哀伤。"他母亲说："你现在能够与李膺、杜密声名相当，死了又有什么遗憾呢！已经有了美好的声誉，又还想要长寿，能够兼得吗？"范滂跪下接受母亲教诲，拜了又拜与母亲告别。《后汉书·党锢传》

孔融母

　　山阳张俭①为中常侍侯览②所怨，览为刊章下州郡，以名捕俭。俭与孔融兄褒有旧，亡抵于褒，不遇。时融年二六，俭少之而不告。融见其有窘色，谓曰："兄虽在外，吾独不能为君主邪！"因留舍之。后事泄，国相以下密就掩捕，俭得脱走，遂并收褒、融送狱。二人未知所坐，融曰："保纳舍藏者，融也，当坐之。"褒曰："彼来求我，非弟之过，请甘其罪。"吏问其母，母曰："家事任长，妾当其辜。"一门争死，郡县疑不能决，乃上谳③之，诏书竟坐褒焉。融由是显名。《后汉书·孔融传》

　　【注释】①张俭：字元节。山阳高平（今山东邹城）人。东汉时期名士，江夏八俊之一。②侯览：山阳防东（今山东单县东北）人，东汉宦官。③谳（yàn）：审判定罪。

　　【译文】山阳人张俭被中常侍侯览怨恨，侯览将捕人文书下发到州郡，要抓捕张俭治罪。张俭与孔融的哥哥孔褒是好友，他逃到孔家，请求掩护。不巧孔褒不在家，孔融接待了他，当时孔融只有十二岁，张俭见孔融年纪小，就没有说明来意。孔融看出张俭神态困迫为难，就对张俭说："我哥虽然不在家，但你是他的好友，难道我就不能做主收留你吗？"于是收留张俭住下，后来事情败露，国相下令秘密抓捕，张俭得以逃脱，就把孔融和孔褒抓了起来。审官对孔融和孔褒说："你们兄弟到底是谁放走了张俭？"孔融对审官说："接纳保护、窝藏张俭的，是我孔融，请治我的罪吧！"听到弟弟把罪责承担在自己身上，孔褒忙说："张俭是来投奔我的，不关我弟弟的事，请治我的罪。"审官问他们的母亲。母亲说："家庭的事情长辈做主，妾身当受其罪。"孔氏一门争罪受死，郡县官员迟疑拿不定主意，于是呈报朝廷，请求定案。后来皇帝定了孔褒的罪，下令杀死了他。孔融因此名声显扬。《后汉书·孔融传》

崔实母刘氏

崔实①母刘氏，有母仪淑德，博览书传。初，实在五原，常训以临民之政，实之善绩，母有其助焉。《后汉书·崔实传》

【注释】①崔实：又名崔寔，字子真，冀州（今河北安平一带人）。

【译文】崔实的母亲刘氏，有母亲的仪范，德行优秀，广泛阅览典籍传记。起初，崔实担任五原太守时，母亲经常教导他如何治理百姓的为政之道，崔实的善政功业，多得益于母亲的帮助。《后汉书·崔实传》

杨元珍母刘泰瑛

泰瑛,南郑杨相妻,大鸿胪刘巨公女也。有四男二女。相亡,教训六子,动有法矩。长子元珍出行,醉,母十日不见之,曰:我在,汝尚如此。我亡,何以帅群弟子?"元珍叩头谢过。次子仲珍白母请客,既至,无贤者,母怒责之,仲珍乃革行。交友贤人,兄弟为名士。泰瑛之教流于三世,四子才官隆于先人。故时人为语曰:"三苗既止,四珍复起。"《汉中士女志》

【译文】刘泰瑛,是南郑杨相的妻子,大鸿胪刘巨公的女儿。生有四儿两女。杨相去世后,刘泰瑛教育训导六个子女,行为都有规矩法度。长子杨元珍出外远行,大醉而归,刘泰瑛十日不肯见他,说道:"我在世,你尚且这样,我死后,你怎么做众多弟妹的表率?"杨元珍磕头承认错误。次子杨仲珍告语母亲请客,宾客到后,没有贤者,母亲生气地责备他,杨仲珍于是改变言行,结交朋友都是贤德之人,兄弟都成为名士。刘泰瑛的教训流传三世,四个儿子才能官职超过先人。因此当时的人有俗语说:"三苗既止,四珍复起。"《汉中士女志》

赵元珪母杜泰姬

杜泰姬，南郑人，赵宣妻也。生七男七女，若元珪、稚珪、有望五人，皆令德。其教男也，曰："中人情性，可上下也，在其检耳。若放而不检，则入恶也。昔西门豹①佩韦②以自宽，宓子贱③带弦④以自急，故能改身之恒，为天下名士。"戒诸女及妇曰："吾之委身，在乎正顺。及其生也，恩自于抚爱。其长之也，威仪以先后之，体貌以左右之，恭敬以监临之，勤恪以劝之，孝顺以内之，忠信以发之，是以皆成而无不善。汝曹庶几勿忘吾法也。"后七子皆辟命察举牧州守郡，而汉中太守、南郑令多与七子同岁，季考上计⑤，无不修敬泰姬，执子孙礼。《汉中士女志》

【注释】①西门豹：战国时期魏国（今山西省运城市盐湖区安邑一带）人。著名的政治家、水利家，历史治水名人。②佩韦：韦，熟皮，因其性柔韧，性情急躁的人佩在身上，以此来提醒自己要像熟牛皮那样软韧，诸事不可急躁。③宓子贱：名不齐，字子贱，春秋末年鲁国人（一说宋国人），孔子的得意门生，孔门七十二贤之一。④带弦：弦，弓弦，身佩弓弦以提醒自己要像弓弦那样紧张。比喻警惕自己的缺点、错误，避免重新出现。⑤上计：汉制，每届年终，郡国遣吏至京上计簿，将全年人口、钱、粮、贼、狱讼等事项，向朝廷报告，称为"上计"。

【译文】杜泰姬，是南郑人，犍为郡太守赵宣的妻子。生有七男七女，像元珪、稚珪、有望，五人都道德高尚。杜泰姬教育儿子说："普通人的本性，可上可下，在自身检点约束。如果放任不加检点，就会堕入不正直道。昔日西门豹佩戴韦皮以自缓急性，宓子贱身佩弓弦以自缓急性，所以能改正自身的缺点、过失，成为闻名天下的人士。"告诫女儿和媳妇说："我怀有身孕时，和顺正直。等到孩子出生，用心照顾爱护。孩子长大后，用庄重的举止辅助他，以礼相待从而帮助他，对他尊敬也要监察、临视，以勤勉恭谨劝勉他，用尽心奉养顺从接纳他，以忠诚信实引发他，这样他们都会有所成就而没有不好的。希望你们不要忘记我的教养方法。"后来她的七个儿子都被征召，经由郡县官吏推荐而任官，而汉中太守、南郑令大多与她的七子年龄相同，季考上计，无人不对泰姬恭敬有礼，执守子孙之礼。《汉中士女志》

陈氏母杨礼珪

礼珪，成固陈省妻也，杨元珍之女。生二男，长娶张度辽女惠英，少娶荀氏，皆贵家豪富，从婢七八，资财自富。礼珪敕二妇曰："吾先姑，母师也。常言圣贤必劳民者，使之思善，不劳则逸，逸则不才。吾家不为贫也，所以粗食给吾者，使知苦难，备独居时。"二妇再拜奉教。从孙①奉上微慢，珪抑绝之，感悟革行，遭乱流，行宗表②欲见之，必自严饬。从子孙侍婢乃引见之，曰："此先姑法

也。"四时祭礼,自亲养牲酿酒,曰:"夫祭,礼之尊也。"年八十九卒。惠英亦有淑训,母师之行者也。《汉中士女志》

【注释】①从孙:指的是自己的亲兄弟的孙子。②宗表:同族远房兄弟互称宗表。

【译文】杨礼珪,是成固县陈省的妻子,杨元珍的女儿。生有两儿子,长子娶了张度辽的女儿张惠英为妻,小儿子娶了荀家的女儿,两个媳妇的娘家都是高门大族、有钱有势的人家,从嫁的侍婢有七八个,陪嫁的财物也很多。杨礼珪告诫两个媳妇说:"我的婆母,是为人母的典范。她常常说圣君贤臣役使百姓,是为了让他们从善,不劳作就会安逸,安逸就不会成才。我家家境不贫困,给养粗劣食物的原因是为了让我们知道痛苦和艰困,从而防备单独一人居住的时候。"两个媳妇拜了又拜,接受了家训教导。杨礼珪有个堂侄孙,侍奉尊长有些轻慢,杨礼珪就和他断绝了往来,堂侄孙因此心有所感而醒悟,并悔过自新。后来遭遇动乱,杨礼珪一家也离开固定的住所四处逃亡,行踪不定,同族远房兄弟想要见她,杨礼珪自己一定会很认真地先盛加装饰,身后跟着儿子、孙儿和婢女们,然后才肯见面,她说:"这是我那已去世婆婆的家法啊。"每逢四时八节祭祀祖先,杨礼珪一定很虔诚地用家里最好的供品祭祀。并说:"祭祀,是礼法中最尊贵的啊。"杨礼珪八十九岁的时候去世。张惠英也对女子有良好的教育,是为人母典范的践行者。《汉中士女志》

曹氏母陈训谦

　　陈顺谦，成固人也，谦适邓令曹宁，十九寡居，长育遗孤，八十余卒，兄弟陈防著书叹述之。《汉中士女志》

　　【译文】陈顺谦，是成固县人，嫁给邓令曹宁，十九岁时丧夫独居，养育曹宁遗留下来的孤儿，八十多岁去世，兄弟陈防写书赞叹叙述她的事迹。《汉中士女志》

王博继母文季姜

　　季姜，名极，梓潼文氏女，将作大匠广汉王敬伯夫人也。少读《诗》《礼》。敬伯前夫人有子博、女纪、流二人。季姜生康、稚、芝，女始、示，凡前后八子，抚育恩爱，亲继若一。堂祖母性严，子孙虽见官二千石，犹杖之，妇跪受罚于堂。历五郡，祖母随之官，后以年老，不愿远乡里，姜亦常侍养左右。纪流出适，分己侍婢给之。博好写书，姜手为作裘①，于是内门相化，动行推让。博妻犍为杨进，及博子遵妇蜀郡张叔纪，服姑之教，皆有贤训，号之三母堂（敬伯名）。亡义敕康、稚、芝妇事杨进如舅姑，中外则之，皆成令德。季姜年八十一卒，四男弃官行服，四女亦从官舍交赴。内外冠冕百有余人，当时荣之。王氏遂世兴。《梓潼士女志》

【注释】①袠(zhì)：同"帙"。书、画的封套，用布帛制成。

【译文】文季姜，又名极，是梓潼文家的女儿，将作大匠广汉人王敬伯的夫人。文季姜少年时期就诵读《诗经》《礼记》。王敬伯的前妻留下了三个孩子，儿子名叫王博。大女儿名叫王纪，小女儿名叫王流。文季姜自己生有三子二女，分别是王康、王稚、王芝、王始、王示。前后总共有八个子女。文季姜抚养照料，不论亲生，还是前室所生，都是一样对待。堂祖母生性严厉，子孙即使是二千石的官员，犯了错误仍然会杖打他们，儿媳要在厅堂跪下受罚。王敬伯经历五个郡做官，祖母都跟随他一起，后来因为年老，不愿远离家乡，季姜也是常常侍养左右。王纪、王流出嫁的时候文季姜把自己的丫头给他们陪嫁。王博喜欢抄写书籍，季姜就亲手给他做书套。因此家内教化，行动谦让。王博的妻子是犍为县的杨进，王博儿子王遵的妻子是蜀郡的张叔纪，她们遵从婆婆的教训，个个都非常贤德，人家称为三母堂。文季姜吩咐自己的儿子王康、王稚、王芝三人的妻子，应当像孝敬婆婆一样侍奉杨进，家庭内外效法，都成就了美好的名声。文季姜八十一岁的时候去世，四个儿子都自动解职去官，穿孝服居丧，四个女儿也都从衙门里出发，星夜奔丧。内外穿戴官帽的人有一百多个，那时候的人都觉得他们非常荣耀。王氏因此世代兴盛。《梓潼士女志》

姜叙母

建安中，马超①攻冀，害凉州刺史韦康②。姜叙③为抚夷将军，拥兵屯历。叙姑子杨阜④，故为康从事，同等十余人，阴相结为康报仇。过历，候叙母，说康被害及冀中之难，相对泣良久。叙母曰："咄! 伯奕（叙字），韦使君遇难，岂一州之耻，亦汝之负，岂独义山（阜字）哉? 汝无顾我事，事淹⑤变生，人谁不死? 死国，忠义之大者，但当速发，我自为汝当之，不以馀年累汝也。"因敕叙与阜参议。叙遂进兵。超出击叙，至历，执叙母，母怒骂，超大怒，杀母及其子，烧城而去。（《魏志·杨阜传》：叙母骂超曰：汝背父之逆子，杀君之桀贼，天地岂久容汝，而不早死，敢以面目视人乎? 超怒，杀之。）阜等以状闻，太祖⑥（曹操）甚嘉之，手令褒扬曰："姜叙之母，劝叙早发，明智乃尔，虽杨敞⑦之妻，盖不过此。贤哉! 贤哉! 良史记录，必不坠于地矣。"皇甫谧《列女传》

【注释】①马超：字孟起，扶风茂陵（今陕西省兴平市）人，汉伏波将军马援的后人，马腾的儿子，少年成名。②韦康：字元将，韦端之子、韦诞之兄，京兆尹人，荀彧（yù）向曹操推举的人物之一。③姜叙：字伯奕，天水郡冀县人。东汉时期汉人，出生于天水郡冀县，是抚夷将军。④杨阜：字义山，天水冀县（今甘肃甘谷东南）人，三国时期曹魏名臣。⑤淹：

滞，久留。⑥太祖：此处指曹操：字孟德，一名吉利，小字阿瞒，沛国谯县（今安徽亳州）人。东汉末年杰出的政治家、军事家、文学家、书法家，三国中曹魏政权的奠基人。庙号太祖，谥号武皇帝。⑦杨敞：字子明，号君平，司隶部弘农郡华阴（今陕西华阴）人，西汉时期著名政治家，为人谨慎。为弘农杨氏第一世祖。赤泉侯杨喜曾孙，太史令司马迁之婿。

【译文】建安年间，马超攻打冀城，杀害了凉州刺史韦康。姜叙担任抚夷将军，聚集军队驻扎在历城。姜叙姑母的儿子杨阜，之前担任韦康手下的凉州从事，地位相等的十多人，私下里结交准备为韦康报仇。经过历城，看望姜叙的母亲，叙说韦康被害之事及冀城中的灾难，面对面哭泣了很久。姜叙的母亲说："咄！伯奕我儿，韦使君遇难，不仅是一州的耻辱，也有你的责任，难道只是义山一个人的事情吗？你不要顾忌我的安危，事情拖延就会发生变故，人生在世，谁能不死？为国事而死，是死于忠义，你只要速速发兵，我自会为你应对，不要让我这把老骨头成为你的累赘。"于是命令姜叙与杨阜参与谋议。姜叙于是派兵向前推进。马超率军出击姜叙，到达历城，逮捕了姜叙的母亲，姜母怒骂，马超大怒，杀了姜叙的母亲和他的儿子，烧城而去。杨阜等人把情况上报，太祖非常赞赏，亲手书写诏令褒奖表扬道："姜叙的母亲，劝说姜叙及早发兵，竟然如此通达事理有远见，即使是杨敞的妻子，也不会超过她。贤明啊！贤明啊！良史记录，必定不会衰落。"皇甫谧《列女传》

赵月母异

马超叛汉，取赵昂①子月为质。姜叙与昂合谋讨超，昂谓妻异②曰："当奈月何？"异曰："雪君父之大耻，丧元③不足为重，况一子乎？"超闻，果杀月。《容斋续笔》

【注释】①赵昂：字伟章（一作伟璋），天水冀人。汉末时曹操部下。初为羌道令，建安中转参军事徙居州治冀城。②异：即王异，或作士异（胡三省所做《三国志》及《资治通鉴》注解，称皇甫谧《列女传》原文为"士氏女"而非"王氏女"），东汉末年曹操所置羌道令、益州刺史赵昂之妻，赵英、赵月之母。马超作乱凉州时，王异协助丈夫守城，多有功勋。③丧元：元，头也。掉头颅。亦泛指献出生命。

【译文】马超背叛汉朝，扣押了赵昂的儿子赵月为人质。姜叙与赵昂一同谋划讨伐马超，赵昂对妻子士异说："该怎么处理赵月的事情呢？"士异说："能够昭雪天子的耻辱，掉脑袋尚且不足惜，何况只是一个儿子呢？"马超听说后，最终杀了赵月。《容斋续笔》

魏

刘晔母修氏

刘晔①母修产涣及晔。涣九岁，晔七岁，而母病困。临终，戒涣、晔以"父普之侍人，有谄害之性。身死之后，惧必乱家。汝长大能除之，则吾无憾矣。"晔年十三，谓兄涣曰："亡母之言，可以行矣。"涣曰："那可尔！"晔即入室杀侍者，径出拜墓。舍内大惊，白普。普怒，遣人追晔。晔还拜谢曰："亡母顾命之言，敢受不请擅行之罚。"普心异之，遂不责也。《三国·魏志·刘晔传》

【注释】①刘晔：字子扬，淮南成德人，光武帝刘秀之子阜陵王刘延的后代，三国时期魏国著名的战略家。刘晔年少知名，人称有佐世之才。

【译文】刘晔的母亲修，生有儿子刘涣及刘晔，在刘涣九岁，刘晔七岁时，母亲病势沉重。临终时告诫刘涣、刘晔说，"你父亲刘普的侍妾，有谄谀、陷害他人的习性，我担心死后，这个侍妾会败坏家族。希望你们长大后能除去此人，这样我就不会有遗憾了。"刘晔十三岁的时候，对兄长刘涣说："母亲的遗言，可以实行了。"刘涣说："怎么能这样做！"刘晔立即进屋杀了侍妾，出来后径直到母亲坟前拜祭。家里人非常震惊，把此事告诉了刘普。刘普大怒，派人追赶刘晔。刘晔回来后，对父亲跪拜道歉道："我只是遵行母亲临终前交代的话，希望承受没有请示就擅自实行的惩罚。"刘普心中惊异，就没有责罚他。《三国·魏志·刘晔传》

羊琇母辛宪英

辛宪英①，陇西人，侍中毗女，泰山羊耽②妻也。钟会③为镇西将军，请其子琇为参军。宪英忧曰："他日见会之出，吾为国忧之矣。今日难至吾家，此国之大事，必不得止也。琇固请文帝④（司马昭），文帝不听。宪英语琇曰："行矣，戒之！古之君子，入则致孝于亲，出则致节于国；在职思其所司，在义思其所立，不遗父母忧患而已，军旅之间，可以济者，其惟仁恕乎！汝其慎之。"琇竟以全身。《晋书》

【注释】①辛宪英：祖籍陇西，颍川阳翟（今河南禹州）人。魏晋时期著名才女。②羊耽：泰山南城（今山东省新泰市）人。曹魏官员，东汉太常羊续幼子。③钟会：字士季，颍川长社（今河南省长葛市）人。三国时期魏国军事家、书法家，太傅钟繇幼子、青州刺史钟毓之弟。④文帝：即司马昭，字子上（小说《三国演义》为子尚），河内温县（今河南省温县）人。三国时期曹魏权臣，西晋王朝的奠基人之一。为晋宣帝司马懿与宣穆皇后张春华次子、晋景帝司马师之弟、晋武帝司马炎之父。谥号文帝，庙号太祖。

【译文】辛宪英，是陇西人，曹魏侍中辛毗的女儿，泰山南城人羊耽的妻子。钟会担任镇西将军，奏请辛宪英的儿子羊琇担任参军。辛宪英忧心忡忡地说："昔日我看到钟会出征，我就为国家担忧。如今灾难到了我家，这是国家大事，一定不能阻止。"羊琇坚决向司马昭请求不去担任参军，司马昭没有答应。辛宪英对羊琇说："去吧，一定要谨慎！古代的君子，在家中就向父母尽孝道，离家后就向国家尽忠心；在职位上就要想到自己的职责，在道义方面就要想到自己的立身行事，不给父母留下忧患罢了，在军队里能够解救你的，大概只有'仁恕'吧！你要谨慎。"羊琇最终得以保全自身。《晋书》

王经母

魏高贵乡公①将讨司马文王，以告侍中王沈②、尚书王经③、散骑常侍王业④。沈、业出走告文王，经独不往。高贵乡公既薨，经被收。辞母，母颜色不变，笑而应曰："人谁不死，恐不得死所，以此弃命，何恨之有？"《家范》

【注释】①高贵乡公：即曹髦，字彦士，沛国谯县（今安徽省亳州市）人，魏文帝曹丕之孙，东海王曹霖之子。正始五年，封为高贵乡公。②王沈：字处道，太原晋阳（今山西省太原市）人，东汉护匈中郎将王柔之孙，东郡太守王机之子，司空王昶之侄。三国时期曹魏大臣、史学家。③王经：字彦纬，冀州清河郡人，三国时代曹魏大臣。④王业：字长绪，山阳高平（今山东邹城）人。三国时曹魏大臣，王凯之子，刘表的外孙，汉末文学家王粲之族侄、继承人。

【译文】曹魏高贵乡公曹髦将讨伐司马文王，召见并告知了侍中王沈、尚书王经、散骑常侍王业。王沈、王业暗中离去向文王司马昭告密，唯独王经没有前往。高贵乡公被杀后，王经被逮捕。辞别母亲时，王经的母亲脸色不变，笑着回应道："人生在世，谁能不死呢，只是担心死得没有价值，因忠义而失去性命，有什么值得遗憾呢？"《家范》

许猛母阮氏

镇北将军高阳许允①为景王②（司马师）所诛，门生走告其妇阮氏③。妇正在机，神色不变，曰："早知尔耳。"门生欲藏其子猛等，妇曰："无豫，诸儿事。"后移居墓所，景王遣钟会看之，若才德能及父，当收。儿以咨母，母答："汝等虽佳，才具不多，率胸怀与语，便自无忧，不须极哀，会止便止，又可少问朝事。"儿从之。会反以

状对，卒免其祸，皆母之教也。虽会之识鉴，而输贤妇之智，庆及后嗣，追封子孙。《魏氏春秋》

【注释】①许允：字士宗，高阳（治今河北高阳）人。三国时期曹魏官员、名士，官至中领军。②景王：即司马师，字子元，河内温县（今河南省温县）人。三国时期曹魏权臣，西晋王朝的奠基人之一，晋宣帝司马懿与宣穆皇后张春华的长子，晋文帝司马昭的同母兄，晋武帝司马炎的伯父。谥号"忠武"。后被追尊为晋景王。西晋建立后，被追尊为景皇帝，庙号世宗。③阮氏：三国时期曹魏名士许允之妻阮氏，又称为阮氏女。陈留尉氏人。阮氏女是中国古代四大丑女之一，貌丑而见识非凡。她出身士族之家，是卫尉阮共（字伯彦）之女、阮侃（字德如）之妹。嫁与许允后生有二子：许奇，官至司隶校尉；许猛，官至幽州刺史。

【译文】镇北将军高阳人许允被晋景王司马师所诛杀，门生跑来把此事告诉了许允的妻子阮氏。阮氏正在织布，听说此事后神色不变，说："早就知道会是这样了。"门生想把许允的儿子许猛等人藏起来，阮氏说："这不关孩子的事。"后来阮氏带着家人搬到许允墓附近居住，司马师派钟会祭拜许允，交代说如果许允儿子的才能德行比得上父亲，就要收捕他们。许允的儿子把此事告诉了母亲，阮氏说："你们虽然品行优良，但才能并不大，只要坦率地与钟会对答，就不会有什么忧虑了，也不必太过哀伤，钟会停止哭泣，你们也可以不哭了。还可以少问一些朝中的事情。"儿子们按母亲所说做了。钟会回去复命，把情况告诉了司马师，许允的儿子们最终都幸免于难，都是由于母亲的教导。虽然钟会有鉴别人才的能力，却输给贤母阮氏非凡的智谋，庆及后代，追封子孙。《魏氏春秋》

钟会母张昌蒲

钟会为其母传曰: 夫人张氏, 字昌蒲①, 太原兹氏人, 太傅定陵成侯②（縣）之命妇也。性矜严, 明于教训。会虽童稚, 勤见规诲。年四岁授《孝经》, 七岁诵《论语》, 八岁诵《诗》, 十岁诵《尚书》, 十一诵《易》。十二诵《春秋左氏传》《国语》, 十三诵《周礼》《礼记》, 十四诵成侯《易记》, 十五使入太学, 问四方奇文异训。谓会曰: "学狠③则倦, 倦则意怠, 吾惧汝之意怠; 故以渐训汝, 今可以独学矣。" 雅好书籍, 涉历众书, 特好《易》《老子》。每读《易》孔子说 "鹤鸣在阴" "劳谦君子" "藉用白茅" "不出户庭" 之义, 每使会反覆读之, 曰: "《易》三百余爻, 仲尼特说此者, 以谦恭慎密, 枢机之发, 行己至要, 荣身所由故也。顺斯术已往, 足为君子矣。" 正始八年, 会为尚书郎。夫人执会手而谓之曰: "汝弱冠见叙④, 人情不能不自足, 则损在其中矣, 勉思其戒! " 是时大将军曹爽⑤专朝政, 日纵酒通沉醉, 会兄侍中毓宴还, 言其事。夫人曰: "乐则乐矣, 然难久也。居上不骄, 制节谨度, 然后乃无危溢之患。今奢僭若此, 非长守富贵之道。" 嘉平元年, 车驾⑥朝高平陵, 会为中书郎, 从行。相国宣文侯⑦始举兵, 众人恐惧, 而夫人自若。中书刘放⑧、侍郎卫瓘⑨、夏侯和⑩等皆怪, 问夫人: "一子在危难之中, 何能无忧? " 答曰: "大将军奢僭无度, 吾常疑其不安。太傅义不危国，必为大将军耳。吾儿在帝侧，何忧？闻且出兵，无他重器，其势必不久战。"果如其言，一时称明。会历机密十余年，颇豫政谋。夫人谓曰："昔范氏少子为赵简子设伐邾之谋（事见前卷，邾当作郯），事从民悦，可谓功矣。然其母以为乘伪作诈，末业鄙事，必不能久。其识本深远，非近人所言。吾常乐其为人，汝居心正，吾知免矣。但当修所志，以辅益时化，不忝先人耳。"常言："人谁能皆体自然，但力行不倦，抑亦其次。虽接鄙贱，必以言信。取与之间，界画分明。"或问此无乃小乎？答曰："君子之行，皆积小以致高大。若以小善为无益而弗为，此乃小人之事耳。希慕通大者，吾所不好。"会自幼少，衣不过青绀⑪，亲营家事，自知恭俭。然见得思义，临财必让。会前后赐钱帛数百万计，悉送供公家之用，一无所取。年五十有九，甘露二年，暴疾，薨。《三国志注》

【注释】①昌蒲：张氏，字昌蒲，太原兹氏人，三国时期魏太傅钟繇之妾，名将钟会生母。②成侯：即钟繇（yáo），字元常。颍川长社（今河南许昌长葛东）人。三国时期曹魏著名书法家、政治家。钟繇在书法方面颇有造诣，是楷书（小楷）的创始人，被后世尊为"楷书鼻祖"。迁太傅，进封定陵侯。谥曰成。③猥：琐碎烦杂。④叙：评议等级次第。⑤曹爽：字昭伯，沛国谯县（今安徽省亳州市）人。三国时期曹魏权臣，大司马曹真长子。⑥车驾：天子出巡时乘坐的马车。后亦用为天子的代称。⑦宣文侯：即司马懿，字仲达，河内郡温县孝敬里（今属河南温县）人。三国时期魏国杰出的政治家、军事家，西晋王朝的奠基人。是辅佐了魏国三代的托孤辅政之重臣，后期成为全权掌控魏国朝政的权臣。平生最显著的功绩是多次亲率大军成功对抗诸葛亮的北伐。死后谥号舞阳宣文侯。⑧刘放：字子弃，涿郡方城（今河北固安）人。三国时期曹魏大臣，西乡侯刘容的后代。⑨卫瓘：字伯玉。河东郡安邑县（今山西省夏县）人。三国曹魏后期至西晋初年重臣、书法家。曹魏尚书卫觊之子。⑩夏侯和：字义权，沛国谯（今安徽亳州）人，名将夏侯渊第七子。⑪青绀：亦作"绀青"。深青而含赤的颜色。

【译文】钟会为他的母亲作传：夫人张氏，字昌蒲，是太原兹氏人，太傅定陵成侯钟繇受有封号的妇人。生性庄重严肃，擅长教导训诫。钟会虽然年幼，但是母亲勤于规劝教诲。在钟会四岁时便已教他《孝经》，七岁诵读《论语》，八岁诵读《诗经》，十岁诵读《尚书》，十一岁诵读《易经》。十二岁诵读《春秋左氏传》《国语》，十三岁诵读《周礼》《礼记》，十四岁诵读父亲成侯钟繇撰写的《易记》。十五就进入太学进行深造，询问四方奇文异训。母亲对钟会说："读书琐碎烦杂就会失去兴趣，失去兴趣意志就会懈怠。我担心你会懈怠，所以循序渐进地教育你，如今你可以独自学习了。"平时爱好书籍，浏览众书，尤其爱读《易经》《老子》。每次读到《易经》，孔子说"鹤鸣在阴""劳谦君子""藉用白茅""不出户庭"之义，每次都会让钟会反复诵读，说："《易经》三百多爻，仲尼特别提到此句，是由于谦逊恭谨、细致周到，枢机一发动，立身行事至关重要，同样也是得富贵的方法。顺着这种方法下去，足以成为君子了。"正始八年，钟会担任尚书郎。夫人拉着钟会的手而教诲他说："你二十岁就被评定功绩，人之常情会自我满足，那么害处就在其中了。应当努力深思警戒。"当时大将军曹爽独揽朝政大权，整天毫无节制地饮酒酣醉。钟会的兄长侍中钟毓参加宴席回家，说了这件事，夫人说："快乐是挺快乐的，然而恐怕难以长久了。身处上位不骄纵，节俭克制、严守礼法，然后才没有危溢的忧患。如今大将军如此奢侈逾礼，不合法度，这不是长守富贵的方法。"嘉平元年，天子拜谒高平陵，钟会身为中书郎随行。相国宣文侯司马懿开始发兵，众人感到恐惧，只有夫人神态自然如常。中书令刘放、侍郎卫瓘、夏侯和等人都觉得奇怪，就问："夫人您有一个儿子处在危难之中，怎么能不担忧呢？"夫人回答说："大将军奢侈逾礼、不合法度没有节制，我常常怀疑他是否能掌控朝局。太傅为了大义不会危害国家，一定是针对大将军曹爽而发兵。我的儿子在天子身边听候差遣，有什么值得忧虑的呢？听说这次出兵，并没有其他的辎重物资，看样子战事不会长久。"结果真如她所说的一样，一时之人都称她有先见之明。钟会掌管机要大事十多年，常参与谋划政事。夫人对他说："昔日范氏的小儿子为赵简子设计伐邦的计策，事情办成了，老百姓也高兴，可以说是功劳了。但他的母亲认为行为不正，作假诈骗，属于末业、鄙人之事，必定不能长久。她见识深远，不是近人所说那样。我常常欣赏她的为人，你存心平正，我知道能够免除祸患。但应当培养高尚的志向，以辅助时势的变化，不愧对先人。"她常常说："人哪能个个都体悟自然之道，但只要勤勉学习而不倦怠，或许也能算是较前差一等的。即使接触的是鄙贱之人，也要讲求信用，说到做到，拿取和给予之间，一定要划分清楚明白。"有人问："这只怕小了吧？"夫人回答说："君子的操行，都是积累低小而渐成高大。如果认为小的善行没有益处而不去做，这是小人的行径。仰慕通往大的，这是我不喜欢的。"钟会从小的时候，所穿衣服的服色不过绀青色，亲自谋划家中的日常事务，自身知晓恭谨俭约。看到利益，想到道义，面对财物一定会谦逊推让。钟会前后受赐的钱帛数以百万计，全都送出奉献公家使用，自己一点都没拿。夫人五十九岁那年，甘露二年，突然发病，去世了。《三国志注》

徐庶母

先主^①奔新野，曹操遣将攻之。徐庶^②时更姓名单福，为先主画策破曹军。操廉知庶计，以计致其母，逼令为书招庶，母不从。母能书，操因拘母，阴使人习其书，诈为徐母书遗庶。庶弗知其诈也，见书大哭，遂辞先主归曹。先主亦谓其有母命，弗强留也。比至，谒母，母怒其堕操计，而以弃顺即逆切责庶，潜入卧内，引绳自经。庶痛恨，后虽终于魏，终身不为设一谋。《三国别录》

【注释】①先主：即刘备，字玄德，东汉末年幽州涿郡涿县（今河北省保定市涿州市）人，三国时期蜀汉开国皇帝，谥号昭烈皇帝，史家又称为先主。②徐庶：字元直，本名福，寒门子弟，早年为人报仇，被同党救出后改名徐庶，求学于儒家学舍。刘备屯驻新野时，徐庶前往投奔，并向刘备推荐诸葛亮。曹操南下时因母亲被曹操所掳获，徐庶不得已辞别刘备，进入曹营。

【译文】先主刘备屯兵在新野，曹操派遣将领攻打他。徐庶当时改换姓名叫单福，为先主出谋划策打败曹军。曹操通过访查得知是徐庶的计谋，就用计把他的母亲骗至许昌，强令徐母写信招引徐庶，徐母坚决不从。徐母擅长书法，曹操于是拘禁徐母，暗地里派人模仿她的笔迹，伪造徐母的书信送给徐庶。徐庶不知书信是伪造的，收到书信后大哭，于是辞别先主投奔曹操。先主也认为他有母亲的命令，没有执意挽留。等徐庶到许昌，拜见母亲，母亲恼恨他落入曹操奸计，而以抛弃正统、投靠叛逆严厉责备徐庶，暗中进入卧房内，牵拉绳索上吊自杀。徐庶痛恨曹操，虽然身在魏国，但终生不为曹操设一计一谋。《三国别录》

吴

孙权母吴氏（二条）

孙破虏[①]（坚）吴夫人，吴主权[②]之母也。生四男（策、权、翊、匡）一女（刘先主夫人），及权少年统业，夫人助治军国，甚有补益。《三国志》

【注释】①孙破虏：即孙坚，字文台，吴郡富春（今浙江省杭州市富阳区）人。东汉末年将领、军阀，东吴政权的奠基人之一。因官至破虏将军，又称"孙破虏"。据传为春秋时期军事家孙武的后裔。②吴主权：即吴太祖大皇帝孙权，字仲谋，吴郡富春（今浙江省杭州市富阳区）人，生于下邳（今江苏徐州市邳州）。三国时代东吴的建立者。

【译文】破虏将军孙坚的妻子吴夫人，是吴主孙权的母亲。生有四个儿子一个女儿，等到孙权年少承续帝王之业，吴夫人辅助他治理军务和国政，很有助益。《三国志》

孙策功曹魏腾[①]，以连意见遣，将杀之，士大夫忧，恐计无所出，计无所出。吴夫人乃倚大井而谓策曰："汝新造江南，其事未集，方当优礼贤士，舍过录功。魏功曹在公尽规，汝今日杀之，则明日人皆叛汝。吾不忍见祸之及，当先投此井中耳。"策大惊，遽释腾。夫人智略权衡，类皆如此。《会稽典录》

【注释】①魏腾：字周林（一作周荣），魏朗之子（一说孙），会稽郡（治今浙江绍兴）功曹。性格直率，刚毅不阿，办事坚持原则，不以长官意志行事。

【译文】孙策帐下的功曹魏腾因为违逆孙策的意旨而被贬谪，孙策将要杀了他，士大夫忧愁恐惧，毫无办法可想。吴夫人于是倚坐在大井边上而对孙策说："你刚刚立足江南，事业没有成就，正应当优待礼遇有才能的人，赦免其过失而记录其功绩。魏功曹办理公事竭力谏诤，你今日杀了他，那么明日众人都会背叛你。我不忍心看到你大祸临头，还是先跳井自杀。"孙策非常震惊，立刻释放了魏腾。夫人的才智谋略、权衡重务，大抵全都像这样。《会稽典录》

太史慈母

太史慈[①]为州家[②]所疾，避之辽东。北海相孔融[③]数遣人讯问其母，并致饷遗。时融以黄巾[④]寇暴，出屯都昌，为贼管亥[⑤]所围。

慈从辽东还，母谓慈曰："汝与孔北海未曾相见，至汝行后，赡恤殷勤，过於故旧，今为贼所围，汝宜赴之。"慈单步径至都昌。时围尚未密，夜伺间隙，得入见融，因求兵出斫贼。融不听，欲告急平原相刘备。城中人无由得出，慈自请行。融曰："贼围甚密，卿意虽壮，无乃实难乎？"慈曰："昔府君⑥倾意於老母，老母感遇，遣慈赴府君之急，固以慈有可取，而来必有益也。今众人言不可，慈亦言不可，岂府君爱顾之义，老母遣慈之意耶？事已急矣，愿府君无疑。"於是严行⑦蓐食⑧，须明，带鞬摄弓上马，突围驰去。遂到平原，说备遣精兵三千人随慈。贼闻兵至，解围散走。融既得济，益奇贵慈，曰："卿，吾之少友也。"事毕，还启其母。母曰："我喜汝有以报孔北海也。"《三国志·太史慈传》

【注释】①太史慈：字子义，东莱黄县（今山东龙口东黄城集）人。东汉末年武将。②州家：指刺史。③孔融：字文举，鲁国（今山东曲阜）人。东汉末年文学家，"建安七子"之一，孔子的第十九世孙，太山都尉孔宙之子。汉献帝即位后任北军中侯、虎贲中郎将、北海相，时称孔北海。④黄巾：东汉末年张角所领导的农民起义军，因头包黄巾而得名。⑤管亥：青州黄巾军渠帅。⑥府君：汉代对郡相、太守的尊称。后仍沿用。⑦严行：急行。⑧蓐（rù）食：早晨未起身，在床席上进餐。谓早餐时间很早。一说"蓐食"为饱食。

【译文】太史慈被刺史所嫉恨，为免受祸患，于是避居辽东。北海相孔融多次派人问候太史慈的母亲，并馈赠东西。当时孔融因为黄巾军侵夺劫掠州郡，出兵驻守都昌，被贼军管亥围困。太史慈从辽东返回，他的母亲对他说："你与孔北海不曾谋面,你离家之后,他恳切周到地对我赡养抚恤,胜过亲朋故旧,如今他被贼兵围困,你应当赶去救援。"太史慈只身步行到都昌。此时贼寇包围得还不是很严密,太史慈等到夜间,乘间隙进去见孔融,请求孔融派兵出城斩杀贼人。孔融没有采纳。打算向平原相刘备告急,但城中的人无法出城,太史慈主动请求派他去。孔融说:"如今贼兵包围得十分严密,你虽然豪壮,只怕也很困难吧!"太史慈回答说:"过去府君您尽心奉养我的老母亲,她感念知遇之恩,派我前来解救您的困境,她原本以为我有可取的地方,来了必定有作用。现在大家都说不行,如果我也说不行,这难道不是辜负了您爱护看顾的道义和老母派我前来的用意吗? 事情已经很紧迫了,希望您不要再犹豫了!"于是太史慈打点行装,很早就吃过早饭,等到天明,就带上箭袋、提着弓弩上马,突围疾驰离去。太史慈于是到了平原,说服刘备派遣三千精兵跟随太史慈前去救援。贼兵听说救兵已到,就解除包围逃散离开。孔融得到救援,渡过困境后,更加认为太史慈是个奇才而加以敬重,说:"您是我的年轻朋友。"事情结束后,太史慈回家禀告母亲。母亲说:"我很高兴你能这样报答孔北海。"《三国志·太史慈传》

徐琨母孙氏

　　徐琨[①]母,孙坚之妹也。孙策击张英[②]於当利口,而船少,欲驻军更求。琨母时在军中,谓琨曰:"恐州家多发水军来逆人,则不

利矣，如何可驻邪？宜伐芦苇以为泭③，佐船度军。"琨具启策，策即行之，众悉俱济，遂破英。策表琨领丹阳太守。《吴录》

【注释】①徐琨（kūn）：东汉末年吴郡富春（今浙江省杭州市富阳区）人，孙坚外甥。②张英：东汉末扬州刺史刘繇属将。③泭（fú）：古同"桴"，筏子。

【译文】徐琨的母亲，是孙坚的妹妹。孙策在当利口攻打张英，但是船只少，因此打算停留驻军寻求船只。徐琨的母亲当时在军营中，对徐琨说："恐怕刺史会派出更多的水军来迎战，这样我军就处于不利之地，怎么可以驻军停留呢？应当砍伐芦苇编作筏子，辅助船队渡军过江。"徐琨详细报告给了孙策，孙策当即施行，军队全都得以渡江，于是打败了张英。孙策上表徐琨领丹阳太守。《吴录》

孟仁母

孟仁①，本名宗，避孙皓②字易焉。少从南阳李肃③学。其母为作厚蓐大被，或问其故，母曰："小儿无德致客，学者多贫，故为广被，庶可得与气类接也。"仁初为骠骑将军朱据④军吏，将母在官，既不得志，又夜雨屋漏，因起涕泣，以谢其母。母曰："但当勉之，何足泣也。"据知之，除为盐池司马。自能结网，手以捕鱼，作鲊⑤寄母，母因以还之，曰："汝为鱼官，而以鲊寄我，非避嫌也。"《吴录》

【注释】①孟仁：即孟宗，湖北江夏鄂城（今湖北省孝昌县）人，后因避孙皓字讳，改名孟仁，字恭武，性格仁孝。②孙皓：字元宗，幼名彭祖，又字皓宗，吴郡富春县（今浙江省杭州市富阳区）人，吴大帝孙权之孙，吴文帝孙和之子，东吴末代皇帝。③李肃：字伟恭，南阳（治今河南南阳）人。④朱据：字子范，吴郡吴县（今江苏苏州）人，三国时期吴国重要官员及将领，前将军、青州牧朱桓从弟、大都督朱异的堂叔。⑤鲊（zhǎ）：一种用盐和红曲腌的鱼。

【译文】孟仁，本名宗，为避讳东吴皇帝孙皓因此改名。孟仁年少时跟随南阳李肃求学。他的母亲为他做了一床又厚又大的被褥，有人问其中的缘故，孟母说："小儿没有才德吸引他人，读书人大多贫困，所以做了这床大被子，或许可以增进他们学友之间的感情吧。"孟仁起初担任骠骑将军朱据的下层小官，安置母亲在府衙内，不能实现志愿，又碰上夜间下雨，房屋漏雨，于是孟仁起床流泪哭泣向母亲谢罪。孟母说："只是应当振作勤勉，哪里值得哭泣呢。"朱据知道后，除授孟仁为盐池司马。孟仁亲自织网捕鱼，腌制后送给母亲，母亲将鱼退还给他，说："你身为主管鱼盐业的官员，却捕鱼腌制后送给我，难道就不知道避嫌吗？"《吴录》

李氏母习氏

　　李衡①妻习氏②，襄阳人。衡为丹阳太守，每欲治家，妻辄不听。密遣客于武陵龙阳泛洲上作宅，种甘橘千株。衡亡，儿以白母，母曰："人患无德义，不患不富。若贵而能贫，方为好耳。"《吴录》

　　【注释】①李衡：字叔平，荆州南郡襄阳人。孙吴官员，官至威远将军。②习氏：即习英习，东吴威远将军李衡之妻。

　　【译文】李衡的妻子习氏，是襄阳人。李衡担任丹阳太守时，每每打算办家产，习英习总是不同意。于是李衡私下派佣人，在武陵龙阳泛洲上建起一座宅院，然后在宅院附近种植一千株柑橘树。李衡死后，儿子把此事禀告给了母亲习英习，习英习说："人应该忧虑的是没有道德信义，不应该忧虑不富有，尽管地位尊贵却能够朴实生活，这是最重要的。"《吴录》

晋

杜植母严宪

杜有道妻严氏，字宪，京兆人也。贞淑有识量。年十三，适于杜氏，十八而嫠居①。子植、女韡并孤藐，宪虽少，誓不改节，抚育二子，教以礼度，植遂显名于时，韡亦有淑德，傅元②求为继室，宪便许之。时玄与何晏③、邓飏④不穆，晏等每欲害之，时人莫肯共婚。及宪许玄，内外以为忧惧。或曰："何、邓执权，必为玄害，亦由排山压卵，以汤沃雪耳，奈何与之为亲？"宪曰："尔知其一，不知其他。晏等骄侈，必当自败。司马太傅兽睡⑤耳，吾恐卵破雪销，行自有在。"遂与玄为婚。晏等寻亦为宣帝所诛。植后为南安太守。《晋书·列女传》

【注释】①嫠(lí)居：指寡居，妇人丧偶独居。②傅元：即傅玄，字休奕。北地郡泥阳县(今陕西铜川耀州区东南)人。魏晋时期名臣及文学家、思想家。傅燮之孙、傅干之子。③何晏：字平叔。南阳郡宛县(今河南南阳)人。三国时期曹魏大臣、玄学家,东汉大将军何进之孙(一称何进弟何苗之孙)。④邓飏:字玄茂,南阳新野(今河南新野县)人,曹魏时期大臣,台中三狗之一。东汉名将邓禹之后。权臣曹爽的亲信之一。⑤兽睡:比喻暗中蓄谋,待机而动。

【译文】杜有道的妻子严氏,字宪,是京兆人。为人贞洁贤淑,有见识度量。十三岁时,嫁给杜有道,十八岁就丧夫独居。儿子杜植、女儿杜韡都幼年丧父,严宪虽然年轻,但是发誓不改节再嫁,她抚育两个子女,用礼仪法度教育他们,杜植最终闻名一时,杜韡也有贤德。傅玄请求娶杜韡为继室,严宪马上就答应了。当时傅玄与何晏、邓飏不和,何晏等人经常想害他,当时的人都不愿意和他通婚。等严宪答应傅玄后,家族内外的人都担忧害怕。有人说:"何、邓掌握权柄,一定会成为玄的祸患,也就好比以山石压鸡蛋,用热水浇雪,雪立刻融化,为什么要和他结亲呢?"严宪说:"你只知其一,不知其二。何晏等人骄纵奢侈,必将毁了自己,司马太傅只是待机而动罢了,我恐怕卵破雪消后,仍然能平安无事。"最终把女儿嫁给了傅玄。何晏等人不久也被司马懿诛杀。杜植后来担任南安太守。《晋书·列女传》

郑默母曹氏

曹氏,鲁国薛人也。郑袤^①娉^②之为继室。袤为司空,其子默等又显朝列,时人称其荣贵。曹氏深惧盛满,每默等升进,辄忧之,

形于声色③。然食无重味③，服浣濯之衣，衮等所获禄秩④，曹氏必班散亲姻，务令周急，家无余赀⑤。《晋书·列女传》

【注释】①郑衮（mào）：字林叔。荥阳郡开封县（今河南开封）人。三国曹魏末年至西晋初年大臣，东汉大司农郑众玄孙、扬州刺史郑泰之子，曹魏将作大匠郑浑之侄。②娉：同"聘"。③重（chóng）味：两种以上菜肴。食物一种叫一味。④禄秩：官吏食禄的品级。指俸禄。⑤赀：假借为"资"。财货。

【译文】曹氏，是鲁国薛地的人。郑衮聘娶她为后妻。郑衮担任司空，他的儿子郑默等也都在朝中显达，当时的人称她尊荣显贵。曹氏非常担心盛极满盈，每每郑默等晋升官位，曹氏就会充满忧虑，并表现在说话的语气和神色上。然而她每次吃饭从不讲究菜色，衣服也都是穿了又穿，郑衮等所得的俸禄，曹氏必定都会分给亲族间贫苦的人，救济他人的急难，因此家中也没什么积蓄。《晋书·列女传》

羊发继母蔡氏

羊祜①，蔡邕②外孙，前母③孔融女，生兄发，官至都督淮北护军。初，发与祜同母兄承俱得病，祜母度不能两存，乃专心养发，故得济，而承竟死。《晋书·羊祜传》

【注释】①羊祜：字叔子，泰山郡南城县人。西晋时期杰出的战略家、政治家、文学家，曹魏上党太守羊衜的儿子，名儒蔡邕的外甥。②蔡邕：字伯喈。陈留郡圉县（一说为河南尉氏县、也有说法为河南杞县）人。东汉时期名臣，文学家、书法家，才女蔡文姬之父。③前母：继室所生的子女对父亲前妻的称呼。

【译文】羊祜，是蔡邕的外孙，前母是孔融的女儿，生下兄长羊发，官至都督淮北护军。当初，羊发与羊祜同母的兄长羊承都罹患疾病，羊祜的母亲推测二子不能同时并存，于是专心照料羊发，羊发因此得救，而羊承最终病死了。《晋书·羊祜传》

裴秀母

裴秀①母贱，嫡母宣氏不之礼。尝使进馔于客，见者皆为之起。秀母曰："微贱如此，当应为小儿故也。"宣氏知之，后遂止。
《晋书·裴秀传》

【注释】①裴秀：字季彦。河东郡闻喜县（今山西省闻喜县）人。魏晋时期名臣、地图学家，东汉尚书令裴茂之孙、曹魏光禄大夫裴潜之子。

【译文】裴秀的母亲出身卑微低贱，嫡母宣氏不对她以礼相待。宴客时曾叫她送上饮食，宾客看到她都起身致意。裴秀的母亲说："我地位低下，宾客以礼相待应该是因为我儿子的缘故啊。"宣氏得知后，

就不再这么做。《晋书·裴秀传》

谢瞻叔母刘氏

谢瞻^①幼孤，叔母刘抚养有恩，瞻兄弟事之，同于至亲。《晋书·谢瞻传》

【注释】①谢瞻：一名檐，字宣远，陈郡阳夏（今河南太康）人，东晋东阳太守谢朗之孙，骠骑长史谢重第三子，卫将军谢晦之兄。

【译文】谢瞻从小失去父母，婶娘刘氏抚养他很有恩情，谢瞻兄弟侍奉婶娘，如同对待亲生母亲。《晋书·谢瞻传》

卫瓘母陈氏

卫瓘^①，弱冠为魏尚书郎。时魏法严苛，母陈氏忧之，瓘自请得徙为通事郎。《晋书·卫瓘传》

【注释】①卫瓘（guàn）：字伯玉。河东郡安邑县（今山西省夏县）人。三国曹魏后期至西晋初年重臣、书法家，曹魏尚书卫觊之子。

【译文】卫瓘，二十岁左右就担任曹魏的尚书郎。当时曹魏律法严厉刻酷，他的母亲陈氏为他担忧，于是卫瓘自己奏请迁为通事郎。《晋书·卫瓘传》

赵至母

赵至①，年十三，寓居洛阳。缑氏令初到官，至与母伺观，母曰："汝先世本非微贱，世乱流离，遂为士伍耳。尔后能如此不？"至感母言，诣师受业。《晋书·赵至传》

【注释】①赵至：字景真，后改名浚，字允元，代郡人。

【译文】赵至，十三岁时寄居在洛阳。缑氏县县令刚到任，赵至跟母亲一起去围观。母亲说："你的祖先原本也不是卑贱之人，只是由于世道混乱，流亡离散，才沦落为平民百姓、你以后能像缑氏县令这样吗？"赵至被母亲的话激励，就追随老师接受学业。《晋书·赵至传》

韩伯母殷氏（二条）

吴隐之①执母丧，哀毁②过礼。与太常韩康伯③邻居，康伯母，殷浩④之姊,贤明妇人也,每闻隐之哭声,辍餐投箸,为之悲泣。既而谓康伯曰:"汝若居铨衡⑤,当举如此辈人。"及康伯为吏部尚书,隐之遂阶清级。《晋书·吴隐之传》

【注释】①吴隐之:字处默,濮阳鄄城(今山东鄄城市)人。东晋时期廉吏、名士。②哀毁:谓居亲丧悲伤异常而毁损其身。后常作居丧尽礼之辞。③韩康伯:即韩伯,字康伯,颍川长社(今河南长葛西)人,东晋玄学家、训诂学家。④殷浩:字渊源,陈郡长平县(今河南省西华县)人。东晋时期大臣、清谈家。⑤铨衡:指主管选拔官吏的职位。亦指主管选拔官吏的部门之长。

【译文】吴隐之为母亲守丧时,居亲丧悲伤表现超过礼制的规定。吴隐之与太常韩康伯是邻居,韩康伯的母亲,是殷浩的姐姐,是一位有才德而明义理的妇人。她每次听到吴隐之的哭声,就放下筷子、停止进食,为他悲痛流泪。后来,她对韩康伯说:"你以后如果掌管选拔官吏的任用权,应当推荐像这样的人。"等韩康伯担任吏部尚书时,吴隐之就被任命到显贵的官位。《晋书·吴隐之传》

韩伯,字康伯。母殷氏,高明有行。家贫窭①,伯年数岁,至大寒,母方为伯襦②,令伯捉熨斗,谓之曰:"且著襦,寻当作复裈③。"伯曰:不复须。母问其故,对曰:"火在斗中而柄尚热,今既著襦,下亦当暖。"母甚异之。《晋书·韩伯传》

【注释】①贫窭(jù):亦作"贫寠"。贫乏,贫穷。②襦(rú):短袄。③复裈(kūn):可絮絮棉的夹裤。

【译文】韩伯，表字康伯。他的母亲殷氏，品德高尚、举止得体。韩伯家境贫寒，他几岁大时，到了大寒时节，他的母亲正在为韩伯缝制短袄，让韩伯拿着熨斗，对他说："你暂且先穿着短袄，马上再做你的夹裤。"韩伯说："不再需要了。"母亲询问缘故，韩伯回答说："火烧在熨斗里，熨斗柄也有热度，现在我穿着短袄，下身应当也会暖和。"母亲对韩伯的话非常诧异。《晋书·韩伯传》

皇甫谧所后叔母任氏

皇甫谧①出后②叔父，年二十，游荡无度。尝得瓜果，辄进所后叔母任氏。任氏曰："《孝经》云：'三牲之养，犹不为孝。'汝今年余二十，目不存教，心不入道，无以慰我。"因叹曰："昔孟母三徙以成仁，曾父烹豕以存教。岂我居不卜邻，教有所阙，何尔鲁钝之甚也？修身笃学，自汝得之，于我何有？"谧乃感激，就乡人席坦受书，勤力不怠。《晋书·皇甫谧传》

【注释】①皇甫谧：字士安，幼名静，自号玄晏先生，安定朝那（今甘肃省灵台县，另说有宁夏彭阳县古城镇等，至今仍有争议）人。是中国历史上的著名学者，在文学、史学、医学诸方面都很有建树。古人曾赞云："考晋时著书之富，无若皇甫谧者。"②出后：出继，过继给他人为后代。

【译文】皇甫谧被过继给叔父为子，他二十岁的时候，终日仍然是无节制地闲游，不务正业。皇甫谧曾经得到一些瓜果，就进呈给他过继的叔母任氏。任氏说："《孝经》记载'即使每天用牛、羊、猪三牲奉养父母，仍然不能称为孝顺。'你今年二十多岁了，眼中没有礼仪规矩，心中不合于圣贤之道，你无法宽慰我。"接着又叹息道："从前，孟子的母亲三次迁居，使孟子成就仁德；曾参的父亲杀猪使信守承诺的教育常存，难道是我居家没有选择好邻居，教育有所缺欠，为什么你这么愚笨迟钝呢？涵养德性，专心好学，是你自己有所得，我能得到什么呢？"皇甫谧于是被感动激励，到同乡人席坦那里学习，勤勉努力，从不懈怠。

《晋书·皇甫谧传》

潘岳母

潘岳①与石崇②等谄事贾谧③。谧二十四友，岳为其首。其母数诮④之曰："尔当知足，而乾没⑤不已乎？"岳终不能改。及赵王伦⑥辅政，孙秀⑦诬岳，夷三族⑧。岳将诣市，与母别曰："负阿母。"《晋书·潘岳传》

【注释】①潘岳：即潘安，字安仁，荥阳郡中牟县（今河南省中牟县）人，西晋时期文学家，安平太守潘瑾的孙子，琅邪内史潘芘的儿子。②石崇：字季伦，小名齐奴，渤海南皮（今河北南皮县）人。西晋时期大臣、文学家、富豪，大司马石苞第六子。③贾谧：字长渊（唐修《晋书》

避唐高祖讳,作"长深"),西晋人。原姓韩,因外祖父贾充的儿子贾黎民早卒而无后,过继给贾充为嗣,改姓贾。④诮(qiào):责备,谴责。⑤乾(gān)没(mò):暗中吞没他人的财物。⑥赵王伦:即司马伦,字子彝,晋宣帝司马懿第九子,晋武帝司马炎的叔叔,母柏夫人,八王之乱的参与者之一。⑦孙秀:字俊忠,琅琊临沂人,西晋时期大臣。⑧三族:三种有血缘关系的亲属:父族、母族、妻族。

【译文】潘岳与石崇等人谄媚侍奉贾谧。贾谧有二十四个朋友,潘岳排在最前面。他的母亲多次训诫责备他说:"你应当知足,为何要贪求不已呢?"可是潘岳最终还是不能改正。等到赵王司马伦辅政时,孙秀诬陷潘岳,夷灭了潘氏三族。潘岳将被押往闹市执行死刑,与他的母亲作别道:"辜负了母亲的教诲。"《晋书·潘岳传》

陶侃母湛氏(二条)

陶侃①母湛氏,豫章新淦人也。初,侃父丹娉为妾,生侃,而陶氏贫贱,湛氏每纺绩资给之,使交结胜已。侃少为寻阳县吏,尝监鱼梁,以一坩②鲊遗母。湛氏封鲊及书,责侃曰:"尔为吏,以官物遗我,非惟不能益吾,乃以增吾忧矣。"(事与前录吴孟仁母同)鄱阳孝廉范逵③寓宿于侃,时大雪,湛氏乃彻所卧新荐④,自剉给其马。又密截发卖与邻人,供肴馔。逵闻之,叹息曰:"非此母不生此子。"(《陶侃传》云:范逵过侃时,仓卒无以待宾,母截发得双髲以易酒肴,乐饮欢极。遂过庐江，太守张夔称美之，召为督邮，领枞阳令。）侃竟以功名显。
《晋书·列女传》

【注释】①陶侃：字士行（一作士衡）。本为鄱阳郡枭阳县（今江西都昌）人，后徙居庐江郡寻阳县（今江西九江西）。东晋时期名将。②坩（gān）：罐瓮之类盛食物的陶土器。③范逵：西晋鄱阳（治所在今江西鄱阳北）人。④荐：草席，垫子。

【译文】陶侃的母亲湛氏，是豫章新淦人，当初，陶侃的父亲陶丹纳湛氏为妾，生下了陶侃，陶家家境贫苦而身分低微，湛氏每天辛勤地纺织，供给陶侃日常所需，让他结交学识本领胜过自己的人。陶侃年轻的时候担任浔阳县衙的小吏，曾经监管鱼市的交易，有一次他派人送给母亲一罐腌鱼。湛氏将腌鱼退回，并且写信责备陶侃说："你身为官吏，把公家的财产送给我，这不但对我没好处，反而会增加我的忧愁。"鄱阳孝廉范逵有一次投宿在陶侃家，当时下着大雪，湛氏铡切自己睡觉用的草席，作为马匹的粮草。又偷偷剪下自己的头发，卖给了邻居，准备了丰盛的饭菜，周全地招待了范逵主仆。范逵后来听说了这件事，感慨地说："没有湛氏这样的母亲，是不能生出陶侃这样的儿子的。"后来陶侃终于名声显扬。《晋书·列女传》

陶侃在武昌，饮酒有定限，常欢有余而限已竭。殷浩等劝更少进，侃悽①怀良久，曰："年少曾有酒失，亡亲见约，故不敢逾。"《晋书·陶侃传》

【注释】①悽: 同"凄", 悲伤。

【译文】陶侃在武昌时, 每次饮酒都有一定的量, 常常是欢乐有余而饮酒限度已到, 殷浩等人劝他再稍微多喝一点, 陶侃情思悲切很久, 说道:"我年轻时酒后曾有过失, 去世的母亲约束我, 所以不敢越过限度。"《晋书·陶侃传》

附 陶母碑

(唐)皇甫湜

陶侃母得古正之道, 发人伦之本, 将示教于天下, 谓朴散①俗坏, 乐溃礼阙, 有子不教, 不至于道。若失大训, 不可登于伟望。乃求师傅, 延英茂②, 终日迫于用, 不欲子却客。俄而车盖载止, 饩馈③并竭。苟失其人, 子将不进。计画始成, 确然独断, 谓发可弃, 训不可失, 乃金刀既止, 鬒发④云散。怡然无咨嗟之色, 俨若待宾之具。上恐不足以显恭, 下未可谓训子。顾其母激忿填膺, 寸晷⑤是学, 不迨于至, 以超圣人之域, 焕乎贤者之业。且礼信仁义, 君子之事, 妇人何得而知? 盖世道大丧, 其俗已乱, 故妇人贤者得以行其事。千载之下, 厥⑥行独明。当时为人之父, 为人之母, 睹斯行, 闻斯举, 得不激厉乎? 苟天下皆如陶母之志, 则天下皆陶之子也。盖人谓子幼而蒙稺⑦, 不致精训, 致悖大道, 乱人纪, 良可惜哉! 铭曰: 发也者, 为养之具; 宾也者, 致教之英。苟非异礼, 孰能作世之程? 千载之下, 如陶之母, 安可继乎齐英?

【注释】①朴散：本谓纯真之道分离变异。后亦谓淳朴之风消散。典出《老子》："朴散为器。"②英茂：才智超群出众的人。③饩（xì）馈：牲肉与粮食。④黰（zhěn）发：美发。⑤寸晷（guǐ）：犹寸阴。晷，日影。借指小段时间。⑥厥：其，他的，她的。⑦蒙穉（zhì）：亦作"蒙稚"。幼稚无知。

【译文】陶侃的母亲懂得古正大道，阐发人伦的根本，将之显示出来以教化天下，认为淳朴之风消散，习俗败坏，典章制度、礼仪教化遭受破坏，社会秩序、道德规范混乱，有孩子却不教训，不能获得大道。如果失去先王圣哲的教言，就不能得到很大的名望。于是请求师傅，延请才智突出的人，终日受到钱财的限制，也不想让儿子没有宾客。不久车舆停留，食物竭尽。儿子将不能提升。至此谋划始成，于是独自做决定，陶母舍弃头发，教训不可错失，于是剪刀下去，美发四散消失。喜悦而没有叹息的神色，好像招待客人的器物，在上担心不足以显示恭敬，在下不可以说是教训儿子。但看他的母亲愤怒满胸气到极点，寸阴是学，不及到此，以超越圣人的境界，显耀贤者的功业。况且仁义礼信，是君子之事，妇人哪里能够知道呢？大概是社会状况沦没丧亡，习俗风尚混乱，因此贤明的妇人得以行事。千载之下，唯独她的德行显明。当时为人父母者，目睹她的行为，听说她的举动，能不激发勉励吗？如果天下都像陶母的意向一样，那么天下都是陶侃那样的儿子。或许有人说孩子年纪幼小，幼稚无知，不能接受周密的教训，最终导致孩子违背大道，混乱做人的纲纪，实在是值得可惜啊！铭刻记载：截发，为养之具；延宾，致教之英。如果不是特别的礼节，怎么能作为世人的轨范呢？千载之下，像陶侃的母亲那样，还有谁可以续承她的风范、与她英名相等呢?

卞眕母裴氏

苏峻①作乱，领军卞壶②以王师败绩，遂单骑赴难，二子眕、盱俱随之没。母裴氏抚尸而哭曰："父为忠臣，子为孝子，夫何恨乎！"《三十国春秋》

【注释】①苏峻：字子高，长广掖县（今山东省莱州市）人。东晋将领、叛臣，安乐相苏模之子。②卞壶（kǔn）：字望之，济阴郡冤句县（今山东省菏泽市卞庄）人。东晋时期名臣、书法家，中书令卞粹之子。

【译文】苏峻兴乱造反，领军将军卞壶因为军队溃败，于是一人一马趋救国难，二子卞眕、卞盱都相随力战敌军而死。母亲裴氏抚尸大哭说："父亲是忠臣，儿子是孝子，有什么值得怨恨的呢！"《三十国春秋》

江蕤祖母费氏

江蕤①年十一，好摴蒱②，祖母费为说往事，有博奕，破业废事，遂绝弃五木③，终身不以为戏。《太平御览》

【注释】①江蕤：字世林，陈留郡围县（今河南杞县围镇）人；晋朝大臣，南安太守江祚的父亲，散骑常侍江统的祖父，"济阳江氏"奠基人。②摴（chū）蒲（pú）：古代博戏名。汉代即有之，晋时尤盛行。以掷骰决胜负，得采有卢、雉、犊、白等称，视掷出的骰色而定。其术久废。后为掷骰的泛称。③五木：古代赌博的用具。如现今的骰子，有枭、卢、雉、犊、塞五采。

【译文】江蕤十一岁的时候，喜好掷骰，祖母费氏为他述说往事，有人因为博弈，破产荒废事业，江蕤于是彻底丢弃五木，毕生不再博戏。《太平御览》

刘琨母

刘琨①为并州刺史，杀令狐盛②，其母谓之曰："汝不能宏济经略，并驾豪杰，专欲除胜，已以自安，当何以济？祸必及我也。"后父母并为刘聪③所害。《太平御览》

【注释】①刘琨：字越石，中山魏昌（今河北无极）人。东晋时期杰出的政治家、文学家、音乐家、军事家，西汉中山靖王刘胜之后、光禄大夫刘蕃之子。②令狐盛：刘琨手下武将，为人正直敢言，多次直言不讳，当众劝谏刘琨，刘琨恼羞成怒，一怒之下杀了令狐盛。③刘聪：本名刘载，字玄明，新兴郡虑虒县（今山西省五台县）人，匈奴铁弗部。

十六国时期汉赵皇帝，光文帝刘渊第四子，母为张夫人。

【译文】刘琨担任并州刺史，杀了护军令狐盛，他的母亲对他说："你不能大力匡救、经营谋划，与豪杰齐头并进，却专门想着剪除胜过自己的人，自以为安定，该用什么弥补呢？灾祸必定会殃及到我。后来父母都为刘聪所杀害。《太平御览》

虞潭母孙氏

虞潭①母孙氏，富春人，适潭父忠。忠亡，遗孤藐尔，躬自抚养，劬劳备至。潭始自幼童，便训以忠义，故得声望允洽，为朝廷所称。永嘉末，潭为南康太守，值杜弢②构逆，率众讨之。孙氏勉潭以必死之义，倾其赀产以馈战士，潭遂克捷③。及苏峻作乱，潭时守吴兴，假节④徵峻。孙氏戒之曰："吾闻忠臣出孝子之门，汝当舍生取义，勿以吾老为累也。"仍尽发其家僮，令随潭助战，贸其所服环珮以为军资。于时会稽内史王舒⑤遣子允之为督护，孙氏又谓潭曰："王府君⑥遣儿征，汝何为独不？"潭即以子楚为督护，与允之合势。其忧国之诚如此。拜武昌侯太夫人，加金章紫绶⑦。潭立养堂于家，王导⑧以下皆就拜谒。咸和末年卒，年九十五。成帝遣使吊祭，谥曰定夫人。《晋书·列女传》

【注释】①虞潭：一作谭，字思奥。会稽郡余姚县（今浙江省余姚市)人。东晋时期将领、学者,东吴经学大师虞翻之孙、宜都太守虞忠之子。②杜弢:字景文,蜀郡成都(今四川成都市)人。西晋末年流民首领,符节令杜植之孙,略阳护军杜眕之子。③克捷:克敌制胜,战胜敌人。④假节:汉末与魏晋南北朝时,掌地方军政的官往往加使持节、持节或假节的称号。使持节得诛杀中级以下官吏;持节得杀无官职的人;假节得杀犯军令者。⑤王舒:琅邪临沂(今山东临沂北)人,字处明,东晋初年官员。侍御史王会之子,丞相王导从弟。⑥府君:汉代对郡相、太守的尊称。后仍沿用。⑦金章紫绶:亦作"金印紫绶"。黄金印章和系印的紫色绶带。为表示品级之服饰。⑧王导:字茂弘,小字赤龙,琅邪郡临沂县(今山东省临沂市)人。东晋开国元勋,政治家、书法家,镇军司马王裁的儿子。

【译文】虞潭的母亲孙氏,是吴郡富春人,嫁给虞潭的父亲虞忠。虞忠死后,遗留下年幼的孤儿,孙氏亲自抚养年幼的虞潭,非常辛勤劳苦。虞潭从幼年起,便被母亲以忠义教导,所以声望信实可靠,被朝廷所称道。永嘉末年,虞潭担任南康太守,当时杜弢发动叛乱,虞潭率众人讨伐。孙氏以必死的义节勉励虞潭,又变卖全部家产以犒劳战士,虞潭最终得以战胜敌人。等到苏峻作乱时,虞潭当时镇守吴兴,又奉假节征讨苏峻。孙氏告诫他说:"我听说忠臣良将出自孝子的门庭,你应该舍身取义,不要因我年老而被拖累。"依然送出全家家仆,让他们随虞潭征战。孙氏卖掉她所戴的玉佩充当军资。这时会稽内史王舒任命儿子王允之担任督护,孙氏又对虞潭说:"王府君派遣儿子出征,为何唯独你没有呢?"虞潭就任命儿子虞楚担任督护,与王允之协力作战,她忧心国家的诚心就是这样。孙夫人被封为武昌侯太夫人,加封金章紫绶。虞潭在家建起奉养母亲的屋宇,丞相王导以下的官员都曾前往拜访

谒见。咸康末年孙夫人去世，时年九十五岁。晋成帝司马衍派遣使者前往，哀悼祭拜，谥号定夫人。《晋书·列女传》

刘惔母任氏

刘惔①少清远，有标奇。与母任氏寓居京口，家贫，织芒屦以为养。人未之识，后稍知名，论者比之袁羊②。惔喜，还告其母。其母聪明妇人也，谓之曰："此非汝比，勿受之。"又有方之范汪③者，惔复喜，母又不听。及惔年德转升，论者遂比之荀粲④。《晋书·刘惔传》

【注释】①刘惔：一作刘恢，字真长，沛国相县（今安徽宿州朱仙庄镇）人。东晋著名清谈家，晋陵太守刘耽之子。②袁羊：字彦叔，小字羊，陈郡阳夏（今河南太康）人。东晋官员、将领、谋士。东汉末郎中令袁涣玄孙，东晋国子祭酒袁瑰之子。③范汪：字玄平，南阳顺阳（今河南淅川）人。东晋大臣，著名医学家。④荀粲：字奉倩，颍川郡颍阴县人（今河南许昌）人。三国时期曹魏大臣、玄学家，太尉荀彧幼子。

【译文】刘惔年少时清明远达，仪表出众，与母亲任氏寄居在京口，他家中贫穷，靠编织芒鞋为生。起初刘惔未被人重视，后来他渐渐出名，时论把他比作袁乔。刘惔听说后很高兴，回家把这件事告诉了母亲任氏。任氏是个聪明的妇人，她说："袁乔不是你能相比的，不要接受。"又有人拿他与范汪比，他又很高兴，但母亲还是不许他接受。等

到刘惔成年，德行提升，时论把他比作荀粲。《晋书·刘惔传》

何无忌母刘氏

何无忌①母刘氏，少有志节。弟牢之②为桓玄③所害，刘氏每衔之，常思报复。及无忌于刘裕④谋，而刘氏察其举厝⑤有异，喜而不言。会无忌夜于屏里制檄文，刘氏潜以器覆烛，徐登橙于屏风上窥之，既知，泣而抚之曰："我不如东海吕母明矣！既孤其诚，常恐寿促，汝能如此，吾仇耻雪矣。"因问其同谋，知事在裕，弥喜，乃说桓玄必败、义师必成之理以劝勉之，后果如其言。《晋书·列女传》

【注释】①何无忌：字无忌，东海郡郯县（今山东郯城）人。东晋末年将领，名将刘牢之外甥。②牢之：即刘牢之，字道坚。彭城郡（今江苏省徐州市）人。东晋时期名将，雁门太守刘羲之孙，征虏将军刘建之子。③桓元：即桓玄，字敬道，一名灵宝，谯国龙亢县（今安徽省怀远县）人，丞相桓温之子，桓楚开国皇帝。④刘裕：字德舆，小名寄奴。彭城郡彭城县绥舆里人，东晋至南北朝时期杰出的政治家、改革家、军事家，南朝刘宋开国君主。⑤举厝：亦作"举措"。举动行为。

【译文】何无忌母亲刘氏，年轻的时候就有志气节操。她的弟弟刘牢之被桓玄杀害，刘氏每每记在心里，常常想着报仇。等到何无忌与刘裕密谋讨伐桓玄，而刘氏察觉儿子的言行举动有异，欢喜而不说破。恰巧何无忌晚上在屏风里起草讨贼檄文，刘氏暗地里用器具罩着灯烛，慢慢地站在矮凳上偷偷观察何无忌，知道他做的事后，高兴得流着泪抚摸着他说："我比不上东海吕母的贤明啊！忠贞自持，常常担心短寿早死，但你能有这样的义举，我的仇恨耻辱可以洗刷了。"接着又问他共谋大事的人是谁，知道是刘裕，更加高兴，并用桓元必败、反抗残暴的军队必成的道理劝导勉励他，后来果真如她所说。《晋书·列女传》

李密祖母刘氏

李密^①，父早亡，母何氏更适人，密见养于祖母刘氏，事祖母以孝闻。蜀平后，武帝^②征为太子洗马，诏书累下，郡县逼迫，密上书辞。武帝览其表，曰："密不空有名者也。"嘉其诚款，赐奴婢二人，使郡县供其祖母奉膳。《华阳国志》

【注释】①李密：本名李虔，字令伯，犍为武阳（今四川省眉山市彭山区）人。西晋初年大臣。②武帝：即晋武帝司马炎，字安世，河内郡温县（今河南省温县）人。晋朝开国皇帝，晋宣帝司马懿之孙，晋文帝司马昭嫡长子，晋元帝司马睿的堂伯，母为文明皇后王元姬。

【译文】李密，幼年丧父，母亲何氏改嫁他人。李密由祖母刘氏亲自抚养，他事奉祖母以孝顺恭敬闻名当时。平定蜀国后，武帝下诏任命李密担任太子洗马，诏书多次下达，郡县催逼他赴任，李密上书请辞。

武帝看了李密的表章，说道："李密不是空有虚名啊。"于是嘉奖他诚心事奉祖母，赏赐两个奴婢，下令郡县供给他赡养祖母的费用。《华阳国志》

朱序母韩氏

朱序①镇襄阳，苻坚②令苻丕③围序。序母韩氏自登城履行，谓西北角必先破受弊，遂领百余婢并城中女子同筑城三十余丈。贼果从西北角攻，众溃城破，遂固新筑，丕用引退。襄阳人谓此城为夫人城。《十六国春秋·前秦录》

【注释】①朱序：字次伦，义阳郡平氏县（今河南省桐柏县）人，东晋名将，益州刺史朱焘的儿子。②苻坚：字永固，小字文玉，略阳临渭（今甘肃省秦安县）人，氐族。十六国时期著名政治家、改革家，前秦帝国第三位国君。③苻丕：字永叔（一作永叙），氐族，略阳临渭（今甘肃秦安）人，秦宣昭帝苻坚庶长子，前秦第四位皇帝。

【译文】朱序镇守襄阳，苻坚派遣苻丕率兵围攻朱序。朱序的母亲韩氏亲自登城巡视，认为西北角肯定会先出问题，于是率领城中女子和一百多名婢女在西北角上斜着修筑了三十多丈城墙。贼兵果然攻打西北角，众人溃散、城防被攻破，众人就固守新修筑的城墙。苻丕于是率军撤走了。襄阳人称这座城为夫人城。《十六国春秋·前秦录》

韦逞母宋氏

韦逞母宋氏，家世儒学，其父授以《周官音义》。后石虎^①徙之山东，宋氏乃推鹿车，背负父所授书，到冀州，依胶东富人陈安寿。逞时年少，宋氏昼则采樵，夜则教逞，然纺绩无废。安寿每叹曰："学家多士大夫，得无是乎！"逞遂学成名立，仕秦为太常。苻坚常幸太学，悯礼乐遗缺，博士卢壶曰："废学既久，书传零落，比年缀撰，正经粗备，惟《周官礼经》未有其师。窃见太常韦逞母宋氏，世学家女，传其父业。今年八十，视听无阙，自非此母，无可以传授后生。"于是就宋氏家讲室书堂，置生员百二十人，隔绛纱幔而受业焉。拜宋氏爵号曰宣文君，周官学复行于世。《十六国春秋·前秦录》

【注释】①石虎：即石季龙，原名石虎，字季龙。因避讳，只称其字。石虎早年丧父，从小随母亲生活，由石勒的父亲抚养长大，不少史家因此误会，把石季龙当成石勒的弟弟。

【译文】韦逞的母亲宋氏，世代精研儒学，她的父亲一字一句地教她读《周官音义》。后来石虎把他们家强行迁徙到太行山以东，在迁徙途中她推着鹿车，带着父亲授予的书籍，到达冀州，投奔胶东富户陈安寿。当时韦逞年纪尚小。宋氏白天就上山砍柴，到了夜晚便教韦逞读书，但是纺纱缉麻没有耽误。陈安寿常赞叹说："读书的家庭中经常出士大夫，说的就是这样的人家吧！"如此苦教苦学数年，韦逞的学问与

日俱增, 名气逐渐大起来, 后来在符坚手下担任太常。有一次符坚视察
太学, 对礼乐经典的遗失深表遗憾, 博士卢壹告诉符坚: "儒学已经废
弃很久了, 典籍残缺不全, 近年经过连缀汇集, 经书的正文才大略编辑
成集。唯独《周官》的注解一时找不到合适的老师传授。我曾经见过
太常韦逞的母亲宋氏, 她是世代书香人家的女子, 从小继承父业, 精通
《周官音义》。现在虽已八十高龄, 但仍然耳聪目明, 如今要传授后生,
非得请她讲解不可!" 于是根据卢壹的提议, 在宋氏家中办起了讲堂, 招
收四方好学之士一百多人。宋氏隔着一层红色的纱帐, 每天给学生们讲
授学业。封宋老夫人为宣文君,《周官》这门失传多年的学问又重新传
播于世。《十六国春秋·前秦录》

李歆母尹氏

尹氏, 冀人, 为李暠①继室(暠, 成纪人, 晋隆安四年据敦煌, 称大
都督, 领秦、凉二州牧), 抚前妻子, 逾于己生。子歆②嗣位③, 尊为太
后。河西王沮渠蒙逊④来伐, 先引兵攻秦浩亹。歆欲乘虚袭张掖。
尹氏谓歆曰: "汝新造之国, 地狭民希, 自守犹惧不足, 何暇伐人?
度德量力,《春秋》之义。先王临终遗令, 殷勤戒汝, 深慎用兵, 保
境安民, 以俟天时。言犹在耳, 奈何弃之? 况蒙逊骁武, 善于用兵,
汝非其敌。观其数年以来, 经谋规略, 常有兼并之志, 且天时人
事, 似欲归之。汝国虽小, 足为善政, 修德养民, 静以俟之。彼若昏

暴,民将归汝;若其休明,汝将事之。岂得轻为举动,侥冀非望?以吾观之,非但丧师,殆将亡国。"歆不能听,为蒙逊所败。歆曰:"吾违老母明敕,远取败辱,不杀此胡,复何面目见我母也?"勒兵进战,遂大败死。《十六国春秋·西凉录》

【注释】①李暠:字玄盛,小字长生,陇西成纪人,自称西汉飞将军李广十六世孙,西凉开国国君,为唐朝皇室认定的先祖。②歆:李歆,字士业,小字桐椎,陇西郡狄道县(今甘肃临洮)人,凉武昭王李暠次子,西凉第二位国君。③嗣位:继承君位。④沮渠蒙逊(368年—433年),临松卢水(今甘肃张掖)人,匈奴族,东晋十六国时期北凉国君。

【译文】尹氏,是西凉开国国君冀城人李暠续娶的妻子,她尽心抚养前妻生的孩子,胜过自己亲生。她的儿子李歆继承君位,尊她为太后。河西王沮渠蒙逊准备讨伐西凉,他事先攻打西秦的浩亹。李歆得知沮渠蒙逊攻打浩亹的消息,想趁北凉西部防守空虚,偷袭张掖。 李歆的母亲太后尹氏对李歆说:"你新建立的国家,地域狭小,百姓稀少,自卫尚且担心力量不够,哪有余力去讨伐别人呢?衡量自己的德行与能力能否令人信服,是春秋时代通行的义法。先王临死时,一再叮咛你,对于军事战争一定要慎重,保卫国土,使人民安居乐业,等待良机。话音仿佛还在耳边回响,你为什么就抛在一边呢?沮渠蒙逊勇猛威武,善于调兵遣将,你不是他的对手,何况他多年来规划谋略,一直有吞并我们的野心。况且天时人事,似乎都归顺到他一方。你的国家虽然很小,但足以施行善政,修养德行,养育百姓,静静地等待时机。沮渠蒙逊如果昏庸暴虐,百姓自会归附于你;他如果英明有德政,你应该事奉于他。怎么可以轻举妄动,去讨伐别人,实现非分的乞求奢望呢?依我看来,你此番举动，不但会全军覆没，还会亡国。"李歆没有听从母亲的劝诫，被蒙逊打败。李歆说："我违背母亲明白的告诫，才会遭受如此挫败，不杀掉这个胡蛮，我又有什么面目再见老母呢？"于是又指挥军队与蒙逊军队展开第二次会战，李歆大败，被沮渠蒙逊杀死。《十六国春秋·西凉录》

阳骛母李氏

太尉阳骛^①母李氏，博学有母仪，慕容皝^②尝升堂^③拜之。《十六国春秋·前燕录》

【注释】①阳骛：字士秋，右北平郡无终县（今河北蓟县）人。十六国时期前燕重臣，东夷校尉阳耽之子。②慕容皝（huàng）：即前燕文明帝，字元真，小字万年，昌黎棘城（今辽宁义县）人，鲜卑族，西晋辽东公慕容廆第三子，十六国时期前燕的建立者。③升堂：古时友谊深厚的人，相访时，进入后堂拜候对方母亲，表示结为通家之好。

【译文】太尉阳骛的母亲李氏，学识广并且有为人母仪态，慕容皝曾经进入后堂拜候她。《十六国春秋·前燕录》

卷三

扫一扫　听导读

宋

高祖从母

　　初，高祖①（宋武帝）产而皇妣殂。皇考贫薄，议不能养。高祖从母②生怀敬③，未期，乃断乳而养。高祖以旧恩之故，怀敬累至会稽太守。《太平御览》引《宋书》

　　【注释】①高祖：即宋武帝刘裕，字德舆，小名寄奴。先祖是彭城人（今江苏徐州市），后来迁居到京口（江苏镇江市）。南北朝时期宋朝的建立者，史称宋武帝。②从母：母亲的姐妹。即姨母。③怀敬：即刘怀敬，彭城郡（今江苏徐州）人。南朝宋宗室大臣，刘怀肃（东兴县侯、左将军）次弟。

　　【译文】当初，宋高祖刘裕出生没多久，母亲就去世了。父亲因为贫穷，无力抚养他。他的姨母生下刘怀敬后，不知从什么时候开始就给刘怀敬断奶，专心抚养刘裕，刘裕因为昔日恩情的缘故，刘怀敬多次升迁，担任会稽太守。《太平御览》引《宋书》

谢蔺母阮氏蔺子贞母王氏

谢蔺①，丁父忧②，毁瘠骨立，母阮氏常自守视譬抑之。蔺子贞，幼聪敏有至性，母王氏授以《论语》《孝经》。《南史·孝义传》

【注释】①谢蔺：字希如，陈郡阳夏人。晋太傅谢安四弟谢万八世孙。②丁父忧：遭遇父亲过世。也作"丁外艰"。

【译文】谢蔺，遭逢父亲的丧事，因过度悲伤而瘦得只剩一把骨头，母亲阮氏常常亲自看护劝止他。谢蔺的儿子谢贞，自幼聪明灵敏，品性纯厚，母亲王氏为他讲授《论语》《孝经》。《南史·孝义传》

王融母谢氏

王融①少而神明警慧，母临川太守谢惠宣②女，性敦敏，教融书学，博涉有文才。《南史·王融传》

【注释】①王融：字元长，琅琊临沂（今山东临沂）人。南齐文学

家，东晋宰相王导六世孙，刘宋庐陵内史王道琰之子。②谢惠宣：南朝宋
竟陵王司徒刘诞府从事中郎、临川内史。

【译文】王融年轻的时候就机警聪慧，母亲是临川太守谢惠宣的
女儿，品性笃实敏捷，她教导王融学习典籍，广泛浏览各类书籍，，有文
学才能。《南史·王融传》

何宪母王氏

何宪①母，镇北长史王敷之女，聪明有训识。《齐书·虞玩之传》

【注释】①何宪：字子思，庐江（今安徽庐江西南）人。南朝齐目录
学家。

【译文】何宪的母亲，是镇北长史王敷的女儿，聪明又有教养和
见识。《齐书·虞玩之传》

垣文凝母郑献英

刘楷到交州，垣昙深随楷，未至交州而卒。妻郑氏，字献英，
荥阳人，时年二十，子文凝，始生，仍随楷到镇。昼夜纺织，傍无亲

援，年既盛美，甚有容德，自厉^①冰霜，无敢望其门者。居一年，私装了，乃告楷求还。楷大惊曰："前乡^②万里，固非孀妇所济。"遂不许。郑曰："垣氏羁魂^③不返，而其孤藐幼，妾若一同灰壤^④，则何面目以见先姑？"因大悲泣。楷怆然许之，厚为之送。于是闲关^⑤危险，遂得至乡。葬毕，乃曰："可以下见先姑矣。"时文凝甫四岁，亲教经礼，训以义方，州里称美。《南史·垣闳传》

【注释】①自厉：慰勉警戒自己。②前乡：亦作"前向"。朝着前面。③羁魂：亦作"羇魂"。客死者的魂魄。④灰壤：指人死后的葬处。⑤闲关：亦作"间关"。道途崎岖艰险，不易行走。

【译文】刘楷要去交州赴任，垣昙深跟随刘楷，但没到交州就去世了。垣昙深的妻子郑氏，字献英，是荥阳人，当时的年龄是二十岁，儿子垣文凝才出生，仍然跟随刘楷到镇。郑氏日夜纺纱缉麻，身边没有亲友的支持援助，郑氏美善，很有容貌品德，态度严肃，不易接近，没有人敢望她家的门庭。住了一年，私装了，于是向刘楷请求回到家乡。刘楷大惊，说道："向前有万里路程，本来就不是丧偶的妇女所能到达的。"就没有同意。郑献英说："垣氏客死他乡的魂魄不能返回家乡，而且他失去依靠的儿子年幼，妾身他日如果与垣昙深合葬在一处，那么有什么面目去见去世的婆母呢？"因而极度悲伤地哭泣。刘楷悲伤哀痛地答应了他，准备了厚重的物资为她送行。于是她历经艰险，才得以返回家乡。安葬好垣昙深后，郑献英就说："可以有面目去地下见去世的婆母了。"当时垣文凝才四岁，郑献英亲自教授他行事应该遵守的规范和道理，同乡的人都称扬赞叹。《南史·垣闳传》

袁粲母王氏

袁粲^①，幼孤，祖哀之，名曰愍孙。母琅琊王氏，太尉长史诞之女也，躬自绩纺，以供朝夕。粲忤孝武^②（粲仕宋为中书监、司徒待中），其母候乘舆出，负砖叩头流血，砖碎伤目。自此后，粲与人语，有误道眇^③目，辄涕泣弥日。尝疾，母忧念，昼寝，梦见父容色如平生，与母语曰："愍孙无忧，将为国家器，不患沉没，但恐富贵终当倾灭耳。"母未尝言。及粲贵重，恒惧倾灭，乃以告之，粲故自抑损。《南史·袁粲传》

【注释】①袁粲：原名愍孙，字景倩，陈郡阳夏（今河南太康）人，南朝宋宰相，东晋丹阳尹袁豹之孙，太尉袁淑之侄。②孝武：即宋孝武帝刘骏，字休龙，小字道民，彭城绥舆里（今江苏省徐州市铜山区）人。宋文帝刘义隆第三子，宋明帝刘彧异母兄，母为路淑媛。谥号"孝武皇帝"，庙号"世祖"。③眇：瞎了一只眼，后亦指两眼俱瞎。

【译文】袁粲从小就失去了父亲，祖母怜悯他幼年丧父，就为他起名叫愍孙。母亲出身琅琊王氏，是太尉长史王诞的女儿，亲自纺纱缉麻，供给日常所需。袁粲背犯宋孝武帝，他的母亲就等天子外出，背着砖块叩头流血，砖块碎了伤到了眼睛。从此以后，袁粲与人说话，如果无意提到眇目，就会整天哭泣流泪。袁粲曾经患病，母亲日夜忧虑，白昼寝寐，梦见袁父容貌神色如同生前一样，对母亲说道："不用担心愍孙，他将会成为国家栋梁，不用担忧他会被埋没，应该担心的是富贵最终会覆亡。"这些话不曾和袁粲说过。等到袁粲位尊任重之时，常常担心他会覆亡，于是就告诉了他，袁粲仍然还是被杀。《南史·袁粲传》

何承先母徐氏

何承先五岁丧父。母徐广①姊也，聪明博学，故承先幼渐训义。《南史·何承先传》

【注释】①徐广：字野民，东莞姑幕（今山东省莒县）人，徐邈之弟。

【译文】何承先五岁的时候父亲就去世了。母亲是徐广的姐姐，聪明博学，所以何承先从小就受到大义的垂训。《南史·何承先传》

王僧辩母魏氏（二条）

王僧辩①，梁元帝②以为领将军。荆、湘疑贰③，帝令讨之。僧辩以竟陵部下皆劲勇，犹未尽来，意欲待集，然后与众俱入。帝以为迁延不去，大怒，自斫之，久之方苏，即送廷尉。其母脱簪珥待罪，帝意解，赐以药，不死。母姓魏，性甚安和，善于绥接④，家门内外，莫不怀之。初，僧辩下狱，母流涕徒行诣阁，自陈无训，涕泗呜咽，众并矜之。及僧辩罪免，深相责厉，辞色俱严。虽克复旧都，功盖宇宙，母恒自谦损，不以富贵骄物。朝野称之，谓为明哲妇人。

《南史·王僧辩传》

【注释】①王僧辩：字君才，太原郡祁县（今山西省晋中市祁县）人。南朝梁名将，右卫将军王神念次子。②梁元帝：即萧绎，字世诚，小字七符，自号金楼子，南兰陵（今江苏常州）人。南北朝时期梁代皇帝。梁武帝萧衍第七子，梁简文帝萧纲之弟。③疑贰：亦作"疑二"。因猜忌而生异心。④绥接：抚慰交往。

【译文】王僧辩，梁元帝任命他担任领军将军。荆州刺史湘东王与湘州刺史河东王产生嫌隙，互生二心，梁元帝命令王僧辩统领军队讨伐他们。王僧辩认为竟陵部下顽强勇敢，但没有全部到达，打算等他们全部聚齐后，再集中前行。梁元帝认为王僧辩故意徘徊拖延，非常生气，用刀砍伤了他，王僧辩过了很久才苏醒过来，梁元帝随即把王僧辩交付廷尉准备问罪。王僧辩的母亲摘下发簪与耳饰等候治罪，梁元帝后来理解了王僧辩，赏赐给他药物疗伤，饶恕了他。王僧辩的母亲姓魏，性情非常安详温和，善于待人接物，家里家外的人没有不怀念她。当初王僧辩被关在牢里，母亲流着眼泪，徒步而行，想要入宫谢罪，自言教子无方，痛哭流涕，在场的人都很同情她。等王僧辩得到赦免时，他的母亲严厉地责备了他，声色俱厉。虽然王僧辩用武力收复了旧都，功劳天下第一，他的母亲却总是谦让恭谨，不因富贵而看不起人，朝廷内外的人们

都称颂她,认为她是个明智、通达事理的人。《南史·王僧辩传》

王大司马母魏夫人,性甚严正。大司马在湓城①时,为三千人将,年逾四十,少不如母意,母犹棰挞之,故能成其勋业。《颜氏家训》

【注释】①湓(pén)城:也称湓口,古城名。

【译文】大司马王僧辩的母亲魏老夫人,品性非常庄严端正。王僧辩驻守在湓城时,是统率三千士兵的将领,年龄已过四十岁,但稍有不合母亲心意的言行,母亲还是会用棍棒教训他,所以王僧辩才能成就功业。《颜氏家训》

邓元起母

邓元起①为益州刺史,天监②初,征为右卫将军,以萧藻③代之。藻入城,求其良马,元起曰:"年少男子,何用马为?"藻恚,醉而杀之。元起初为益州,迎其母,母曰:"汝贫贱家儿,忽得富贵,讵可久保?我宁死此,不与汝共入祸败。"《南史·元起传》

【注释】①邓元起:字仲居,南郡当阳人。少年时即膂力过人。个性豪爽,好赈施。②天监:梁武帝萧衍的第一个年号。③萧藻:南朝宗室。

字靖艺，小字迦叶，本名渊藻，唐人避讳改为深藻。南兰陵（治今常州西北）人。萧懿子、萧衍侄。

【译文】邓元起是益州刺史，在天监初年，被征召担任右卫将军，朝廷以萧藻接替益州刺史。萧藻到达城内向邓元起索要良马，邓元起讽刺道："年轻人，要马做什么呢？"萧藻大怒，趁酒醉斩杀了他。邓元起初为益州刺史，迎接他的母亲，他的母亲说："你是贫苦卑微人家的孩子，忽然获得富贵，怎么可能长久保持呢？我宁愿死在这里，也不能与你共同遭受灾祸。"《南史·元起传》

张缅母刘氏

张缅①为淮南太守，再迁武陵太守，还拜太子洗马、中书舍人。母刘氏以父没家贫（缅父宏策，永元末从武帝遇害），葬礼有缺，遂终身不居正室，不随子入官府。缅在郡所得俸禄不敢用，至妻子不易衣裳。及还都，并供之母，振遗②亲属，累载所蓄，一朝随尽。《南史·张缅传》

【注释】①张缅：字符长，范阳方城（今河北固安县）人。南朝梁大臣，藏书家。②振遗：指赈济。

【译文】张缅出任淮南太守，不久又离京担任武陵太守，回京后被任为太子洗马、中书舍人。母亲刘氏因为张缅的父亲去世的时候家境贫困，安葬的礼仪有欠缺，于是终身不居正室，不跟随儿子住入官府。张缅在郡所得俸禄不敢轻易使用，以至于妻子儿女都不更换新衣裳。等回到京城后，都用来奉养母亲，周济亲属，多年的积蓄，一下就都用完了。《南史·张缅传》

宗炳母师氏

宗炳①母师氏，聪辩有学义，教授诸子。《南史·隐逸传》

【注释】宗炳：字少文，南阳郡涅阳（今河南邓州）人，南朝宋画家。家居江陵（今属湖北）。士族。擅长书法、绘画和弹琴。信仰佛教，曾参加庐山僧慧远主持的"白莲社"，作有《明佛论》。

【译文】宗炳的母亲师氏，聪慧明辩有学识，为众儿子讲解传授知识、技艺。《南史·隐逸传》

萧秀庶母陈氏

安成王秀①，文帝②第七子，年十二。其弟始兴王憺③，年九岁，所生母吴太妃亡，帝哀其早孤，命侧室陈氏并母二子，陈有母德，

视二子如亲生。《梁书·王秀传》

【注释】①安成王秀：萧秀，字彦达。南兰陵郡（今江苏常州西北）人。南北朝时期南梁宗室重臣、文学家、藏书家，南齐丹阳尹萧顺之（梁太祖）第七子，梁武帝萧衍之弟。南梁建立后，获封安成郡王。②文帝：即萧顺之，字文纬，南兰陵郡兰陵县（今江苏省武进区）人，南台治书侍御史萧道赐之子，梁武帝萧衍之父。萧衍建立梁朝后，追尊文皇帝，庙号太祖。③始兴王憺：萧憺，字僧达。南兰陵郡（今江苏武进）人。南北朝时期南梁宗室、大臣，梁文帝萧顺之第十一子，梁武帝萧衍异母弟。南梁建立后，封始兴郡王。

【译文】安成王萧秀，是文皇帝萧顺之的第七子。十二岁那年，他的弟弟始兴王萧憺九岁，生母吴太妃去世，文帝哀怜萧秀兄弟过早失去生母，于是让侧室陈氏抚养他们。陈氏有为人母的德行，对待萧秀、萧憺如同亲生一般。《梁书·王秀传》

裴子野祖母殷氏

裴子野①生而母亡，为祖母殷氏所养。殷柔明有文义，以章句②授之。年九岁，祖母亡，泣血哀恸，家人异之。《梁书·裴子野传》

【注释】①裴子野：字几原，河东闻喜（今山西闻喜县）人。南朝大臣、史学家、文学家，太中大夫裴松之曾孙，"史学三裴"之子。②章句：古籍的分章分段和语句停顿。

【译文】裴子野出生后，母亲就病逝了，裴子野由祖母殷氏抚养。殷氏柔顺而聪明、又有文辞，为他讲授古籍的章节与句读。在他九岁时，祖母也去世了。裴子野极度哀伤、悲痛至极，家人对此十分惊讶。《梁书·裴子野传》

王僧孺母

王僧孺①，幼贫，其母鬻纱布以自业。《梁书·王僧孺传》

【注释】①王僧孺：南朝梁诗人、骈文家。东海郯人（即今郯城人）。

【译文】王僧孺幼年家境贫苦，他的母亲靠卖纱布作为自谋生计的手段。《梁书·王僧孺传》

刁冲祖母高氏

刁冲①十三而孤，其祖母司空高允②女，聪明妇人也，哀其早

孤,抚养尤笃。《魏书·刁冲传》

【注释】①刁冲:字文朗,渤海郡饶安县(今河北盐山县)人,镇东将军刁雍之曾孙。②高允:字伯恭,渤海郡蓨县(今河北省景县)人。北魏时期宰相、文学家,丞相参军高韬之子。

【译文】刁冲十三岁就成了孤儿,他的祖母是司空高允的女儿,聪明伶俐,怜悯他过早就成为孤儿,抚养他尤其专一深厚。《魏书·刁冲传》

高谦之后母李氏 谦之子儒母张氏

高谦之①少事后母李,有孝闻,李亦有抚育,过于己生。人莫能辨其兄弟所出同异,论者两重之。谦之妻中山张氏,明识妇人也,教劝诸子(长子儒,次绪、孝贞、孝干),从师受业。常诫之曰:"自我为汝家妇,未见汝父一日不读书,汝等宜各修勤,勿替先业。"《魏书·高崇传》

【注释】①高谦之:字道让,曾用姓沮渠氏,辽东人,祖籍渤海蓨县。北魏大臣,驸马都尉高潜之孙,洛阳令高崇之子,尚书右仆射高恭之之兄。

【译文】高谦之,小时候侍奉后母李氏以孝道闻名,李氏抚养教育他胜过自己亲生，外人不能分辨他们兄弟到底谁是亲生，谈论的人都推重他们。高谦之的妻子张氏是中山人，明理有见识，教导劝勉众儿子，跟随老师学习、接受学业。经常告诫他们说："自从我嫁到你们家，从来没看到你父亲一天不读书，你们各自应该勤奋学习，不要衰废先人的事业。"《魏书·高崇传》

范绍母

范绍年十二，父命就学，师事崔光①。以父忧废业，母诫之曰："汝父卒日，令汝远就崔生，希有成立。今已过期，立遵成命。"绍遂赴学。《魏书·范绍传》

【注释】①崔光：字长仁，本名孝伯，孝文帝赐名光。清河人（今山东省夏津县白马湖镇崔庄村）。北魏名臣，刘宋乐陵太守崔旷之孙、长广太守崔灵延之子。

【译文】范绍年龄十二岁的时候，他的父亲让他从师学习，以师礼待崔光。范绍因为遭父丧中止学业，他的母亲告诫说："你父亲去世那天，让你跟随崔生学习，希望你能有所成就。现在已过丧期，你应该立刻遵从父亲已定的遗命。"范绍于是继续跟随崔光学习。《魏书·范绍传》

邢昕祖母李氏

邢昕①,幼孤,见爱于祖母李氏。好学,早有才情。《魏书·邢昕传》

【注释】①邢昕(xīn):字子明,河间人。

【译文】邢昕幼年时就成了孤儿,被祖母李氏看重。专心追求学问,早年间就有才华。《魏书·邢昕传》

张宴之母郑氏

张宴之,幼孤,母郑氏教诲,动依典礼。《北齐书·张宴之传》

【注释】①张宴之:字熙德,有至性。从尔朱荣平元颢,赐爵武成子,累迁尚书二千石郎中。

【译文】张宴之,幼年时就成了孤儿,母亲郑氏教导训诲他,张宴之举止行为都依照典法礼仪。《北齐书·张宴之传》

卢柔叔母

卢柔①，少孤，为叔母所养，抚视甚于其子。柔尽心温清，亦同己亲，宗族叹重之。《后周书·卢柔传》

【注释】卢柔：字子刚，范阳涿人。

【译文】卢柔，幼年时就成了孤儿，被叔母收养，叔母抚养照看卢柔胜过亲生之子。卢柔全心孝顺叔母，亦如同对待自己的母亲一样，宗族的人都赞叹推重他。《后周书·卢柔传》

崔道固母

崔道固①母卑贱，嫡母兄攸之、目连等轻侮之，父辑给资道固，令其南仕。时宋孝武为徐、兖二州刺史，以道固为从事。后为宋诸王参军破，遣青州募人，长史以下并诣道固。诸兄等逼其所生，自致酒炙于客前（事与晋裴秀母略同），道固惊起接取，谓客曰："家无人力，老亲自执劬劳。"诸客皆知其兄所作，咸拜其母。母谓道固曰："我贱不足以报贵客，汝宜答拜。"诸客皆叹美道固母子，贱其

诸兄。《北史·崔亮传》

【注释】①崔道固：字季坚，清河郡东武城县（今河北故城）人。南朝宋将领，泰山太守崔辑之子。

【译文】崔道固的母亲出身低下，嫡母所生的兄长崔攸之、崔目连等人都轻视侮辱她，父亲崔辑资助崔道固路费，让他南下做官。当时宋孝武帝担任徐、兖二州刺史，征辟崔道固担任从事。后来为刘宋诸王参军攻破，被派往青州招募人才，青州长史以下官员都前来拜谒崔道固。崔道固的嫡兄逼迫崔道固的生母为客人斟酒上菜，崔道固大惊，随即起身接过，对客人说："家中没有多余的人手，劳累老母亲自动手。"客人们都知道是其嫡兄所为，纷纷起身拜谢崔道固的母亲，崔道固的母亲对他说："我身份低微不足以回拜贵客，你应当回拜。"客人们都赞美崔道固母子，轻视他的嫡兄们。《北史·崔亮传》

裴植母夏侯氏

裴植①母，夏侯道迁②之姊也。性甚刚峻，于诸子皆如严君③。长成之后，非衣帻④不见，小有罪过，必束带伏阁，经五三日乃引见之，督以严训。《魏书·裴叔业传》

【注释】①裴植：字文远，正平闻喜（今山西闻喜县）人。北魏官员，裴叔业之兄裴叔宝儿子。②夏侯道迁：字道迁，沛国谯县（今安徽省亳州市）人。北魏时期大臣。少有志向和节操。③严君：指父亲。④衣帽（tāo）：便衣与便帽。

【译文】裴植的母亲，是夏侯道迁的姐姐，性情非常刚正严峻，对待孩子犹如严父。孩子长大后，不是穿戴整齐，就不见他们。他们如果小有过失，也必须整饰衣冠，跪伏在门外，经三五日后才与他们相见，然后严厉管教、督促责备他们。《魏书·裴叔业传》

崔浩母卢氏

崔浩①母，卢谌②孙女也。浩著《食经序》曰："余自少及长，耳目见闻，诸母诸姑所修妇功③，无不蕴习酒食。朝夕养舅姑，四时供祭祀。虽有功力，不任僮使，常手自亲焉。昔遭丧乱，饥馑仍臻，饘蔬④糊口，不能具其物用。十余年间，不复备设。亡姑虑久废忘，后生无所知见，而少不习书，乃口授为九篇。文辞约举，婉而成章。聪辩强记，皆此类也。"《北史·崔浩传》

【注释】①崔浩：字伯渊，小字桃简，清河郡东武城（今河北省故城县）人。南北朝时期北魏杰出的政治家、战略家，曹魏司空崔林七世孙、北魏司空崔宏长子。②卢谌：字子谅，范阳郡涿县（今河北涿州市）人。晋朝文学家，曹魏司空卢毓曾孙，西晋卫尉卿卢珽之孙，尚书卢志长子。③妇功：亦作"妇工"。旧时指纺织、刺绣、缝纫等事，为妇女四德之一。④饘（zhān）蔬：粥与蔬菜。谓极简单的饭菜。

【译文】崔浩的母亲，是卢谌的孙女。崔浩撰写的《食经序》记载："我从小到大，亲自看到、听到，叔伯母、姑母遵循的妇女工作，都包含制作酒食。早晚奉养公婆，四季提供祭祀祭品。即使耗费工夫和力气，也不使用奴婢，都是自己亲手操作。昔日遭逢时局动乱，灾荒接连到来，以极简单的饭菜勉强填饱肚子，不能备办生活物资。十几年间，不再设置齐全。亡母担心时间长了，家族礼法中断，后代子孙不能知道，但母亲从小不曾学习，于是口述其事，由我记录为九篇。文辞简约概括，和顺作成文章。聪慧明辩、记忆超强，都是这一类。"《北史·崔浩传》

陆卬母魏上庸公主

陆卬①母魏上庸公主②，初封蓝田。卬昆季③六人，皆主所出。邢劭④尝谓人云："蓝田生玉，固不虚矣。"主教训诸子，俱以义方。虽创巨痛深，出于天性，然动依礼度，亦母氏之训也。卬兄弟相率庐⑤于墓侧，诏改所居里为孝终里。《北史·陆卬传》

【注释】①陆卬（áng）：本姓步六孤，字云驹，代郡（今山西代县）人。北齐时期大臣，青州刺史陆子彰之子，母为上庸公主。②上庸公主：南北朝北魏公主，魏献文帝次子咸阳王元禧之女，陆子彰之妻。③昆季：

兄弟。长为昆，幼为季。④邢劭：字子才，河间郡鄚县（今河北省任丘市）人，北魏到北齐大臣、文学家、藏书家，"北朝三才"之一，光禄少卿刑虬第二子。⑤庐：古人于父母或老师死后，服丧期间守护坟墓，在墓旁搭盖的小屋居住。

【译文】陆卬的母亲是北魏的上庸公主，起初被分封在蓝田。陆卬兄弟六人，都是公主所生。邢邵曾经对人说："蓝田生玉，果然是名不虚传啊。"公主教育儿子，都秉承行事应该遵守的规范和道理。即使创伤巨大、悲痛深重，出于天性，但是行为举止依然遵循礼仪法度，这也是母亲的训导。陆卬兄弟相继在母亲墓旁结庐服丧，朝廷下诏褒扬，把他们居住的里弄改为孝终里。《北史·陆卬传》

裴让之母辛氏

裴让之①，年十六丧父，殆不胜哀，其母辛氏泣抚之曰："弃我灭性②，得为孝子乎？"由是自勉。辛氏，高明妇人，又闲礼度。夫丧，诸子多幼弱（让之、诹之、谳之、谋之、讷之、谒之，凡六子），广延师友，或亲自教授。内外亲属有吉凶礼制，多取则焉。《北史·裴让之传》

【注释】①裴让之：字士礼，河东闻喜（今山西闻喜县）人。颇有政绩，且以诗文知名于世。②灭性：为长辈之死丧过分哀伤，而毁灭性命。

【译文】裴让之，十六岁时父亲去世，几乎不能承受丧父的哀伤。他的母亲辛氏流泪安抚他说："因过度哀伤丧命抛弃我，能算是一个孝顺的人吗？"从此裴让之自我勉励。辛氏，是高超明智的妇人，又熟悉礼仪法度。丈夫去世后，孩子们年幼弱小，于是辛氏为孩子们广泛地延请可以求教请益的人，有时候亲自讲解传授他们。内外亲属有关于吉凶之事的礼仪法则，大多以她为准则。《北史·裴让之传》

皇甫和母夏侯氏

皇甫和，十一而孤，母夏侯氏才明有礼则，亲授以经书。《北史·皇甫和传》

【注释】①皇甫和：字长谐，安定朝那人。

【译文】皇甫和十一岁父亲就去世了，母亲夏侯氏有才华、智慧，懂得礼仪法则，亲自给他讲解传授经书。《北史·皇甫和传》

魏缉母房氏

钜鹿魏溥妻房氏，年十六而溥卒。时子缉生未十旬，鞠育于后房之内，未尝出门。遂终身不听丝竹，不预坐席。训导一子，有母仪法度。缉所交游，有名胜者，则身具酒馔，有不及己者，辄屏卧不餐，须其悔谢，乃食。善诱严训，类皆如是。《北史·列女传》

【译文】钜鹿人魏溥的妻子房氏，十六岁的时候魏溥就去世了。当时他的儿子魏缉生下来还未满百日，房氏在后房之内哺育抚养，从未出过门。而且从此不再听丝竹音乐，不参加宴会。房氏教育训导儿子，有为人母的规范和礼仪法度。魏缉交往的人，如果有美好的名声，房氏就亲自准备酒食，款待来客，如果是品德修养不如自己的人，她就睡在屏风后，不出来吃饭，必须要儿子在事后表示忏悔，向他谢罪，她才肯吃饭。房氏善于诱导、严厉管教，大多像这样。《北史·列女传》

王盖海祖母郭氏

王盖海，袭祖琚爵。初，琚年七十余，受赐得世祖①时宫人郭氏，本钟离人，明严有母德，内外妇孙百口奉之，肃若严君，家内以治。《魏书·王琚传》

【注释】①世祖：即拓跋焘，字佛狸伐，代郡平城（今山西省大同市）人，鲜卑族。北魏帝国第三位皇帝，明元帝拓跋嗣长子，母为明元密皇后杜氏。追封太武皇帝，庙号世祖。

【译文】王盖海，承袭祖父王琚的爵位。当初，王琚七十余岁，受赐得世祖时宫人郭氏，本钟离人，贤明庄重有为人母的德性，内外妇孙百人事奉她，恭敬如同父母，家内得以治理。《魏书·王琚传》

樊逊母冯氏

樊逊少学，常为兄仲优饶②，既而自责曰："名为人弟，独爱安逸，可不愧于心乎？"欲同勤事业。母冯氏谓之曰："汝欲谨小行③耶？"逊感母言，遂专心典籍。《北齐书·樊逊传》

【注释】①樊逊：字孝谦，河东北猗氏（今山西临猗县）人。北齐文学家。②优饶：宽容，优待。③小行：小处的操守，犹小节。

【译文】樊逊自小读书，常常受到兄长樊仲的照顾。不久，他就自责说："我名义上是弟弟，却独自享受安逸，能不感到惭愧吗？"因而想要与兄长一同致力家业。母亲冯氏对他说："你只想慎重小的操守吗？"他有感于母亲的话，于是一心钻研典籍。《北齐书·樊逊传》

房景伯母崔氏

清河房爱亲①妻崔氏，性严明，有高节，历览书传，多所闻知。亲授子景伯②、景先③《九经》④义。（《景伯传》云：幼孤贫，无资从师，其母自授《毛诗》、《曲礼》。）学行修明，并当世名士。景伯为清河太守，每有疑狱，常先请焉。贝丘人列子不孝，吏欲案之，景伯为之悲伤，入白其母。母曰："吾闻闻名不如见面，小人未见礼教，何足责哉！但呼其母来，吾与之同居，其子置汝左右，令其见汝事吾，或应自改。"景伯遂召其母，崔氏处之于榻，与之共食，景伯为之温清。其子侍立堂下，未及旬日，悔过求还。崔氏曰："此虽颜惭，未知心愧，且可置之。"凡经二十馀日，其子叩头流血，其母泣乞还，然后听之，终以孝闻。其识度励物如此。《北史·列女传》

【注释】①房爱亲：刘宋龙骧将军。②景伯：即房景伯，字良晖，房法寿族子，清河东武城人。③景先：房景先，字光胄，房景伯弟，清河东武城人。④九经：九种儒家经籍。所指不一，或为《周礼》《仪礼》《礼记》《左传》《公羊传》《谷梁传》《诗经》《书经》《易经》；或指《易经》《诗经》《书经》《礼记》《春秋》《孝经》《论语》《孟子》《周礼》。

【译文】清河郡人房爱亲的妻子崔氏，品性贤明庄重，有高尚的节操，遍览书籍与传记，见多识广，知识渊博。亲自教授儿子房景伯、房景先九经的含义。兄弟二人的学问品行得到整治清明，都成了当时的名士。房景伯担任清河太守，每每有疑难案件，常常先请教母亲。贝邱县的一位老妇人状告其子不孝，官吏想把他逮捕归案，房景伯为他感到悲伤，没有草率处理，回家请教母亲崔氏，崔氏说："我听说耳听比不上亲眼目睹来得真切，平民百姓未接受礼仪教化，不懂礼数，哪里值得责备他呢！只要把他母亲叫来与我一同吃住，让他的孩子观察你的行为或许就自己改正了。"房景伯于是召来这位不孝子的母亲，让她和自己的母亲同桌共餐，并让这个不孝子看自己是怎样侍奉母亲用餐。不孝子每天看着太守大人毕恭毕敬地侍奉母亲，看了不到十天，不孝子表示悔过，请求领母亲回去。崔氏告诉房景伯："现在他表面上觉得惭愧，但内心还没有被触动，暂且再等一等。"这样，又过了二十多天，不孝子跪下来对着自己的母亲和房景伯的母亲崔氏磕头，一直磕到流血，那位母亲也被房景伯的孝行感动得哭了，请求让儿子把自己领回去好好生活，崔氏见他们真心悔过，才同意让房景伯放他们母子回去，从此，这个不孝子悔过自新，以孝顺闻名乡里。崔氏的见识器度就是这样。《北史·列女传》

尔朱度律母山氏

尔朱度律①，节闵帝②时为使持节、侍中、大将军，出拒义旗。齐神武③（高欢）间之，与尔朱兆④遂相疑贰，自败而还。度律虽在军戎，聚敛无厌，所经为百姓患毒。其母山氏闻度律败，遂恚愤发病。及至，母责之曰："汝荷国恩，无状而反，我何忍见他屠戮汝也？"言终而卒。后韩陵之败，齐神武斩之。《北史·尔朱荣传》

【注释】①尔朱度律：梁郡北秀容（今山西省忻州市）人，契胡族。北魏大臣，太原王尔朱荣堂弟。②节闵帝：即北魏节闵帝元恭，字修业，河南郡洛阳县（今河南省洛阳市东）人，献文帝拓跋弘之孙，广陵惠王元羽之子。③齐神武：即高欢，小字贺六浑，原籍渤海蓨县（今河北省景县），出身于怀朔镇（今内蒙古自治区固阳县）兵户之家，东魏权臣，北齐王朝奠基人。次子高洋建立北齐，追尊高欢为献武皇帝，庙号太祖，后被改尊为神武皇帝，庙号高祖，史称北齐神武帝。④尔朱兆：字万仁，小名吐末儿，梁郡北秀容（今山西朔州市）人，契胡族。北魏时期权臣，太原王尔朱荣堂侄。

【译文】尔朱度律，在节闵帝时期担任使持节、侍中、大将军，出兵抵御起义的军队。北齐神武皇帝离间他们，与尔朱兆最终互相因猜忌而生异心，打了败仗回来。尔朱度律虽然在军队中，但是搜刮财货不知道满足，所经之处被百姓痛恨。他的母亲山氏听说尔朱度律打了败仗，因愤怒生了病。等尔朱度律回到家，母亲责备他道："你身负国恩，却无缘故地叛乱，我怎么忍心看到你日后被屠杀呢？"话说完就去世了。后来韩陵之战战败后，尔朱度律被齐神武皇帝高欢斩杀了。《北史·尔朱荣传》

赵彦深母傅氏

赵彦深①母傅氏，雅有操识。彦深三岁，傅便孀居，家人欲以改适，自誓以死。彦深五岁，傅谓之曰："家贫儿小，何以能济?"彦深泣而言曰："若天哀矜，儿大当仰报。"傅感其意，对之流涕。及彦深拜太常卿还，不脱朝服，先入见母，跪陈幼小孤露②，蒙训得至于此。母子相泣久之，然后改服。后为宜阳国太妃。齐朝宰相善始令终，惟彦深一人。《北史·赵彦深传》

【注释】①赵彦深：即赵隐，字彦深，南阳郡宛县（今河南南阳）人。北齐重臣。②孤露：孤单无所荫庇，指丧父、丧母，或父母双亡。

【译文】赵彦深的母傅氏，气量宽宏有操守见识。赵彦深三岁的时候，傅氏就守寡了，家人想让她改嫁，傅氏发誓誓死守节。赵彦深五岁时，母亲傅氏对他说："家境贫困、孩儿幼小，用什么能弥补呢?"彦深流着泪说道："如若上天怜悯，孩儿长大后当仰头报答。"傅氏被他的情意触动，对着他流泪。等到赵彦深身为太常卿回到家，没有脱下朝服，先进门拜见母亲，跪着陈说小时候孤单无所荫庇，因母亲的教导而有今日。母子相对哭了很久，然后赵彦深才换下衣服。后来被封为宜阳国太妃。北齐的宰相善始善终的，只有赵彦深一人而已。《北史·赵彦深传》

杜叔毗母

　　杜叔毗^①，早岁而孤，仕梁，为宜丰侯萧修^②参军。周文^③令达奚武^④围修于南郑，修令叔毗请和。周文见而礼之，而修中直兵曹策、参军刘晓谋以城降武。时叔毗兄君锡、从子映、映弟晰各领部曲^⑤，策等忌之，遂诬以谋叛，擅加害焉。叔毗志在复仇，然恐坐及其母，母曰："汝兄横罹祸酷，痛切骨髓，若曹策朝死，吾以夕没，亦所甘心，汝何疑焉？"叔毗拜受母言，遂白日手刃策于京城，然后面缚^⑥请就戮。周文嘉其志气，特命舍之。《北史·杜叔毗传》

　　【注释】①杜叔毗：字子弼，京兆杜陵人。事母以孝闻，性慷慨有志节。励精好学，尤善《左氏春秋》。②萧修：字世和，武林侯萧谘弟，鄱阳忠烈王萧恢子，封宜丰侯。③周文：即宇文泰，字黑獭，代郡武川县（今内蒙古自治区武川县）人，鲜卑族。南北朝时期杰出的军事家、改革家、政治家，西魏的实际掌权者，北周政权的奠基者。谥号为文。追尊皇帝，庙号太祖。④达奚武：复姓达奚，字成兴，代郡平城（今山西大同市）人，鲜卑族。北魏到北周将领，沂城镇将达奚长之子。⑤部曲：古代军队编制单位。大将军营五部，校尉一人；部有曲，曲有军候一人。借指军队。部属；部下。⑥面缚：双手被反绑在背后而面向前。

　　【译文】杜叔毗，早年间父亲就去世了，在梁朝为官，担任宜丰侯萧修的参军。北周文皇帝宇文泰命令达奚武把萧修围困在南郑，萧修让杜叔毗前去求和，宇文泰见到后礼待他，而萧修中了直兵曹策、参军刘晓的阴谋献城投降了达奚武。当时杜叔毗的兄长杜君锡、侄子杜映、杜映的弟弟杜晰各自率领军队，曹策等人忌惮他们，于是诬陷他们谋反叛乱，擅自加以杀害。杜叔毗立志报仇，但是担心连累到自己的母亲，他的母亲说道："你兄长突然遭受重大的祸害，我伤心怨恨到了极点，假若曹策早上死去，而要我晚上死去，我也是心甘的，你有什么顾虑的呢？"杜叔毗跪拜聆听母亲的教诲，于是白天在京城亲手杀死了曹策，然后反绑双手请求受戮。宇文泰赞赏他的志气，特别下令赦免了他。

《北史·杜叔毗传》

袁氏乳母

袁粲及其子最为齐高帝①所诛。粲小儿数岁，乳母将投粲门生狄灵庆。灵庆曰："吾闻出郎君②者有厚赏，今袁氏已灭，汝匿之，尚谁为乎？"遂抱以首。乳母号泣呼天曰："公昔于汝有恩，故冒难归汝，奈何欲杀郎君以求小利？若天地鬼神有知，我见汝灭门。"此儿死后，灵庆常见儿骑大觥③狗戏如平常。经年余，斗场忽见一狗走入其家，遇灵庆于庭，噬杀之。少时，妻子皆没。此狗即袁朗所常驰也。《宋书·袁粲传》

【注释】齐高帝：即萧道成，字绍伯，小名斗将，西汉丞相萧何二十四世孙。祖籍东海郡兰陵县（今属山东省兰陵县），南北朝时期南齐开国皇帝。死后赠庙号为世祖，谥号高皇帝。②郎君：对官吏、富家子弟的通称。③氋（níng）：指犬多毛。

【译文】袁粲和他的儿子袁最被齐高帝所诛杀。袁粲的小儿子才几岁，乳母准备抱着他投靠袁粲的门生狄灵庆。狄灵庆说："我听说告发这孩子有丰厚的赏赐，现在袁氏已经被灭，你还窝藏着他，是为了谁呢？"于是抢下袁公的小儿子去告发。乳母大声哭泣，指向天喊道："袁公以前对你有恩，所以我冒险将遗孤送到你这里来，为什么你要杀死郎君来求取小利呢？如果天地鬼神有知，我将见到你全家死光。"这孩子死后，狄灵庆常常看到这孩子像平常一样骑着一条多毛的狗，这样过了一年多，狄灵庆在斗场中忽然看见有一条狗跑进他家，在庭院里遇到了狄灵庆，就把他咬死了。不久后，狄灵庆的妻子、孩子都死掉了。这条狗就是袁郎经常骑着跑的那一条。《宋书·袁粲传》

隋

高颎母

　　高颎①，文帝②受禅，拜尚书左仆射、纳言③，封渤海郡公。及陈平，以功加上柱国④，进爵齐国公。初，颎为仆射时，其母诚之曰："汝富贵已极，但有斫头耳，汝其慎之。"颎由是常恐祸变。炀帝⑤即位，侈靡声色，颎甚病之。颎有文武大略，以天下为己任，当朝执政二十年，朝野推服，论者以为真宰相。及诛，天下无不伤惜。

《北史·高颎传》

　　【注释】①高颎（jiǒng）：隋朝著名宰相、军事谋臣。一名敏，字昭玄，鲜卑名独孤颎，渤海蓨（今河北景县东）人，隋朝杰出的政治家、战略家、军事家。②文帝：即隋文帝杨坚，隋朝开国皇帝。汉族，弘农郡华阴（今陕西省华阴市）人，汉太尉杨震十四世孙。③纳言：古官名。《尚书·尧典》记舜在部落联盟议事会中设九官，其一为纳言，由龙担任。掌传达命令，接待宾客。主出纳王命。④上柱国：原义为自春秋起为军事武装的高级统帅，引申义为功勋的荣誉称号，战国时楚、赵置，位令尹、相国下，甚尊。原为保卫国都之官。柱国原为国都之意。⑤炀帝：即隋炀帝杨广，一名英，小字阿㧖，华阴人（今陕西华阴），隋文帝杨坚与文献皇后独孤伽罗次子。唐朝谥炀皇帝。

【译文】高颎，在隋文帝接受禅让称帝后，被任命为尚书左仆射、纳言，受封渤海郡公。等到陈朝平定后，因功加封上柱国，进爵齐国公。当初，高颎担任仆射时，他的母亲告诫他说："你富裕显贵已经到了极点，但别忘了还有掉脑袋的危险，你要处处小心谨慎。"高颎自此以后时常担心发生灾祸。隋炀帝即位后，奢侈淫靡、沉溺于声色犬马，高颎非常不满。高颎智勇双全、能文能武，把国家的兴衰治乱作为自己的责任，当朝执政二十年，朝廷内外都赞许佩服，评论的人认为他是真宰相。等他被杀后，天下人都哀伤惋惜。《北史·高颎传》

来护儿世母吴氏

来护儿①，父法敏，仕陈，终于海陵令。护儿未识而孤，养于世母②吴氏。吴氏提携鞠养，甚有慈训。世父③为乡人陶武子所害，吴氏每流涕为护儿言之。武子宗数百家，厚自封植④。护儿每思复怨，因其有婚礼，乃结客数人，直入其家，引武子斩之。宾客皆震慑不敢动。《北史·来护儿传》

【注释】①来护儿: 字崇善, 江都(今江苏扬州)人, 隋朝名将。②世母: 世父的妻子。相当于伯母。③世父: 大伯父。后用为伯父的通称。④封植: 亦作"封埴""封殖"。壅土培育。引申为扶植势力, 培养人才。

【译文】来护儿, 父亲来法敏, 在陈朝做官, 仕途终于海陵县令。来护儿还未记事的时候就成了孤儿, 由伯母吴氏抚养。吴氏照顾养育, 非常慈爱和顺。来护儿的伯父被同乡人陶武子所杀害, 吴氏每每流着眼泪对来护儿说起此事。陶武子的宗族有数百家, 培植众多的私人势力。来护儿常常想着复仇, 正赶上陶武子家举行婚礼, 于是联络几个人, 直接进入陶武子家中, 把陶武子引出来杀了, 宾客们都震惊恐惧得不敢动。《北史·来护儿传》

辛公义母

辛公义, 早孤, 为母氏所养, 亲授书传。《北史·循吏传》

【注释】①辛公义: 陇西狄道(今甘肃省临洮县)人, 隋朝时期官员。

【译文】辛公义, 早年间父亲就去世了, 由母亲一人抚养, 母亲亲自教他各种典籍。《北史·循吏传》

冯仆母冼氏

冼氏①适高凉太守冯宝②，宝卒，岭表③大乱，冼氏怀集之。子仆尚幼，以冼氏功封信都侯，册氏为高凉郡太夫人，赍绣幰④、油络、驷马、安车、鼓吹、麾幢、旌节如刺史之仪。仆卒，百越⑤号夫人为圣母。《天中记》

【注释】①冼氏：即谯国夫人冼珍，又称冼夫人，南北朝时期高凉郡人，俚（壮族先民分支）人首领。后嫁于当时的高凉太守冯宝。善于结识英雄豪杰。南北朝时期的政治家、军事家、社会活动家。②冯宝：字君珍，号元善（一说字柱石，号廷臣），北燕皇族后裔，罗州石龙郡（今广东省化州境内）人。③岭表：五岭以外的地方。指岭南。在今广东省一带。④幰（xiǎn）：车上的帷幔，亦指幰车。⑤百越：古代南方各地的总称，包括现在的江苏、浙江、福建、广东、广西和越南地区，为越族所居，其文化特征为断发、纹身、契臂、巢居、使舟及铸铜鼓等。故称为"百越"。也作"百粤"。

【译文】冼氏嫁给高凉太守冯宝，冯宝死后，岭南地区形势大乱。冼氏怀柔安集他们，她的儿子冯仆还小，凭借母亲冼氏的功劳被封为信都侯，册封冼氏为高凉郡太夫人，赐予的绣幰、油络、驷马、安车、鼓吹、麾幢、旌节如同刺史一样的仪仗。冯仆去世，百越地区尊称夫人为圣母。《天中记》

郑善果母翟氏

郑善果[①]母翟氏，清河人。年十三，适荥阳郑诚[②]。周末，诚讨尉迟迥[③]战死，母年二十而寡。父欲夺其志，母抱善果曰："郑君虽死，幸有此儿。弃儿为不慈，背死夫为无礼。违礼灭慈，非敢闻命。"善果以父死王事，年数岁，拜使持节，大将军，袭爵开封县公。年十四，授沂州刺史，寻为鲁郡太守。母性贤明，有节操，博涉书史，通晓政事。每善果出听事，母辄坐胡床[④]，于鄣后察之。闻其剖断合理，归则大悦，即赐之坐，相对谈笑。若行事不允，或妄嗔怒，母乃还堂，蒙被而泣，终日不食（事与汉隽不疑母略同）。善果伏于床前，不敢起。母方起，谓之曰："吾非怒汝，乃惭汝家耳。吾为汝家妇，获奉洒扫，知汝先君，忠勤之士也，守官清恪，未尝问私，以身狥国[⑤]，继之以死，吾亦望汝副其此心。汝既年少而孤，吾寡妇耳，有慈无威，使汝不知礼训，何可负荷忠臣之业乎？汝自童子袭茅土[⑥]，汝今位至方岳[⑦]，岂汝致之耶？不思此事，而妄加嗔怒，心缘骄乐，堕于公政。内则坠尔家风，或失亡官爵；外则亏天下法，以取辜戾。吾死日，何面目见汝先人于地下乎？"母恒自纺绩，每至夜分而寝。善果曰："儿封侯开国，位居三品，秩俸幸足，母何自勤如此？"答曰："吁！汝年已长，吾谓汝知天下理，今闻此言，公事何由济乎？今秩俸，乃天子报汝先人殉命也。当散赠六姻，为先君之惠，奈何独擅其利，以为贵乎？又丝枲⑧纺绩，妇人之务，上自王后，下及士大夫妻，各有所制，若堕业者，是为骄逸。吾虽不知礼，其可自败名乎（事与鲁公父文伯母略同）？自初寡，便不御脂粉，常服大练⑨。性又节俭，非祭祀宾客之事，酒肉不妄陈于前。静室端居，未尝辄出门闾。内外姻戚有吉凶事，但厚加赠遗，皆不诣其门。非自守作及庄园禄赐所得，虽亲族礼遗，悉不许入门。善果历任州郡，内自出馔，于衙中食之，公廨所供，皆不许受，悉用修理公宇及分僚佐。善果亦由此克己，号为清吏，考为天下最。

《北史·列女传》

【注释】①郑善果：郑州荥泽人，西魏少司空、岐州刺史郑孝穆之孙，北周大将军、开封县公郑诚之子，母清河崔氏。②郑诚：北周大将军、开封县公。③尉迟迥：字薄居罗，太安狄那（今山西省寿阳县）人，鲜卑族。北魏到北周时期将领，北周文帝宇文泰外甥，赠太傅尉迟俟兜之子。④胡床：亦称“交床”“交椅”“绳床”，是古时一种可以折叠的轻便坐具，从附图中可见，马扎功能类似小板凳，但人所坐的面非木板，而是可卷折的布或类似物，两边腿可合起来。⑤狥（xùn）国：为国捐躯。狥，通“殉”。⑥茅土：指王、侯的封爵。古代天子以五色土为社祭的祭坛，分封诸侯时，按封地所在方向取坛上一色土，包以白茅，覆以黄土，给受封者在封国内立社，称为“茅土”。⑦方岳：指州郡。传说尧命羲和四子掌四岳，称四伯。至其死乃分岳事，置八伯，主八州之事。后因称任专一方之重臣为“方岳”。⑧枲（xǐ）：不结子实的大麻。其茎皮纤维可织夏布。⑨大练：粗糙厚实的丝织物。

　　【译文】郑善果的母亲翟氏是清河郡人。十三岁时，嫁给荥阳人郑诚。北周末年，郑诚讨伐尉迟迥时作战而死，郑善果的母亲二十岁就守寡了。翟氏的父亲想强行改变她守节的志向，善果母亲抱着郑善果说："郑君虽然死了，侥幸还有这个孩子，遗弃儿子是为不慈爱，背弃死去的丈夫是不懂礼法。违背礼法、放弃慈爱，我不敢听从父亲您的命令。"郑善果因父亲是为国家政事而战死，才几岁就被拜授持节大将军，承袭父亲开封县公的爵位。十四岁时，被任命为沂州刺史，不久又改任鲁郡太守。善果的母亲生性有才德而明义理，有坚定不移的操守，她广泛地涉猎各种典籍，因此明白了解政治事务。每当郑善果处理政事时，他的母亲就坐在胡床上，在帏帐后面旁听。听到他判断事物的是非曲直合理，回来后她就显得很高兴，就让儿子坐下，母子俩相对谈天说笑。如果儿子处理公务时不公允，或是随意发怒炫耀威风，他的母亲就会回到后堂，蒙着被子哭泣，一整天也不吃饭。郑善果就俯伏在床前请罪，不敢起身。母亲这才起来对他说："我不是生你的气，而是替你家感到惭愧。我做你家的媳妇，主持家务。你去世的父亲，是忠诚勤劳的人，他为官廉洁恭谨，从不曾过问私事，最后以身殉国，我希望你也能继承你父亲高尚的品格。你从小父亲就去世了，我只是一个寡妇，慈爱而没有威严，以至于你失去礼法训教，怎么可以继承先人的事业呢？你从小就承袭爵位，如今又担任州郡长官，难道这是靠你自身的本事得来的吗？你不思想此事，却随便生气耍威风，心里想着骄纵享乐，从而败坏政事。这样一来，对内败坏了家族的好风尚，甚至丢官罢职，对外则损害了天子的法令，进而自取罪过。像这样，我死之时又有什么面目与你父亲在地下见面呢？"善果的母亲总是自己纺织缉麻，每每到半夜才休息。郑善果劝他的母亲说："我已被封侯，享有封地，官位高居三品，俸禄足够享用，母亲您何必要这样辛勤劳作呢？"善果的母亲回答说："唉！你已经长大了，我总以为你懂得天下的道理了，今天听了你的话，对朝廷之事有什么补益呢？你现在的俸禄，是天子回报你父亲为国事殉难才赏赐给你的啊。你应当散发财物接济六亲，以此作为你父亲对亲友的恩惠，为什么独自据有这个好处，认为是尊贵呢？况且缫丝绩麻、纺纱织布，是妇女的本分，上自皇后，下到士大夫的妻子，各自都有自己应该做的事。如果荒废本业，就会骄纵放逸。我虽然不通晓礼仪，难道可以自己败坏名声吗？"郑善果的母亲守寡之初，就不曾涂脂抹粉，常穿着粗帛衣服。生性又节俭，如果不是祭祀祖先神灵或宴请宾客，酒肉就不会轻易端上桌。常在清静的室内端坐，从不随便走出大门。娘家或婆家的姻亲如果有红白喜事，也只是馈赠丰厚的礼品，都不到亲戚家里去。如果不是自己亲手制作或自家庄园出产，抑或是受俸禄奖赏得来，即使是亲族馈赠的物品，也是一概不许带入自己的家门。郑善果历任多处州郡长官，都是从家里携带饭菜去衙门里吃，官署提供的补助，一概都不允许接受，全部用来修理衙门的房舍和分送下属。郑善果也因为这样严格要求自己，被人们称为廉洁的官吏，考评时他的政绩为天下之最。《北史·列女传》

陆让嫡母冯氏

陆让母冯氏,上党人,性仁爱,有母仪,让即其孽子^①也。开皇末为播州刺史,数有聚敛,赃货狼藉,为司马所奏,案覆得实,将就刑。冯氏蓬头垢面,诣朝堂,数让罪,于是流涕呜咽,亲怀粥,劝让食。既而上表求哀,词情甚切。帝愍然为之改容。献皇后^②甚奇其意,致请于上,书侍御史柳彧^③进曰:"冯氏母德之至,有感行路,如或戮之,何以为劝?"上于是集京城士庶于朱雀门,遣舍人宣诏曰:"冯氏以嫡母之德,足为世范,慈爱之道,义感人神,特宜矜免^④,用奖风俗。让可减死,除名^⑤。"复下诏褒美之,赐物五百段,集命妇^⑥与冯相识,以旌宠异。《北史·列女传》

【注释】孽(niè)子:亦作"孽子"。庶子,非正妻所生之子。②献皇后:即隋文帝皇后独孤伽罗,北朝关陇军事集团重要成员独孤信七女,河南洛阳人。谥曰文献皇后。③柳彧:字幼文,自幼好学,博览经史。④矜免:旧日罪犯情有可悯,而免除其罪刑的一部分或全部。⑤除名:把姓名从名册上除掉,指取消原有资格,除籍。⑥命妇:古时被赐予封号的妇女,一般为官员的母亲、妻子。

【译文】陆让的母亲冯氏,是上党郡人,生性仁厚慈爱,有为母之道。陆让是她的庶子。开皇末年,陆让担任播州刺史,常常搜刮民财,贪污受贿,行为不检,被司马奏报了皇帝,案情核实后,陆让即将受刑的时候。冯氏蓬头垢面，来到朝堂数落陆让的罪行，流泪痛哭，亲手捧着一碗粥劝陆让吃，接着上书皇帝哀求，言词悲哀，情真意切。皇上怜悯而改变了态度。文献皇后非常诧异她的情意，奏请皇帝，书侍御史柳彧进言道："冯氏为人母的德性到了极点，感动了路人，如果陆让被杀，用什么勉励他人呢？"皇帝于是召集京城的士族和庶族官员到朱雀门，派遣舍人宣读诏书："冯氏以嫡母身份善待庶子的德行，足以成为世人的典范，她仁慈而爱人的道义，感动人神，特别应当嘉奖勉励，以净化风俗。陆让可以免去死罪，予以革职，除去名籍。"于是又下诏褒奖冯氏，赏赐五百段布帛，并召集受有封号的妇人与冯氏认识，以表示对她特殊的尊崇。《北史·列女传》

钟士雄母蒋氏

钟士雄[①]母蒋氏，临贺人。士雄为伏波将军[②]，陈主以士雄岭南酋帅，虑其反覆，留蒋氏于都下。及晋王广[③]平江南，以士雄在岭表，欲以恩义致之，遣蒋氏归临贺。既而同郡虞子茂、钟文华等作乱攻城，遣召士雄，士雄将应之，蒋氏谓曰："汝若背德忘义，我当自杀于汝前。"士雄遂止。蒋氏复为书与子茂等，谕以祸福。子茂不从，寻为官军所败。上闻蒋氏，甚异之，封安乐县君。《北史·列女传》

【注释】①钟士雄：钟嵘二十代孙，南陈伏波将军，史书称为岭南酋帅。②伏波将军：古代对将军个人能力的一种封号，伏波其命意为降伏波涛。③晋王广：即隋炀帝杨广，一名英，小字阿摐，华阴人（今陕西华阴），隋文帝杨坚与文献皇后独孤伽罗次子。开皇元年封为晋王。

【译文】钟士雄的母亲蒋氏，是临贺人。钟士雄当时担任伏波将军，陈主陈叔宝任命钟士雄为岭南部落的首领，担心他反复无常，于是把他的母亲蒋氏扣留在京都。等到晋王杨广平定江南，想以恩情道义招揽他，就把蒋氏送回原籍临贺。不久钟士雄的同乡虞子茂、钟文华等人造反，钟士雄打算响应他们，母亲蒋氏对他说："你如果背弃道德、忘记大义，我一定在你面前自杀。"钟士雄就停止了。蒋氏又写信给虞子茂等人，告诉他们吉凶祸福。虞子茂没有听从，不久被官军打败。后来皇帝知道了这件事，非常诧异，册封她为安乐县君。《北史·列女传》

元务光母卢氏

元务光母卢氏，是范阳郡人。少好读书，造次必以礼。盛年寡居，诸子幼弱，家贫不能就学，每亲自教授，勖①以义方。《北史·列女传》

【注释】①勖（xù）：古同勉励。

【译文】元务光的母亲卢氏，是范阳人。年少时就喜欢读书，即使在仓促之间也必定会遵循礼仪。青壮年时期就丧偶独居，孩子们都年

幼弱小，家境贫困不能入学从师学习，卢氏每每亲自讲解传授知识，勉励他们行事应该遵循的规范和道理。《北史·列女传》

韩世隆嫡母于氏

于氏，韩觊①妻。年十八，觊从军没，以夫孽子世隆为嗣，身自抚育，爱同己生，训导有方，卒能成立。《隋书·列女传》

【译文】 于氏，是韩觊的妻子。十八岁那年，韩觊从军战死，于氏将丈夫的庶子韩世隆作为子嗣，亲自抚养教育，慈爱如同自己亲生，教训开导得法，最终韩世隆有所成就。《隋书·列女传》

元亨母李氏

元亨①父季海②，仕长安。亨时年数岁，与母李氏在洛阳。齐神武帝以亨父在关西，禁锢之。其母魏司空李冲③之女，素有智谋，遂诈称冻馁，请就养于荥阳。齐人以其去关西少远，老妇弱子，不以为疑，遂许之。李氏阴托大豪李长寿，携亨及孤侄八人，潜行草

间, 得至长安。周太祖见而大悦, 以亨功臣子, 甚优礼之。《隋书·亨传》

【注释】①元亨: 字德良, 小名孝才, 河南洛阳人。北朝时期大臣, 西魏司徒元季海之子。②季海: 即元季海, 北魏官员, 元亨之父, 任司徒, 封冯翊王。③李冲: 字思顺, 陇西狄道(今甘肃省临洮县)人。北魏外戚大臣, 镇北大将军李宝幼子。

【译文】元亨的父亲元季海, 在长安做官。元亨当时只有几岁, 与母亲李氏住在洛阳。北齐神武帝以元亨的父亲在关西为由, 把他们关了起来。元亨的母亲是北魏司空李冲的女儿, 向来就有才智谋略, 于是谎称饥寒交迫, 请求到荥阳接受奉养。齐人认为他们距离关西稍远, 况且又是老弱妇孺, 于是没有怀疑, 就同意了。母亲暗地里请求富豪李长寿, 带着元亨和几个失去父母的侄子, 在乡野间秘密行走, 最终到达长安。周文帝见到后, 非常高兴, 又因为元亨是功臣的儿子, 对他很是优待礼遇。《隋书·亨传》

许善心母范氏

宇文化及①弑其君广于江都, 入朝堂, 百官毕贺, 给事郎许善心②独不至, 化及杀之。其母范氏, 年九十三, 抚柩不哭, 曰: "吾有子矣。" 不食而卒。《纲鉴》

【注释】①宇文化及：本姓破野头，代郡武川（今内蒙古武川县）人，鲜卑人。隋朝末年群雄之一，北周上柱国宇文盛之孙，左卫大将军宇文述长子。②许善心：隋朝大臣，字务本，祖籍高阳北新城（今河北徐水县）。

【译文】宇文化及在江都弑杀国君杨广，进入朝堂后，百官都来祝贺，唯独给事郎许善心没有去，宇文化及杀了他。许善心的母亲范氏夫人，九十三岁了，抚摩着棺枢没有哭泣，说道："我有个好儿子啊。"于是绝食而死。《纲鉴》

唐

王珪母李氏

　　王珪①始，隐居时，与房玄龄②、杜如晦③善，母李尝曰："而必贵，然未知所与游者何如人，儿试与偕来。"会元龄等过其家，李窥大惊，敕具酒食，欢尽日，喜曰："二客公辅④才，汝贵不疑。"《新唐书·王珪传》

　　【注释】①王珪：字叔玠，河东祁县（今山西祁县）人，唐初四大名相之一，南梁尚书令王僧辩之孙。②房元龄：即房玄龄，名乔，字玄龄，以字行于世，唐初齐州人，房彦谦之子。③杜如晦：字克明，京兆杜陵（今陕西西安长安）人，为隋唐时期李世民帐下重要参谋。④公辅：古代三公、四辅，均为天子之佐。借指宰相一类的大臣。

　　【译文】王珪起初隐居时，与房玄龄、杜如晦交好。母亲李氏曾说道："你将来肯定会显贵，但不知道跟你交往的都是什么人，你可以把他们邀请来。"恰好房玄龄等人前来拜访，李氏暗中观察后大吃一惊，命人准备酒菜饭食，愉快地度过了一整天，母亲对王珪道："这二人都有宰相之才，你能与他们交往，将来必定会显贵。"《新唐书·王珪传》

薛播伯母林氏

薛播①早孤，伯母林通经史，善属文，躬授经诸子及播兄弟。故开元、天宝间，播兄弟七人皆擢进士第，为衣冠光韪。《唐书·薛播传》

【注释】①薛播：河中宝鼎人，中书舍人文思曾孙，什邡令元晖之子。

【译文】薛播从小就成了孤儿，伯母林氏精通经史典籍，擅长撰写文章，亲自为儿子们和薛播兄弟讲授经书。因此开元、天宝年间，薛播兄弟七人都考中进士及第，光宗耀祖。《唐书·薛播传》

欧阳通母徐氏

欧阳通①，蚤孤，母徐教以父书，惧其惰，尝遗钱使市父遗迹，

通乃刻意临仿以求售。数年,书亚于询,父子齐名,号"大小欧阳体"。《唐书·欧阳询传》

【注释】①欧阳通:字通师,潭州临湘县(今湖南长沙市)人。唐代宰相、书法家,太子率更令欧阳询之子。

【译文】欧阳通早年时期父亲就去世了,母亲徐氏教授他父亲的书法,担心他偷懒,曾经花钱从集市上购买父亲遗留在世的手迹,欧阳通于是刻意临摹希望能够出售。几年后,笔法不逊于父亲欧阳询,父子齐名,号称"大小欧阳体"。《唐书·欧阳询传》

郭氏母汉阳公主

汉阳公主①,名畅,顺宗②女,下嫁郭鏦③(汾阳王子暧第三子),时戚近争奢,主独以俭,常用铁簪画壁,记田租所入。常诲诸女曰:"先姑④(暧尚升平公主),有言吾与若皆帝子,骄盈贵侈,可戒不可恃。"《唐书·公主传》

【注释】①汉阳公主:即李畅,唐顺宗长女,历经唐德宗、唐顺宗、唐宪宗等六朝,汉阳公主几重显贵集于一身,却为人低调、生活简朴、不骄纵、不奢侈。②顺宗:即唐顺宗李诵,唐德宗李适长子。③郭鏦(cōng):郭子仪孙,郭暧子,华州郑县(今陕西华州)人。母升平长公主。④先姑：称丈夫的亡母。

【译文】汉阳公主李畅，是唐顺宗长女，下嫁郭鏦，当时贵戚之间奢华攀比，唯独汉阳公主俭朴，常常用一只铁簪子在墙壁上写画，记录家中的田租财产。常常告诫诸女说："先婆母在世曾说过，我和你都是皇帝的子女，骄傲自满、依恃贵宠而奢侈，应当引以为戒，不可以依恃。"《唐书·公主传》

杜裔休母岐阳公主

杜悰①牧澧州，宏辞②李宣古③数陪燕饮，戏谑侮慢，杜不能容，使辱之。岐阳公主④出而救之云："尚书不念诸子学文，拟陪李秀才砚席⑤乎？"遣易衣而赴中坐。公主请为诗，冀弥缝也。宣古诗云："红灯初上月轮高，照见堂前万朵桃。争奈夜深抛耍令，舞来挼出使人劳。"杜公赏之。后二子裔休、儒林皆登第，人曰："非母贤不能成子也。"《云溪友议》

【注释】①杜悰：字永裕，京兆万年（今陕西长安）人。唐朝宰相，外戚，司徒杜佑之孙。诗人杜牧从兄。②宏辞：亦作"宏词"。制科名目之一，始于唐，宋、金等朝亦相沿。制科，科举时代临时设置的考试科目。③李宣古：唐澧阳（今湖南澧县）人，字垂后，工文，有诗名。举进士第，又中"宏辞"，无意仕途，终身执教，落寞而终。④岐阳公主：唐宪宗李纯第六女（嫡长女）。母懿安皇后郭氏，同母兄唐穆宗。初封岐阳公主，元和八年下嫁杜悰。公主最见宠遇，隆贵显荣，莫与为比。⑤砚席：砚台与坐席。借指读书写作或执教之处。

【译文】杜悰治理澧州时，宏辞李宣古多次陪在一起吃饭喝酒，席间调笑，傲慢无礼，杜悰不能包容，派人羞辱他。岐阳公主出来为他解围，说："尚书您不看在诸子学习，打算陪李秀才执教的份上吗？"派人伺候李宣古沐浴更衣，让他坐在宴会中间。公主邀请他吟诗作文，希望能消除隔阂。李宣古的诗写道："红灯初上月轮高，照见堂前万朵桃。争奈夜深抛耍令，舞来接出使人劳。"杜公赏赐了他。后来岐阳公主的两个儿子杜裔休、杜儒林都科举登榜，人们都说："不是母亲贤德，儿子不能有所成就。"《云溪友议》

桓彦范母

张柬之①将诛易之②等，引桓彦范③与定策。彦范告其母，母曰："忠孝不并立，义先国家可也。"《唐书·桓彦范传》

【注释】①张柬之：字孟将，汉族，唐朝襄州襄阳人。唐朝名相，诗人。②易之：即张易之，小字五郎，定州义丰（今河北省安国市）人。一代女皇武则天宠臣，雍州司户张希臧之子。白皙貌美，兼善音律歌词。③桓彦范：字士则，润州曲阿县（今江苏省丹阳市）人。唐朝时期宰相，弘文馆学士桓法嗣之子。出身谯国桓氏，为人慷慨豪爽。以门荫入仕。

　　【译文】张柬之准备诛杀张易之等人，找桓彦范一同制定策略。桓彦范禀告了自己的母亲，他的母亲说："忠孝不能两全，大义应该以国家为先。"《唐书·桓彦范传》

王义方母

　　王义方①，孤且窭②，事母谨甚。显庆元年，擢侍御史。会李义府③纵大理囚妇淳于，迫其丞毕正义缢死，无敢白其奸。义方内决劾奏，意必得罪，问计于母。母曰："昔王母伏剑成陵之义，汝能尽忠，吾愿之，死不恨。"《唐书·王义方传》

　　【注释】①王义方：字景贤，泗州涟水（今江苏涟水县）人。唐代著名忠臣和教育家，是开创海南学校教育第一人。②窭（jù）：贫穷，贫寒。③李义府：瀛州饶阳（今河北饶阳县）人。唐朝宰相。任相期间，广结朋党，卖官鬻爵，权势熏天，妄行不法之事。

　　【译文】王义方自幼丧父且家境贫寒，侍奉母亲非常恭谨。显庆元年，被擢升为御史台侍御史。当时李义府托大理寺私放囚禁的妇人淳于氏，逼迫大理寺寺丞毕正义自缢身亡，朝中没人敢揭露李义府的奸情。王义方想上奏皇帝，弹劾李义府，但又考虑到必定会得罪他，于是向母亲问计。他的母亲说："昔日王陵的母亲用剑自刎，成全王陵的大义，你能够

尽忠,是我的心愿,即使死了,也不会抱恨遗憾。"《唐书·王义方传》

附 论

司马光

　　此非不爱其子,惟恐其子为善之不终也。然则为人母者,非徒鞠育①其身,使不罹水火,又当养其德,使不入于邪恶,乃可谓之慈矣。

　　【注释】①鞠育:抚养,养育。语本《诗·小雅·蓼莪》:"父兮生我,母兮鞠我,拊我畜我,长我育我。"毛传:"鞠,养也。"郑玄笺:"育,覆育也。"

　　【译文】这并不是不疼爱自己的儿子,只是担心儿子做好事不能到底。然而身为人母,不应该只是养育孩子的身体,让他不遭受水火之灾,又应当培养孩子的德行,让他不堕入邪恶之道,这样才可以称得上是慈母。

麴昭母

　　麴昭好学,有鬻异书者,母顾笥①中金,曰:"何爱此,不使子有异闻乎?"《唐书·麴智湛传》

【注释】①笥（sì）：盛饭或衣物的方形竹器。

【译文】麴昭专心追求学问，有人贩卖珍贵罕见的书籍，他的母亲看着装金子的竹器说道："为什么吝惜钱财，而不让儿子获得新的学问呢？"《唐书·麴智湛传》

严武母裴氏(二条)

严武①为剑南节度使，峻掊亟敛，闾里为空。永泰初卒，母裴哭且曰："而今而后，吾知免为官婢矣。"《旧唐书·武传》

【注释】①严武：字季鹰。华州华阴（今陕西华阴）人。唐朝中期大臣、诗人，中书侍郎严挺之之子。

【译文】严武担任剑南节度使时，搜刮民财，征收重税，民间为之一空。永泰初年，严武突然去世，母亲裴氏哭着说："从今以后，我不用担心会沦为官婢了。"《旧唐书·武传》

严武节度①剑南，杜甫②往依焉。武以世旧，待甫甚善。甫尝醉登武床，睨视曰："严挺之③乃有此儿！"武衔之。一日欲杀甫，集吏于门，武将出，冠钩于帘三，左右白其母，奔救得止。《唐书·杜甫传》

【注释】①节度：管辖，管理。②杜甫：字子美，自号少陵野老。汉族，祖籍襄阳，河南巩县（今河南省巩义）人。唐代伟大的现实主义诗人，与李白合称"李杜"。③严挺之：本名严浚，字挺之，华州华阴（今陕西省华阴县）人。唐朝时期大臣。少年好学，气质高雅清秀。

【译文】严武管辖剑南地区，杜甫前往依附他。严武以世交旧谊的缘故，对待杜甫很友善。杜甫曾经醉酒登上严武的床榻，斜着眼睛说："严挺之竟然有这样的儿子！"严武记恨在心。一日严武想杀杜甫，聚集小吏在门前，严武将出门时，冠戴三次钩在帘上，手下的人把此事告诉了严武的母亲，严武的母亲及时赶到，制止了严武。《唐书·杜甫传》

赵武孟母

赵武孟少游猎，以所获馈其母。母泣曰："汝不好书而傲荡，吾安望哉？"不为食。武孟感激，遂力学。《唐书·赵彦昭传》

【译文】赵武孟年轻时以驰逐打猎为业，曾经把捕获的猎物进献给自己的母亲，他的母亲哭着说："你不能好好读书却驰逐打猎，我还有什么指望呢？"不吃他捕获的猎物。赵武孟深受感动，于是勤学苦读。《唐书·赵彦昭传》

狄仁杰表弟母卢氏

卢氏，狄仁杰①之堂姨②也。居于午桥南别墅，止有一子，未尝来都城亲戚家。仁杰为相时，每伏腊③晦朔④，修礼甚谨。常雪后休暇，因候卢安否。适表弟挟弓矢、携雉兔而来归，进膳于母，顾揖仁杰，意甚轻简。仁杰因启于姨曰："某今为相，表弟有何乐从，愿悉力从其肯。"姨曰："相自贵耳。姨止有一子，不欲令其事女主。"仁杰大惭而退。《朝野佥载》

【注释】①狄仁杰：字怀英，并州晋阳（今山西省太原市）人。唐代政治家、武周时期的宰相。②堂姨：母亲的堂姐妹（与叔伯姐妹同义）称为堂姨，即外祖父兄弟的女儿。③伏腊：亦作"伏臘"。古代两种祭祀的名称。"伏"在夏季伏日，"腊"在农历十二月。④晦朔：晦：阴历每月末的一天；朔：阴历月初的一天。农历月末至月初。

【译文】卢氏，是狄仁杰的堂姨。居住在午桥南面的庄园里，堂姨有个独生子，从来没来过京城的亲戚家。狄仁杰担任宰相时，为朝廷办事勤恳谨慎，十分认真，常常是到年末才能休息几天。休假时，狄仁杰就到庄园去看望堂姨。碰到表弟腋下挟着弓箭，手里拎着山雉、野兔从外面回到家，进屋后就侍候母亲用饭，并回头随便地向狄仁杰打招呼致意。狄仁杰因此对堂姨说："我现在身为朝廷宰相，表弟喜欢做什么，我一定尽力让他如愿以偿。"堂姨说："宰相的权势自然是极为显贵

的。堂姨只有这个独生子,我不想让他去事奉女皇。"狄仁杰听后十分羞愧地告辞了。《朝野佥载》

杨收母长孙氏

杨收①七岁而孤,母长孙亲授经,十三通大义。《唐书·杨收传》

【注释】①杨收:字藏之,同州冯翊今陕西大荔人。

【译文】杨收七岁父亲就去世了,母亲长孙氏亲自为他讲授经书,杨收十三岁就通晓经书中的要义。《唐书·杨收传》

杨凭母

杨凭①少孤,其母训导有方,长善文辞,与弟凝、凌皆有名,时号"三杨"。《唐书·杨凭传》

【注释】①杨凭:字虚受,一字嗣仁,虢州弘农人。

【译文】杨凭小时候父亲就去世了,母亲教训引导他很有方法,杨凭长大后擅长写文章,与弟弟杨凝、杨凌三人都有名声,时人称他们为

"三杨"。《唐书·杨凭传》

潘孟阳母刘氏

潘孟阳①母，刘晏②之女也。孟阳初为侍郎，年未四十，其母谓之曰："以尔之才，而位丞郎③，吾甚忧之。"时杜黄裳④诣宅，母问末坐绿衣少年何人，曰："补阙杜黄裳。"母曰："此人全别，必是贵人。"《南部新书》

【注释】①潘孟阳：礼部侍郎潘炎之子。以父荫进，登博学宏辞科。②刘晏：字士安。曹州南华（今山东菏泽市东明县）人。唐代著名经济改革家、理财家，信奉道家。幼年才华横溢，号称神童，名噪京师，《三字经》有"唐刘晏，方七岁。举神童，作正字"之语。③丞郎：唐尚书省的左右丞和六部侍郎的总称。④杜黄裳：字遵素，京兆郡万年县（今陕西省西安市）人。唐朝时期宰相，京兆司录参军杜绾之子。

【译文】潘孟阳的母亲，是刘晏的女儿。潘孟阳刚被任命为侍郎时，不到四十岁，他的母亲对他说："以你的才能，担任侍郎的职位，我很是担忧。"当时杜黄裳登门拜访，母亲问坐在末位，身穿绿色衣服的少年是谁，孟阳答道："是补阙杜黄裳。"他的母亲说："这个人跟别人完全不一样，将来必定会是显贵的人。"《南部新书》

元佐母

元佐①贵为相，其母月织绢一匹，示不忘本。每观元佐视事，见邑令走阶下，退必语元佐："吾向见长官白事②卑敬，不觉悚恐。思乃父为吏本县时，常畏长官汗慄，今尔当厅据案待之，其何安焉？"因谕以朝廷恩寄之重，须务捐躯，故元佐始终不失臣节。《因话录》（按：元佐，未详其姓，俟考。）

【注释】①元佐：当为刘玄佐，又名刘洽。河南匡城（今河南长垣县）人，唐朝中期任宣武军节度使。年少时倜傥不群。②白事：陈述事情。

【译文】元佐贵为宰相，他的母亲每月仍然坚持亲手织一匹丝绢，以显示自己不会忘记根本。每当观察元佐处理公务，看到县里的官员毕恭毕敬地在门前来来回回，回来之后一定会对元佐说："我从开始到现在看见你手下的官员谦卑敬畏地向你禀告公务，不由感觉恐惧不安。回想你父亲在本县当差的时候，常常因为害怕长官而出冷汗。如今你坐在大堂几案上处理公务，这样对待你的下属，怎么能心安呢？"并借此告诉他朝廷委以重任，务必应当鞠躬尽瘁。因此元佐终生持守人臣的节操。《因话录》

李景让母郑氏

　　李景让^①母郑氏，性严明，早寡，家贫子幼，自教之。宅后墙陷，得钱盈船，母视之曰："吾闻无劳而获，身之灾也。天必以先君余庆^②，矜其贫而赐之，则愿诸孤学问早成，此不敢取。"命掩而筑之。景让宦达，发已班白，小有过失，不免箠楚^③。会昌中，景让为浙西观察使，有牙将迕意，杖之而毙，军中愤怒，将为变。母闻之，出坐听事，立景让于庭而责之曰："天子付汝以方面^④，岂得以国家刑法为喜怒之资，而妄杀无罪之人乎？万一致一方不宁，岂惟上负朝廷，使垂老之母衔羞入地，何以见汝之先人^⑤哉？"命左右褫其衣，将挞其背，将佐为请，久乃释之，军中遂安。《唐书·景让传》

　　【注释】①李景让：字后己。并州文水（今山西文水东）人。唐朝中期大臣、书法家。②余庆：遗及子孙的德泽。③箠（chuí）楚：指鞭杖之类刑具。亦以称鞭杖之刑。④方面：较大的行政区划。⑤先人：祖先。常指已死的父亲。

　　【译文】李景让的母亲郑氏，性格严厉公正，早年寡居，家中贫穷，孩子年幼，郑氏就亲自教导他们。家宅后有面墙因雨水冲刷而塌陷，在墙下找到了许多钱，可以装满一船，李景让的母亲看后说："我听说不劳而获，这是自身的灾难。如果上天因为我死去的丈夫积留的恩德，而怜悯他家贫穷，进而赏赐给我们这些钱，那我希望孩子们日后学问能有所成就，但这些钱我不能拿！"于是就命家人将钱掩埋并在上面重新筑墙。李景让官运亨通，头发已经斑白，倘若小有过失，仍然难免受到母亲的鞭打。会昌年间，李景让担任浙西观察使，有员副将忤逆了李景让的心意，李景让施以杖刑打死了他，引起军中将士的愤怒，将要引发哗变。李景让的母亲听说了此事，出来坐在李景让处事的地方，让李景让站在厅堂之上，并斥责他道："天子把一地的事务交给你管理，怎么能把国家的律法作为供你喜怒时滥用的资本，随意的杀掉没有罪的人呢？万一导致地方不安宁，岂止辜负了朝廷，更使你年老的母亲将带着羞愧死去，有什么脸面去见你死去的父亲呢？"说完，命令身边的人脱去李景让的衣服，准备当众鞭打他的背，李景让手下的将士都替他求情，过了好久才释放了李景让。军队也因此安定下来。《唐书·景让传》

柳仲郢母韩氏

柳仲郢①母韩，即皋②女也，善训子，故仲郢幼嗜学。尝和熊胆丸，使夜咀咽以助勤。《唐书·柳公绰传》

【注释】①柳仲郢：字谕蒙，京兆华原（今陕西铜川耀州区）人。唐朝大臣，太保柳公绰之子。②皋：即韩皋，字仲闻，韩滉之子，夙负令名，而器质重厚，有大臣之度。

【译文】柳仲郢的母亲韩氏，是韩皋的女儿，善于教育儿子。所以

柳仲郢从小就喜爱学习，韩氏曾经调制熊胆丸，让他夜晚咀嚼熊胆丸，以振奋精神勤读。《唐书·柳公绰传》

王琚母

王琚①始为中书侍郎，母居洛阳，来京师，让琚曰："尔家上世皆州县职，今汝无攻城野战②劳，徒以谄佞③取容，海内切齿，吾恐汝家坟墓无人复扫除也。"琚卒不免。《唐书·王琚传》

【注释】①王琚：怀州河内县（今河南省沁阳市）人。唐朝时期大臣，下邽县丞王仲友之子。少年丧父，聪敏好学。颇有才略，爱好玄象合炼之学。②攻城野战：攻打城池，在野外作战。形容四处作战。③谄佞：亦作"諂佞"。花言巧语，阿谀逢迎。亦指花言巧语阿谀逢迎的人。

【译文】王琚开始担任中书侍郎的时候，他的母亲居住在洛阳，来到京城，责备王琚说："你家前代祖先都只是担任州官县官的职位，如今你没有攻城野战的功劳，只是凭借阿谀逢迎取悦皇上，海内之士都切齿痛恨，我担心你家的坟墓以后不会再有人清扫了。"王琚最终没有免于被构陷最终自缢而卒。《唐书·王琚传》

崔元暐母卢氏

崔玄暐①以诛二张②（易之、昌宗）功，为中书令。母卢氏尝诫之曰："吾见姨兄屯田郎中辛元驭③云：'儿子从宦者，有人来云贫乏不能存，此是好消息；若闻赀货充足，衣马轻肥，此是恶消息。'吾常重此言，以为确论。比见亲表中仕宦者，多将钱物上其父母，父母但知喜悦，竟不问此物从何而来，必是禄养余资，诚亦善事。如其非理所得，此与盗贼何别？纵无大咎，独不内愧于心。孟母不受鱼鲊之馈（吴孟仁母事见前卷），盖为此也。汝今坐食禄俸，荣幸已多，若其不能忠清，何以戴天履地④？孔子云：'虽日杀三牲⑤之养，犹不为孝。'又曰：'父母惟其疾之忧。'特宜修身洁己，勿累吾此意也。"元暐遵母氏教诫，以清谨见称。《旧唐书·崔元暐传》

【注释】①崔元暐：本名崔晔，字玄暐，博陵安平（今河北安平县）人。唐朝时期宰相，胡苏县令崔慎之子。②二张：即张易之、张昌宗兄弟。张易之：小字五郎，定州义丰（今河北省安国市）人。女皇武则天宠臣，雍州司户张希臧之子。白皙貌美，兼善音律歌词。张昌宗：小名六郎，定州义丰（今河北省安国市）人。武则天在位时期幸臣，追赠襄州刺史张希臧之子。③辛元驭：名骥，字玄驭，陇西狄道（今甘肃临洮）人。④戴天履地：头顶著天，脚踏著地。比喻生存于人世间。⑤三牲：古时祭祀用的供品，分大三牲（猪、牛、羊）和小三牲（鸡、鸭、鱼）两种。

【译文】崔元暐凭借诛杀张易之、张昌宗的功劳，升任中书令。他的母亲卢氏曾经告诫他说："我听姨兄屯田郎中辛玄驭说过：'儿子做了官，有人来说不会再贫穷了，这的确是好消息；但如果听到他钱财充足，轻裘马肥，这又是坏消息了。'我非常看重这句话，认为这确实是精辟正确的言论。近来看见亲戚中做官的，大多将钱物交给父母，父母只知喜悦，竟然不问钱物从何而来，如果真是以俸禄余资奉养双亲，这确实也是大好事。如果是违背情理所得，这与盗贼又有什么区别呢？纵使没有大的过错，难道不会有愧于心吗？孟母不接受赠送的鱼鲊，也是因为这一点。你如今不劳而食俸禄，已经很荣幸了，如果不能忠正清廉，如何立足天地之间呢？孔子说：'即使每天杀三牲奉养父母，仍然不能称为孝。'又说：'父母一心为儿女的疾病担忧。'这些话特别提醒你要修养德行，纯洁操守，不要辜负了我的这番心意。"崔元暐遵奉母亲的教导训诫，以廉洁谨慎受到人们的称赞。《旧唐书·崔元暐传》

萧俛母韦氏

萧俛①，宪宗②时授中书侍郎、同中书门下平章事。文宗③即位，授少师，迁太子太傅。母韦贤明，治家严，俛虽宰相，侍左右如衣褐④时。《唐书·萧俛传》

【注释】①萧俛（miǎn）：字思谦，南兰陵（今江苏武进市）人。唐朝宰相，宰相萧华之孙，梁武帝萧衍之后。②宪宗：即唐宪宗李纯，本名李淳，唐德宗李适之孙、唐顺宗李诵长子。庙号宪宗。③文宗：即唐文宗李昂，原名李涵，唐穆宗李恒次子，母为贞献皇后萧氏。庙号文宗。④衣褐：粗布衣服。古代贫贱者所穿。

【译文】萧俛，唐宪宗时被任命为中书侍郎、同中书门下平章事。文宗即位后，被任命为少师，升迁任太子太傅。母亲韦氏有才德而明义理，治理家事很严厉，萧俛虽然做了宰相，侍奉在母亲身边，与贫贱时没有两样。《唐书·萧俛传》

陆贽母韦氏

陆贽①父侃，为溧阳令，卒于官。母韦训贽成大儒，为贤相，德宗②时迎至京，卒。皇后赙遗③，因葬洛阳。《唐书·陆贽传》

【注释】①陆贽：字敬舆。苏州嘉兴（今浙江嘉兴）人。唐朝著名政治家、文学家、政论家、宰相。溧阳县令陆侃第九子，人称"陆九"。②德宗：即唐德宗李适（kuò），祖籍陇西成纪（今甘肃省天水市秦安县），唐代宗李豫长子，母为睿真皇后沈氏。庙号德宗。③赙（fù）遗：赠送财物助人治丧。亦指助人治丧而赠予的财物。

【译文】陆贽的父亲陆侃，是溧阳令，死在任上。母亲韦氏训导陆赟成为了道德学问修养极高的学者，同样也成为了一个贤明的宰相，唐德宗时派人迎接她到京城，不久就去世了。皇后赠送了治丧的财物，因而安葬在洛阳。《唐书·陆贽传》

崔发母韦氏

五坊①卒夜斗，伤县人。鄠令崔发敕吏捕摔②，其一中人也，抶之。帝（穆宗）大怒，收发送御史狱。会大赦，发以囚坐鸡竿③下，中人数十持梃乱击，发败而折齿，几死。既而囚皆释，而发不得原。宰相李逢吉④见帝曰："发暴中人，诚不敬。然其母故宰相韦贯之⑤姊，年八十，忧发成疾。陛下方孝治天下，宜少延之。"帝恻然，送发于家，且抚慰其母。韦拜诏，泣对使者，杖发四十。《唐书·李渤传》

【注释】①五坊：唐代为皇帝饲养猎鹰猎犬的官署。至宋初始废。②摔（zuó）：方言，揪，抓。③鸡竿：一端附有金鸡的长竿。古代多于大赦之日树立。典出《新唐书.百官志三》："赦日，树金鸡于仗南，竿长七丈，有鸡高四尺，黄金饰首，衔绛幡长七尺，承以彩盘，维以绛绳，将作监供焉。"④李逢吉：字虚舟，陇西狄道（今甘肃临洮）人。唐朝中期宰相。⑤韦贯之：本名韦纯，字贯之，一字正理，京兆万年（今陕西西安市）人，唐朝宰相，吏部侍郎韦肇之子。

【译文】五坊署的差役夜晚斗殴，伤及县人。鄠县令崔发命令属吏抓捕他们，其中有一人是宦官，崔发打了他。皇帝勃然大怒，收捕崔发，并押送到御史台的狱中。正巧大赦之日，崔发以囚犯的身份也在释放之列，当时有几十个宦官手持木棒殴打崔发，乱打一通，崔发被他们打得破了相而且牙齿也被打折了，差点死了。不久在押的囚犯都被释放了，唯独崔发没有被赦免。宰相李逢吉觐见皇帝说："崔发抓捕宦官，的确是不敬天子。然而崔发的母亲是已故宰相韦贯之的姐姐，已经八十岁了，现在因忧愁生病。陛下您正以孝治天下，应该稍微延缓。"皇帝哀怜，送崔发回家，并安抚慰勉他的母亲。韦氏跪拜皇帝的诏书，哭着面对宣诏的使者，杖打了崔发四十大板。《唐书·李渤传》

张镒母

张镒[①]为殿中侍御史。乾元初，华原令卢杞以公事谯责[②]邑人齐令诜。令诜，宦人也，衔之，构杞罪，论死。镒按验，不直之，乃白其母曰："今理杞，杞免死而镒坐贬，嘿[③]则负官，贬则为太夫人忧，敢问所安？"母曰："儿无累于道，吾所安也。"遂执正其罪，杞得流，镒贬抚州司户参军。《唐书·张镒传》

【注释】①张镒：字季权，一字公度，吴郡昆山县（今江苏省昆山县）人。唐代中期经学家、宰相，朔方节度使张齐丘之子。②谯责：谴责，责问。③嘿（mò）：古同"默"。不作声。

【译文】张镒担任殿中侍御史。乾元初年，华原令卢杞因公事责备同乡人齐令诜。齐令诜是宦官，对卢杞怀恨在心，设计陷害卢杞入罪，论罪当杀。张镒复查后，认为论刑不当，因而心有不平，于是就对母亲说："如今为卢杞申诉，卢杞得以免死而我将获罪贬官，沉默不语则有负国家，贬官又为太夫人添忧，请问孩儿如何能使您老人家安心？"母亲说："儿不要有负于道义，我就安心了。"于是张镒坚持纠正对卢杞的处罚，卢杞最终只是流放，张镒则被贬为抚州司户参军。《唐书·张镒传》

元稹母郑氏

元稹①幼孤，母郑贤而文，亲授书传。元和元年，举制科①，对策③第一。《唐书·元稹传》

【注释】①元稹：字微之，别字威明，河南洛阳人。唐朝大臣、诗人、文学家。北魏宗室鲜卑拓跋部后裔，北魏昭成帝拓跋什翼犍十九世孙，比部郎中元宽之子，母为荥阳郑氏。②唐朝科举的一种，为选拔"非长之才"而举行的不定期非常规考试，由天子亲试。③对策：古代科举考试时，士子针对皇帝策问，提出一套治理政事的方略。

【译文】元稹幼年父亲就去世了，母亲郑氏贤德而又知书明理，亲自为元稹讲授经书典籍。元和元年，制科取士，元稹为对策第一名。《唐

书·元稹传》

崔彦昭母

崔彦昭①，僖宗②立，授兵部侍郎，俄同中书门下平章事，迁门下侍郎。彦昭与王凝③，外昆弟也。凝大中初光显，而彦昭未仕，尝见凝，凝倨不冠带，嫚言曰："不若从明经举。"彦昭为憾。至是，凝为兵部侍郎，母闻彦昭相，敕婢多制履袜，曰："王氏妹必与子皆逐，吾将共行。"彦昭闻之，泣且拜，不敢为怨，凝竟免。《唐书·崔彦昭传》

【注释】①崔彦昭：字思文，清河（治今河北清河西北）人，出身清河崔氏小房，父崔岂。②僖宗：即唐僖宗李儇（xuān），唐懿宗第五子，本名李俨。③王凝：字致平，一作成庶，绛州（今山西绛县）人。

【译文】崔彦昭在唐僖宗即位后，被授任兵部侍郎，不久任同中书门下平章事，后又升迁门下侍郎。崔彦昭与王凝是姨表兄弟。王凝在大中初年就荣显，而崔彦昭还没有出仕，曾经去见王凝，王凝伸开脚坐着，不曾穿戴整齐，言辞轻侮地说道："不如从经义取士。"崔彦昭以为遗憾。后来，王凝担任兵部侍郎，母亲听闻崔彦昭拜相，就命令婢女多多制作鞋袜，说道："王氏妹与王凝必定会被驱逐，我将跟他们同行。"崔彦昭听说后，哭着跪拜，不敢以为怨恨，王凝最终得以幸免。

《唐书·崔彦昭传》

孔若思母

孔若思^①，早孤，其母躬训教，长以博学闻。《唐书·孔若思传》

【注释】①孔若思：孔绍安之孙，越州山阴人。

【译文】孔若思早年父亲去世，他的母亲亲自教导他，孔若思长大后以学识渊博闻名于世。《唐书·孔若思传》

李畲母

李畲^①母有渊识。畲为监察御史，得禀米，量之三斛^②而赢，问于吏，曰："御史米，不概也。"又问库庸^③有几，曰："御史不偿也。"母怒，敕归余米，偿其庸，因切责畲。畲乃劾仓官，自言状，诸御史闻之，有愧色。《唐书·列女传》

【注释】①李畲：唐代监察御史，为官清正。②斛：古代计算容量的单位。十斗为一斛，后改作五斗为一斛。③庸：古同"佣"。雇佣。受雇

者的工钱

【译文】李畲的母亲有深远的见识。李畲担任监察御史，发放禄米，称量后三斛有余，母亲询问差役，差役回答说："这是御史的秩禄米，没有刮平。"又询问车费要多少，说："御史是不需要付车马费的。"母亲怒气冲冲，命令归还多余的禄米，付清了车马费，因为这个事情严厉地责备了李畲。李畲于是弹劾仓官，陈述情由，御史们听说此事后，都面露羞愧的神色。《唐书·列女传》

董昌龄母杨氏

董昌龄①母杨，世居蔡。昌龄更事吴少阳②，至元济③时，为吴房令。母尝密诫曰："逆顺成败，儿可图之。"昌龄未决，徙郾城，杨复曰："逆贼欺天，神所不福。当速降，无以我累。儿为忠臣，吾死不慊④。"会王师偪郾，昌龄乃降。宪宗⑤喜，即拜郾城令兼监察御史，昌龄谢曰："母之训也，臣何能？"帝嗟叹。元济囚杨，欲杀之屡矣。蔡平而母在，陈许节度李逊⑥表之，封北平郡太君。《唐书·列女传》

【注释】①董昌龄：唐朝中期将领，淮西节度使吴少诚之婿。②吴少阳：字少阳，沧州清池（今河北沧州市）人。唐朝时期藩镇将领。③元济：即吴元济，字元济，沧州清池（今河北沧州市）人。唐朝时期藩镇割据将领，淮西节度使吴少阳之子。④慊（qiàn）：不满，怨恨。⑤宪宗：即唐宪宗李纯，本名李淳，唐德宗李适之孙、唐顺宗李诵长子。庙号宪宗。

【译文】董昌龄的母亲杨氏，世代定居在蔡州。董昌龄累事吴少阳，至吴元济时，担任吴元济辖下房县的县令。他的母亲曾经悄悄告诫他说："顺天理可以成功，逆天理会失败，你要仔细思量。"董昌龄没有决断，被调迁到郾城任职，杨氏又告诫道："逆贼吴元济欺瞒皇帝，神灵不会降福给他。你应该立即归降朝廷，不要因为我拖累你。你如果成了忠臣，我死了也不会有怨恨。"等到天子的军队逼近郾城，董昌龄就投降了。唐宪宗得知大喜，随即任命董昌龄担任郾城县令兼监察御史，董昌龄推辞说："这都是母亲的教训，我哪里有什么功劳呢？"皇帝听后深表赞叹。吴元济囚禁了杨氏，多次想杀害他。蔡州平定而母亲尚在，节度使陈许李逊给皇帝呈上奏章，杨氏被册封为北平郡太君。《唐书·列女传》

李绅母卢氏

李绅①六岁而孤，母卢躬授之学。《唐书·李绅传》

【注释】李绅：字公垂，亳州谯县古城人（今安徽省亳州市谯城区古城镇）人。唐朝宰相、诗人，中书令李敬玄曾孙。

【译文】李绅六岁的时候父亲就去世了,母亲卢氏亲自教导传授他学问。《唐书·李绅传》

陶齐亮母金氏

金节妇①者,安南贼帅陶齐亮之母也。尝以忠义诲齐亮,顽不受,遂绝之。自田而食,纺而衣,州里矜法焉。大历初,诏赐两丁侍养,本道②使四时存问终其身。《唐书·列女传》

【注释】①节妇:旧指坚守节操,丈夫死后不再改嫁的妇女。②本道:本地道府。道,古代行政区划名。

【译文】节妇金氏,是安南贼帅陶齐亮的母亲。金氏曾经以忠心和义气教导陶齐亮,但他顽劣不能受教,金氏于是与他断绝往来。自己耕田而食,纺织穿衣,州里尊敬效法她。大历初年,皇帝下诏赏赐两个仆人侍候奉养她,本地道府一年四季都派人问候,直到金氏去世。《唐书·列女传》

颜真卿母商氏

颜真卿①少孤，母商氏躬加训导。既长，遂博学，工词章。《唐书·颜真卿传》

【注释】①颜真卿：字清臣，小名羡门子，别号应方，京兆万年（今陕西西安）人，祖籍琅玡临沂（今山东临沂）。秘书监颜师古五世从孙、司徒颜杲卿从弟，唐代名臣、书法家。

【译文】颜真卿年少时父亲就去世了，母亲商氏亲自加以教育。长大以后，学识广博，善于诗文。《唐书·颜真卿传》

薛彦辅母林氏

林氏，济南人，隰城丞薛元暖①妻也。元暖早卒，林博涉五经，有母仪令德。训其子彦辅、彦国、彦伟、彦云及侄据、捴、播，并登进士第，衣冠荣之。其《送男彦辅左贬》诗云："他日初投杼，勤王在饮冰。有辞期不罚，积毁竟相仍。谪宦今何在，衔冤犹未胜。天涯分越徼，驿骑速毘陵。肠断腹非苦，书传写岂能。泪添江水远，心剧海云蒸。明月珠难识，甘泉赋可称。但将忠报主，何惧点

青蝇。"《全唐诗》

【译文】林氏，是济南人，厩城县丞薛元暖的妻子。薛元暖很早就去世了，林氏广泛地涉猎五经，有作母亲的仪范和美德。亲自训导儿子薛彦辅、薛彦国、薛彦伟、薛彦云以及侄子薛据、薛揔、薛播，七人先后考中进士，身份地位荣耀。林氏写了首诗《送男彦辅左贬》："他日初投杼，勤王在饮冰。有辞期不罚，积毁竟相仍。谪宦今何在，衔冤犹未胜。天涯分越徼，驿骑速毗陵。肠断腹非苦，书传写岂能。泪添江水远，心剧海云蒸。明月珠难识，甘泉赋可称。但将忠报主，何惧点青蝇。"《全唐诗》

清江义母鲁氏

鲁氏，清江人。唐末兵起，民皆奔窜，鲁抱长子而反，提其幼子，行不能前。寇怪问其故，曰："幼子妾所生，长子乃前室①所生，夫亡日②，命妾善视之。"寇感动，称为义姑，厚遗而去，榜其地曰风义里。《广舆记》

【注释】①前室：前妻。②亡日：忌日。先辈去世的日子。

【译文】鲁氏，是清江人。唐朝末年贼兵四起，百姓都奔走逃窜，鲁氏抱着长子返回来，牵着自己的小儿子，不能前行。贼寇感到奇怪，询问其中的缘故，鲁氏说："小儿子是妾身亲生，长子是前妻所生，丈夫去世的时候，嘱咐妾身好好照顾他。"贼寇很感动，称鲁氏为义姑，厚加馈赠离开了，题署鲁氏居住的地方为"风义里"。《广舆记》

李日月母

建中四年，朱泚①骁将李日月战死于梁山，归其尸于母，其母不哭，骂曰："奚奴②，国家何负于汝而反，死已晚矣！"及朱泚败，独日月之母不坐。《唐书·高重捷传》

【注释】①朱泚（cǐ）：幽州昌平（今北京昌平区）人，唐朝中期将领，蓟州刺史朱怀珪之子。年少从军，身材壮伟，轻财好施。②奚奴：《周礼·天官·序官》"奚三百人"汉郑玄注："古者从坐男女没入县官为奴，其少才知以为奚，今之侍史官婢。或曰：奚，宦女。"后因称奴仆为"奚奴"。

【译文】建中四年，朱泚麾下的勇将李日月在梁山战死，送回尸体给他的母亲，他的母亲没有哭泣，骂道："这个奴才，国家哪里亏待你了，你要造反，你死得太晚了！"后来朱泚战败，唯独李日月的母亲没有受到牵连。《唐书·高重捷传》

仆固怀恩母

仆固怀恩①铁勒②部人。河北平，怀恩与诸将皆罢兵。诏护回纥③归国，道太原，辛云京④忌怀恩，又以其与回纥亲，疑见袭，闭关不敢犒军。怀恩使其子玚攻之，云京败，进攻榆次。怀恩将士皆郭子仪⑤旧部曲，子仪至河中，玚攻榆次，未拔，其偏将焦晖、白玉等斩其首，献阙下⑥。怀恩闻，以告母。母曰："我戒汝勿反，国家酬汝不浅，今众变，祸且及我，奈何？"怀恩再拜出，母提刀逐之，曰："吾为国家杀此贼，取其心以谢军中。"怀恩走，乃与部曲三百北渡河，走灵武。帝（肃宗）念旧勋，不加罪，诏辇其母归京师，厚恤之，以寿终。《唐书·叛臣传》

【注释】①仆固怀恩：复姓仆固，字怀恩，金微都督府（今蒙古国肯特省）人，铁勒族。唐朝中期名将，右武卫大将军歌滥拔延后代。②铁勒：古族名。汉时称丁零，北魏时称敕勒或铁勒。隋时铁勒各部分布于东至独洛河（今土拉河）以北、西至西海（今里海）的广大地区，分属东、西突厥。其漠北十五部以薛延陀与回纥为最著。③回纥（hé）：我国少数民族之一。初与突厥为兄弟民族，后又从属于突厥。南北朝时，为敕勒部落之一，至唐代叛离突厥后，始称为"回纥"，后又改称为"回鹘"。唐时助讨安史之乱及抗御吐蕃，屡建功勋。唐文宗时，族众西奔，散居今新疆南部。宋、元以后，名称极多，民国二十三年，新疆省政府定称为"维吾尔"。④辛云京：字京杲，陇西狄道（今甘肃省临洮县）人。唐朝时期将领，左骁卫大将军辛思廉之子。⑤郭子仪：华州郑县（今陕西华县）人，祖籍山西太原，唐代政治家、军事家。⑥阙下：官阙之下。借指帝王所居的宫廷。

【译文】仆固怀恩，是铁勒部人。河北战乱平定，仆固怀恩与将领们都收兵回京。诏令护送回纥归国，途经太原，辛云京心中忌恨怀恩，又由于怀恩与回纥亲近，怀疑会被回纥偷袭，所以闭关不敢出来犒军。怀恩派他的儿子仆固玚攻打辛云京，辛云京大败，仆固玚又攻打榆次。怀恩手下的将士都是郭子仪的旧部下，郭子仪到达河中，仆固玚正在攻打榆次，未能攻克，偏将焦晖、白玉等人斩下了仆固玚的首级，进献到朝廷。怀恩听说后，将事情告诉了自己的母亲。他的母亲说："我告诫你不要造反，国家待你不薄，如今众人哗变，我也难免遭祸，该怎么办呢？"怀恩无言以对，再拜而出，母亲提刀追出来说："我为国家杀了此贼，取他的心挖出来向三军谢罪。"仆固怀恩逃走才得以免死，与部下三百人北渡黄河，逃到灵武。皇帝念及他往日的功劳，没有治罪，诏令用车辇护送怀恩的母亲到京都，抚恤优厚，享尽天年而终。《唐书·叛臣传》

独孤师仁乳母王兰英

独孤武都谋叛王世充①归国，事觉，诛死。武都子师仁，年始三岁,世充以其年幼不杀,使禁掌之。乳母王氏,号兰英,请髡钳②,求入保养,世充许之。兰英抚育提携,备尽筋力。时丧乱年饥,人多饿死,兰英扶路乞丐捃拾③,遇有所得,便归与师仁,兰英惟啖土饮水而已。后诈采拾,乃窃师仁归于京师。高祖④嘉其义,下诏曰:"师仁乳母王氏,慈惠有闻,抚鞠无倦,提携遗幼,背逆归朝,宜有褒隆,以赐其号,可封永嘉郡君。"《旧唐书·列女传》

【注释】①王世充:本姓支,字行满,西域枝支(今甘肃省临夏县)人,氏族。隋朝末年群雄之一,汴州长史支收之子。涉猎经史,爱好兵法。②髡(kūn)钳:亦作"髠钳"。古代一种惩治罪犯的方式。剃去头发称髡,而以铁圈束住脖子称钳。汉文帝废除肉刑时,以髡钳城旦春代替黥刑。③捃(jùn)拾:拾取,收集。④高祖:即唐高祖李渊,字叔德,陇西成纪人,祖籍邢州尧山,唐朝开国皇帝。庙号高祖。

【译文】独孤武都预谋背叛王世充,投靠唐朝,事发被王世充杀害。独孤武都的儿子独孤师仁,当年才三岁,王世充以他年幼饶恕了他,派兵监禁了他。他的乳母王兰英请求剃发束颈,抚养独孤武都的遗孤,王世充答应了她的请求。王兰英抚养教育、照顾扶植,用尽心力。当时时局动乱、年成荒歉,人多饿死,王兰英沿途乞讨,把讨来的食物喂给独孤师仁吃,王兰英自己只是吃泥土,喝河水充饥解渴。后来假装成砍柴的人,偷偷背着独孤师仁逃到了唐朝境内。唐高祖赞赏她的义气,下诏道:"独孤师仁的乳母王氏,仁爱有名声,抚育遗孤不知疲倦,照顾年幼的遗孤,背弃叛逆,归顺朝廷,应该褒扬推崇,册封为永嘉郡君。"《旧唐书·列女传》

五 代

唐庄宗母曹太后

　　武皇帝^①（李克用）贞简皇后曹氏，庄宗^②之母也。庄宗嗣晋王位，李克宁^③、李存颢^④谋变。太后召监军张承业^⑤，指庄宗谓之曰："先人把臂^⑥授公此儿，如闻外谋，欲孤付托。公等但置予母子有地，毋令乞食于沛，幸矣。"承业因诛存颢、克宁，以靖内难^⑦。庄宗善音律，喜伶人^⑧谑浪，太后常提耳诲之。天祐七年，镇、定求援，庄宗促命治兵，太后曰："予齿渐衰，但不坠先人之业为幸，何事栉风沐雨^⑨，离我晨昏？"庄宗不听。及发，太后饯于汾桥，悲不自胜。庄宗即位，上皇太后尊号，迎归长寿宫。《旧五代史·唐书列传》

　　【**注释**】①武皇帝：即李克用，字翼圣，本姓朱邪（又作朱耶），被唐朝皇帝赐姓李氏，沙陀族，神武川新城人。唐末至五代初年军阀，别号"李鸦儿"（其军队主力亦称"鸦军"）。因一目失明，又号"独眼龙"，其父朱邪赤心（赐名李国昌）。李克用早年随父出征，常冲锋陷阵，军中称之为"飞虎子"。谥为武皇帝。②庄宗：即后唐庄宗李存勖（xù），本姓朱邪，字亚子，应州金城县（今山西省应县）人，沙陀族。五代时期后唐开国皇帝，后唐太祖李克用之子。庙号庄宗。③李克宁：沙陀族，五代十国时期后唐奠基人李克用幼弟，后唐开国皇帝李存勖的叔父。④李存颢：五代十国时期后唐奠基人李克用养子。⑤张承业：本姓康，字继元，太原府交城（今山西省交城县）人，唐末五代宦官。自幼入宫，被内常侍张泰收为养子，后升任内供奉。他执法严明，得到晋王李克用器重，并接受遗命辅佐李存勖。⑥把臂：互相握住手臂，表示亲密或信任。⑦靖内难：平定国家内部的动乱或灾难。⑧伶人：伶工、乐人，歌舞或戏剧演员。⑨栉风沐雨：以风梳头，以雨洗发，形容不避风雨，奔波劳碌。

【译文】后唐武皇帝李克用的贞简皇后曹氏，是唐庄宗的母亲。唐庄宗继晋王位，李克宁、李存颢谋划叛变。太后曹氏召见监军张承业，指着唐庄宗对张承业说："先人握着您的手臂把这个孩子交给您，如有人谋反，请不要忘记付托。您只要给我们母子留下一席之地，不要让我们到沛地讨饭，就很幸运了。"张承业于是设伏兵捕杀了李存颢、李克宁，平定了国家内部的战乱。唐庄宗精通音律，喜欢与伶人戏谑调笑，曹太后常常恳切地教导他。天祐七年，镇州、定州向唐庄宗求救，唐庄宗急忙率兵救援，太后说："我年岁已大，你只要不败落先人的基业就幸运了，何必顶风冒雨，离我远行呢？"唐庄宗没有听从。军队出发时，太后在汾桥为他饯行，悲伤得不能控制自己。唐庄宗即位后，为曹氏上皇太后尊号，迎归到长寿宫。《旧五代史·唐书列传》

李严母

李严①，同光中使蜀。时王衍②失政，严知其可取，还具奏，故平蜀之谋始于严。长兴初，严求为西川兵马都监，孟知祥③执而害之。严之母贤明妇人，严将赴蜀，母曰："汝前启破蜀之谋，今又入蜀，将以死报蜀人矣，与汝永诀。"既而果如其言。《旧五代史·唐臣传》

【注释】①李严：幽州人，初名让坤。为人明敏多艺能，习骑射，颇知书而辩。②王衍：初名王宗衍，字化源，许州舞阳（今河南舞阳县）人。五代十国时期前蜀最后一位皇帝，前蜀高祖王建子，母为徐贤妃。③孟知祥：即后蜀高祖孟知祥，字保胤，邢州龙冈县（今河北邢台），五代十国时期后蜀开国皇帝。

【译文】李严在同光年间出使前蜀。当时王衍治下政治混乱，李严知道前蜀可以攻取，回朝备文上奏，因此平蜀的谋略最早是李严提出来的。长兴初年，李严要求担任西川兵马都监，孟知祥逮捕杀害了他。李严的母亲是贤明的妇人，李严将去蜀地上任，他的母亲说："你之前率先提出灭蜀的计谋，如今又入蜀地，这是要以死报答蜀人啊，我将与你永别。"不久，事情果然像他母亲说的那样。《旧五代史·唐臣传》

王殷母

王殷①，性谦谨好礼，事母以孝闻。每与人结交，违从②皆先禀于母，母命不从，殷必不往。虽在军旅，交游不杂。及为刺史（唐清泰中，以功授祁州刺史，寻改原州），政事小有不佳，母察之，立殷于庭，诘责而杖之。《旧五代史·周臣传》

【注释】①王殷：瀛州人。曾祖昌裔，本州别驾。祖光，沧州教练使。②违从：犹言何去何从。

【译文】王殷生性谦虚恭谨好礼，事奉母亲凭借孝顺而闻名，每当打算与别人结交时，来去都要先禀告母亲，母亲不答应，王殷就不会来往。即使在军旅之中，往来的朋友也不多。等到他担任刺史时，政事处理得稍为不好，母亲知道后，就会要王殷站在堂前，诘问谴责并杖打他。《旧五代史·周臣传》

刘崇谏母

刘仁赡①守寿春，幼子崇谏夜泛舟渡淮北，仁赡命斩之。监军使求救于夫人，妇人曰："妾于崇谏非不爱也，然军法不可私，若贷之，则刘氏为不忠之门矣。"趣^②命斩之，然后成丧。《容斋续笔》

【注释】①刘仁赡：字守惠，彭城（今江苏徐州）人，五代时期南唐大将。②趣（cù）：古同"促"，催促，急促。

【译文】刘仁赡镇守寿春，他的小儿子刘崇谏半夜划船偷渡到淮北，刘仁赡下令斩杀他。监军派人向刘崇谏的母亲求救。刘夫人说："我对刘崇谏不是不疼爱啊，但是军法是不能徇私的，如果饶恕了他，那么刘氏就成了不忠的门庭。"于是催促立即斩了刘崇谏，而后为刘崇谏办理丧事。《容斋续笔》

廖匡齐母

廖匡齐事楚王马希范^①，讨溪州彭士愁^②，战死。希范遣使吊之，其母谓使者曰："廖氏三百口受王厚赐，举族效死，未足以报，况一子乎？愿王无以为念。"希范贤之，厚恤其家。《楚纪》

【注释】①马希范：字宝规，楚武穆王马殷第四子，衡阳王马希声异母弟，母陈氏，南楚第三位国君。②彭士愁：本名彭彦晞，士愁是其字（常讹作士然），唐末五代时人。生于庐陵（今江西吉水），长于湘西。

【译文】廖匡齐事奉楚王马希范,讨伐溪州的彭士愁时战死。马希范派遣使者前往吊唁,廖匡齐的母亲对使者说:"廖家三百口深受大王厚重的赏赐,全族舍命报效,都不足以报答,何况只是一个儿子呢? 希望大王不要放在心上。"马希范认为她贤德,厚赏了她的家族。《楚纪》

侯延广乳母刘氏

侯延广①,赠中书令益②之孙。在襁褓中,遭王景崇之难,亲属七十口悉为所害。乳母刘氏以己子代延广死,刘氏行丐抱持延广至京师,还益。《宋史·侯益传》

【注释】①侯延广:宋代汾州平遥(今山西平遥)人。中书令侯益之孙、雄州刺史侯仁矩之子。②益:即侯益,山西平遥人,唐末五代到北宋时期将领。出身农家,以勇武投于李克用旗下。北宋建立后,陪赵匡胤郊祀,受到宰相礼遇。

【译文】侯延广是追赠中书令侯益的孙子。侯延广还在襁褓中的时候,遭逢王景崇之难,侯家七十余口都被王景崇杀害。侯延广的乳母刘氏用自己的儿子代替侯延广而死,刘氏带着侯延广一路乞讨到达京城,把他交给了侯益。《宋史·侯益传》

卷四

扫一扫　听导读

宋

仁宗母刘太后

  章献明肃皇后①刘氏，真宗②立为皇后。李宸妃③生仁宗④，后以为己子，抚视甚笃。仁宗即位，尊为皇太后，垂帘听政，凡十一年。谕辅臣曰："皇帝听断之暇，宜召名儒讲习经书，以辅其德。"于是设幄崇政殿之西庑，而命近臣侍讲读。仁宗春秋高，犹不知为宸妃所生，终后之世，无毫发间隙。盖仁宗能尽孝，而后亦慈爱保护之至也。《东都事略》

  【注释】①章献明肃皇后：即刘娥，宋真宗赵恒的皇后，宋朝第一位摄政太后。谥号庄献明肃皇后，后改章献明肃皇后。②真宗：即宋真宗赵恒，宋太宗第三子，母为元德皇后李氏。初名赵德昌，后改赵元休、赵元侃。被立为太子，改名恒。庙号真宗。③李宸妃：杭州钱塘（今浙江省杭州市）人。宋真宗赵恒妃嫔，宋仁宗赵祯生母。美貌出众，初为章献太后侍女。有宠于宋真宗，生下皇子赵受益（宋仁宗）并且过继给皇后。④仁宗：即宋仁宗赵祯，初名赵受益，宋真宗第六子，母亲是李宸妃。庙号仁宗。

【译文】章献明肃皇后刘氏，宋真宗册立为皇后。李宸妃生下宋仁宗，刘氏把宋仁宗当作自己的儿子，抚养照看非常细致。宋仁宗即位后，尊刘氏为皇太后，刘太后临朝听政理事，共有十一年。刘太后告诉辅臣说："皇帝处理国家大事之余，应该召请有名的学者讲授研习经书，以辅佐皇帝的德行。"于是在崇政殿西边的走廊设置幄殿，下令左右侍从的臣子为皇帝讲学。宋仁宗年纪已大，仍然不知道自己是李宸妃所生，刘太后在世之日，没有丝毫间隙隔阂，大概是由于宋仁宗事奉刘太后非常周到，而刘太后仁慈爱护皇帝也非常尽力的缘故。《东都事略》

英宗母曹太后

慈圣光献皇后曹氏①，韩王彬②之孙也。仁宗后郭氏废，册立为后。英宗③始四岁，鞠养于禁中④，后待之恩意甚密。英宗即位，尊为皇太后。英宗感疾，后垂帘听政，天下翕然。神宗⑤即位，尊为太皇太后。王安石⑥变更新法，用兵兴利，天下纷然。神宗一日至庆寿宫，后曰："吾闻民间甚苦青苗、助役钱，宜因赦罢之。王安石诚有才学，怨之者众，何不出之于外？"神宗不怿。神宗有意燕、蓟，白其事，后曰："事体至大，吉凶悔吝生乎动，得之不过南面⑦受贺而已。万一不谐，则生灵所系，粟帛所蠹，未易以言。苟可取之，太祖⑧、太宗⑨收复久矣，何待今日？"神宗曰："敢不受教。"苏轼⑩以诗得罪，下御史狱，人知必死。后违豫⑪中闻之，谓神宗曰："尝忆仁宗以制科得轼兄弟，甚喜，曰：'吾为子孙得两宰相。'今闻轼以诗系狱，得非仇人中伤之？捃至于诗，其过微矣。吾疾势已笃，不可以冤滥致伤中和，宜熟察之。"神宗涕泣，轼由此得免。《东都事略》

【注释】①慈圣光献皇后曹氏：真定灵寿（今河北省灵寿县）人，枢密使周武惠王曹彬的孙女，太师曹玘的女儿，民间神话传说"八仙过海"中八仙之一曹国舅的姐姐。②韩王彬：即曹彬，字国华，真定灵寿（今河北省灵寿县）人。北宋开国名将。③英宗：即宋英宗赵曙，原名赵宗实，后改名赵曙，是濮王赵允让之子，过继给宋仁宗为嗣。庙号英宗。④禁中：也作"禁内"。封建帝王所居的宫苑。因不许人随便进出，故称。⑤神宗：即宋神宗赵顼（xū），初名仲铖，宋英宗长子。庙号神宗。⑥王安石：字介甫，号半山，临川（今江西抚州市临川区）人，北宋著名的思想家、政治家、文学家、改革家。⑦南面：古代以坐北朝南为尊位，故天子、诸侯见群臣，或卿大夫见僚属，皆面南而坐。帝位面朝南，故代称帝位。⑧太祖：即宋太祖赵匡胤，字元朗，宋朝开国皇帝。庙号太祖。⑨太宗：即宋太宗赵光义，本名赵匡义，后因避其兄太祖讳改名赵光义，即位后改名炅。庙号太宗。⑩苏轼：字子瞻、和仲，号铁冠道人、东坡居士，世称苏东坡、苏仙，眉州眉山（今四川省眉山市）人，祖籍河北栾城，北宋著名文学家、书法家、美食家、画家，历史治水名人。⑪违豫：帝王有病的讳称。

【译文】慈圣光献皇后曹氏，是韩王曹彬的孙女。宋仁宗皇后郭氏被废，册封曹氏为皇后。宋英宗四岁的时候，被养育在禁中，皇后曹氏待他情深意切。宋英宗即位，尊曹皇后为皇太后。宋英宗患病，曹太后临朝听政理事，天下和顺。宋神宗即位，尊曹氏为太皇太后。王安石变更新法，调兵遣将、兴办有利之事，如火如荼。宋神宗一日来到庆寿宫，曹太后说："我听说民间百姓对青苗法、助役法叫苦不迭，应当停止实行。王安石确实有才干学问，但怨恨他的人很多，皇上你为什么不暂时放他到外省去呢？"宋神宗不悦。宋神宗有意对燕蓟用兵，把此事禀告了曹太后，曹太后说："此事事关重大，吉庆、灾祸、悔恨都产生于行动，成功了不过是接受朝贺而已。万一不成功，则生灵涂炭，消耗谷粟与布帛，不是轻易可说的。如果可以攻取，太祖、太宗早就收复了，哪里需要等到现在呢？"宋神宗说："岂敢不遵从您的教诲。"苏轼因为写诗获罪，被关在御史台的狱中，大家以为他必死无疑。曹太后在病中听说了此事，对神宗说："我想起仁宗皇帝曾经在殿试中录取苏轼兄弟时，高兴地说：'我为子孙们选到了两位宰相。'现在听说苏轼因为写诗被关进监狱，该不会是被仇人诬蔑中伤吧？从诗词中收集过错，即使有错也是小错。我的病势已经很沉重了，不能再因为冤枉好人、滥加罪名而伤害天地的中正仁和之气。对苏轼案，还是应该要仔细审查。"宋神宗流泪哭泣，苏轼因此得以免罪。《东都事略》

神宗母高太后

　　宣仁圣烈皇后①高氏，英宗入继大统②，立为皇后。神宗即位，尊为皇太后。至神宗不豫③，王珪④乞立延安郡王⑤为皇太子，请太后权同听政。后泣，抚王曰："儿孝顺，自官家⑥服药，未尝去左右。书佛经以祈福，喜学书，已诵《论语》七卷，绝不好弄。"乃令王出帘外见珪等，珪等再拜谢且贺。后敕中人梁惟简曰："令汝归制一黄袍，十岁儿可衣者，密怀以来。"盖为王仓卒践阼⑦之备也。哲宗即位，尊为太皇太后。垂帘听政，临朝九年，于寝食起居所以调护于哲宗者，恳测周尽。寝疾⑧，召宰辅至帘前曰："今日疾少间⑨，欲与公等诀。皇帝年少，善辅导之。"《东都事略》

　　【注释】①宣仁圣烈皇后：即高滔滔，亳州蒙城（今安徽省蒙城县）人。宋英宗皇后，宋神宗之母。后人誉为"女中尧舜"。谥号宣仁圣烈皇后。②大统：指帝位。③不豫：天子有病的讳称。④王珪：字禹玉。北宋宰相、文学家。祖籍成都华阳，幼时随叔父迁居舒州（今安徽省潜山）。⑤延安郡王：即宋哲宗赵煦，原名赵佣，宋神宗赵顼第六子，母亲为钦成皇后朱氏。赵煦早年封均国公、延安郡王。庙号哲宗。⑥官家：皇帝。也称为"官里"。⑦践阼：亦作"践胙""践祚"。即位，登基。⑧寝疾：亦作"寝疾"。寝，病卧。寝疾，生病，多指重病。⑨少间（jiàn）：指病稍好。

【译文】宣仁圣烈皇后高氏，宋英宗承续帝位，册封高氏为皇后。宋神宗即位，尊高氏为皇太后。等到宋神宗患病，王珪乞求册立延安郡王为皇太子，请太后权同听政。太后哭泣，抚摸着延安郡王说："孙儿孝顺，自从皇帝患病吃药以来，从未离开过，抄写佛经为皇帝祈福，喜欢读书，已经诵读《论语》七卷，绝不贪玩。"于是让延安郡王走出帘帷，接见王珪等人，王珪等人两次拜谢并表示祝贺。高太后又敕令内侍梁惟简，说道："回去缝制一件十岁儿童合适穿的黄袍，悄悄夹在怀里带进宫来。"大概是为太子仓促间登基做准备用。宋哲宗即位后，尊高氏为太皇太后。高氏临朝听政理事有九年，对于日常生活起居用以调养护理宋哲宗，诚恳周到。高氏卧病在床，召见宰相等到帘前，说道："今日疾病稍有好转，想与诸公诀别。皇帝年少，希望你们能好好辅佐他。"《东都事略》

孝宗庶母吴太后

吴后年十四，高宗①为康王，被选入宫，封和义郡夫人，进封才人。邢皇后崩，册为皇后。初，伯琮②（孝宗）以宗子③召入宫，命张氏育之。后时为才人，亦请得育一子，于是得伯玖④，更名璩，中外议颇藉藉⑤。张氏卒，并育于后，后视之无间。伯琮性恭俭，喜读书，帝与后皆爱之，封普安郡王。后尝语帝曰："普安真天日之表⑥也。"帝意决，立为皇子，出璩居绍兴。高宗内禅⑦，手诏后称太上皇。

后尝与光宗⑧（孝宗子）言及用人，后曰："宜崇尚旧臣。"嘉王⑨（光宗子，宁宗也）侍侧，后勉以读书、辨邪正、立纲常为先。《宋史·后妃传》

【注释】①高宗：即宋高宗赵构，字德基，南宋开国皇帝，宋徽宗赵佶第九子，宋钦宗赵桓异母弟，母显仁皇后韦氏。庙号高宗。②伯琮（cóng）：即宋孝宗赵昚（shèn），初名伯琮，后改名瑗，赐名玮，字元永，宋太祖赵匡胤七世孙、宋高宗赵构养子。庙号孝宗。③宗子：古代宗法制度称大宗的嫡长子。亦指皇室子弟。④伯玖：即赵璩（qú），字润夫，初名赵伯玖，宋太祖赵匡胤七世孙，秉义郎赵子彦之子。⑤藉藉：亦作"籍籍"。杂乱众多的样子。⑥天日之表：亦作天表、日表。古代史学家、相学家对帝王仪表的谀称。古人在自然宇宙系统中以天日为至尊，在社会人事网络中以帝王为最贵。从天人相副的思想出发，将两者结合，以天、日来象征帝王的姿貌仪表。⑦内禅：古代，帝王传位给内定的继承人称"内禅"。后多指帝王身在而传位于子弟。⑧光宗：即宋光宗赵惇，宋孝宗赵昚第三子，母成穆皇后郭氏。庙号光宗。⑨嘉王：即宋宁宗赵扩，宋光宗赵惇与慈懿皇后李凤娘的次子。生于恭王府，次年赐名赵扩。进封嘉王。

【译文】吴皇后十四岁，宋高宗还是康王的时候，被选进宫中，封为和义郡夫人，加封才人。邢皇后去世后，被册封为皇后。当初，赵伯琮以宗子的身份被召选入宫，皇帝命张氏养育他。吴皇后当时还只是才人，也请得养育一个儿子，于是得养赵伯玖，更换名字为璩。皇宫内外议论纷纷。张氏死后，两个人都由皇后抚养，皇后对他们关怀备至。赵伯琮生性恭谨谦逊，喜欢读书，皇帝与皇后都喜欢他，封为普安郡王。皇后曾经对皇帝说:"普安郡王,真是有帝王之姿啊!"皇帝于是拿定主意,册立他为皇子。把赵璩迁出宫外,居住在绍兴。宋高宗禅位后,亲笔书写诏书尊皇后为太上皇后。吴太后曾经与宋光宗谈到用人问题,太后说:"应当重用旧臣。"嘉王在旁边侍奉,太后勉励他以读书、辨别邪正、建立纲常为先务。《宋史·后妃传》

孟昶母李氏

孟昶①父知祥②,僭③国号蜀。昶立,尊母李氏为皇太后。用王昭远④、伊审微、韩保正⑤、赵崇韬⑥分掌机要。其母谓昶曰:"吾见庄宗及尔父时,非有功者不使主兵,以故人皆畏伏⑦,乐为之用。昭远出于微贱,特尔初学时给事左右;保正等皆世禄⑧之子,不知兵;高彦俦⑨是汝父故人,秉心忠实,多所经练,此可委任。"昶不用其言。宋曹彬等伐蜀,所至皆克,至夔州,彦俦具衣冠西北望再拜,登楼自焚。昶母谓惟彦俦可委任,及是果死之。两川⑩平,昶母随至京师,太祖呼为国母。及昶卒,李氏不哭,以酒酹地曰:"汝不能死社稷,贪生以至今日。吾所以不死者,以汝在也。汝既死,吾何以生为?"因不食而卒。太祖闻而哀之。《东都事略》

【注释】①孟昶:本名孟仁赞,字保元,邢州龙冈县(今河北省邢台市) 人。五代十国时期后蜀末代皇帝, 后蜀高祖孟知祥之子。好学能文。②知祥: 即后蜀高祖孟知祥, 字保胤, 邢州龙冈县 (今河北邢台), 五代十国时期后蜀开国皇帝。③僭: 超越本分, 古代指地位在下的冒用在上的名义或礼仪、器物。④王昭远: 成都人, 五代十国后蜀大臣, 官至山南节度使、西南行营都统。自不量力, 自比诸葛亮, 终成笑柄。⑤韩保正: 后蜀雄武节度使, 不仅有军事才能, 而且颇有政治头脑, 敢于在朝堂上陈说国事, 直抒己见。⑥赵崇韬: 后蜀开国功臣赵廷隐之子, 后蜀后期重要将领。⑦畏伏: 敬服。伏, 通 "服"。⑧世禄: 古代有世禄之制, 贵族世代享有爵禄。⑨高彦俦: 并州太原人。五代十国时期后蜀将领。⑩两川: 东川和西川的合称。唐肃宗至德二年, 剑南道置东川、西川两节度使, 因有两川之称。

【译文】 孟昶的父亲孟知祥, 超越本分建立后蜀。孟昶即位后, 尊立母亲李氏为皇太后。任用王昭远、伊审微、韩保正、赵崇韬分别掌管机密重要的职务。孟昶的母亲对孟昶说: "我曾见到后唐庄宗和你父亲时期, 不是有功劳的人不会让他掌握兵权, 因为这个缘故, 人们都敬服, 乐意为他所用。王昭远地位低下, 只是在你刚开始学习时就侍奉在身边; 韩保正等人都是世代享有爵禄的子弟, 不知晓兵事; 高彦俦是你父亲的老朋友, 用心忠诚笃实, 多经历练, 他可以托付。" 孟昶没有听从母亲的话。北宋曹彬等人征讨后蜀, 所到之处都被攻克, 到了夔州, 高彦俦备好衣冠望向西北拜了又拜, 拒绝投降, 爬上城楼, 自焚而死。孟昶的母亲说惟有高彦俦可以托付, 如今高彦俦果然为国而死。两川平定后, 孟昶的母亲随军到达京城, 宋太祖尊她为国母。等到孟昶死后, 他的母亲李氏没有为他哭泣, 把酒洒在地上批评他: "你不能为国家而死, 苟且偷生到今日。我不死的原因是由于你还活着, 现在你已经死了,

我活着还有什么意义呢？"于是绝食而死。宋太祖听说后哀悼她。《东都事略》

李端愿母穆献公主

荆国大长公主，太宗第六女也。下嫁驸马都尉李遵勖①。尝诫诸子以"忠义自守，无恃吾以速悔尤"，视他子与己子均。及病目，帝（仁宗）挟医诊视，复顾问子孙所欲，主曰："岂可以母病邀赏耶？"主虽丧明，平居隐几②，冲淡自如。诫诸子曰："汝父遗令：枢中无藏金玉，时衣数袭③而已。吾没后，亦当如是。"皇祐三年薨，谥献穆。次子端愿④，以主恩，七岁授如京副使。《宋史·公主传》

【注释】①李遵勖：潞州上党（今山西长治）人，初名勖，因娶宋真宗赵恒妹万寿公主，而加"遵"字为"遵勖"，字公武，李崇矩孙。②隐几：亦作"隐机"。靠着几案，伏在几案上。③袭：量词，指成套的衣服。④端愿：即李端愿，字公谨，李遵勖子，李端懿弟。

【译文】荆国大长公主，是宋太宗的第六个女儿。下嫁给驸马都尉李遵勖。曾经告诫儿子们"以忠义自坚操守，不要依恃我的身份而加速你们的过失"，对待其他儿子与自己儿子都是一样。后来公主患了眼病，宋仁宗带领御医前往诊视，又询问子孙有什么要求，公主说："怎么可以因为母亲患病而求取赏赐呢？"公主虽然眼睛失明，平日闲居，倚靠几案,谦虚淡泊,不受约束。告诫儿子们说:"你们的父亲临终嘱咐:棺柩中不要藏匿金玉,只需几套四时的衣服就可以了。我死以后,也应当像这样。"皇祐三年去世,赐谥号献穆。次子李端愿,由于公主的恩德,七岁就被授为如京副使。《宋史·公主传》

刘温叟母

刘温叟①拜刑部郎中,改都官郎,充翰林学士。初,父岳②仕后唐,尝居内职,至是温叟复居斯任。既受命,归为母寿,候立堂下。须臾闻乐声,两青衣③举箱出庭,奉紫袍④、兼衣⑤,母命卷帘,见温叟曰:"此即尔父在禁中日内库所赐者。"温叟拜受泣下,退开影堂⑥列祭,以文告之,母感怆累日。《宋史·刘温叟传》

【注释】①刘温叟:字永龄,河南洛阳(今属河南)人,唐朝刑部尚书刘政会之后,门下侍郎刘崇望侄孙。五代至北宋初年官员、廉吏。②岳:即刘岳,字昭辅。其先辽东襄平人,元魏平定辽东,徙家於代,随孝文迁洛,遂为洛阳人。③青衣:汉以后卑贱者衣青衣,故称婢仆、差役等人为青衣。④紫袍:紫色朝服。高官所服。⑤兼衣:比较厚的衣服也指多重衣服。⑥影堂:旧时供奉神佛或陈设祖先图像的厅堂。

【译文】刘温叟授任刑部郎中,改任都官郎,充任翰林学士。当初,父亲刘岳在后唐任职,曾经担任内署之职,到如今刘温叟又任此职。刘温叟接受任命后，回家为母亲祝寿，在堂下站着等候。不久就听到乐器声，两个婢仆抬着箱子走出庭堂，向刘温叟献上紫袍、兼衣，他的母亲让人卷起帘帷，看到刘温叟说："这是你父亲在宫中之时内库赏赐的。"刘温叟跪拜接受时流下了眼泪，退到开影堂放置祭品，写了文章告祭先人。他的母亲连日感慨悲伤。《宋史·刘温叟传》

张齐贤母孙氏

张齐贤①母孙氏，年八十余，封晋国夫人。每入谒，上叹其福寿，有令子②，多手诏存问③加赐与。搢绅④荣之。《宋史·张齐贤传》

【注释】①张齐贤：字师亮。曹州冤句（今山东菏泽）人，后徙居洛阳（今属河南）。北宋名臣。②令子：犹言佳儿，贤郎。多用于称美他人之子。③存问：问候、慰问。也作"存候"。④搢绅：古时官吏插笏于绅带间。绅，指古代仕宦者和儒者围于腰际的大带。也作"缙绅"。

【译文】张齐贤的母亲孙氏，年纪有八十多岁，封为晋国夫人，每次入宫觐见，皇帝都叹服她幸福长寿，有好儿子，常常亲笔书写诏书慰问，给予赏赐，官员们都觉得他家很荣耀。《宋史·张齐贤传》

贾黄中母王氏

　　贾黄中^①拜给事中、参知政事。太宗召见其母王氏，命坐，谓曰："教子如是，真孟母矣。"作诗以赐之，颁赐甚厚。黄中知襄州，言母老乞留^②，改知澶州。上谓侍臣曰："朕尝念其母有贤德，七十余年未觉老，每与之语，甚明敏。"因目参知政事苏易简^③曰："易简之母亦如之。自古贤母不可多得。"易简前谢曰："陛下以孝治天下，奖及人亲，臣实何人，膺兹荣遇^④。"黄中卒，母尚无恙。上闻其贫，赐钱三十万。母入谢，又赐白金三十两。上谓之曰："勿以诸孙为念，朕当不忘也。"《宋史·贾黄中传》

　　【注释】①贾黄中：字娲民，北宋初名臣，曾任翰林学士、给事中、参知政事、秘书监等职。唐宰相贾耽八世孙，贾玭之子。②乞留：请求留任。官员在任满当迁、丁忧当服、受诬当贬、获罪当惩、患疾当免时，民众集体吁请留任，称为乞留。③苏易简：字太简，梓州铜山县（今四川省德阳市中江县广福镇）人。北宋大臣，与苏舜钦、苏舜元，合称"铜山三苏"。④荣遇：荣获君主知遇而显身朝廷。

　　【译文】贾黄中授任给事中、参知政事。宋太宗召见他的母亲王氏，赐坐，对她说："教育儿子像这样，真是犹如孟母啊。"作诗表彰她，赏赐很是奉厚。贾黄中主管襄州，进言母亲年老请求留任，皇帝改派他主管澶州。皇帝对身边的近臣说："朕常常感念他的母亲有贤德，七十多岁还不觉得年老，每每与她谈话，思维都很机敏。"接着又看着参知政事苏易简说："易简的母亲也像她一样。自古贤母不可多得。"苏易简进前拜谢道："陛下以孝道治理国家，恩德惠及人之双亲，臣下是什么样人，敢承受陛下的荣宠知遇。"贾黄中死时，他的母亲身体还很好。皇帝听说他家中贫困，特意赏赐三十万钱。他的母亲进宫拜谢，皇帝又赏赐白银三十两。并对她说："不要以孙辈为念，朕不会忘记他们的。"《宋史·贾黄中传》

苏易简母薛氏

苏易简由知制诰入为学士，以亲老急于进用，因亟言时政阙失，遂参大政①。蜀人何光逢，易简父执②也。会易简典贡部③，光逢代人充试以取赀，易简屏出之。遂造谤书言朝廷事，且讥易简。易简以闻，坐弃市。母薛氏以杀父执切责之，易简泣曰："不谓及此，易简罪也。"及易简参知政事，召薛入禁中，赐冠帔④，命坐，问曰："何以教子成此令器？"对曰："幼则束以礼让，长则教以诗书。"上顾左右曰："真孟母也。"易简嗜酒，上草书《劝酒》二章以赐，令对其母读之，自是每入直，不敢饮。《宋史·易简传》

【注释】①大政：国家政务。②父执：典出《礼记·曲礼上》："见父之执，不谓之进，不敢进；不谓之退，不敢退；不问，不敢对。"指父亲一辈的朋友。③贡部：主持贡举的部门。唐开元年间始，贡举皆由礼部主持，故亦指礼部。④冠帔：古代官家妇人的服饰。冠，帽子。帔，披肩。

【译文】苏易简由知制诰晋升为翰林学士，由于双亲年老，自身急于被选拔任用，因而多次谈论时政得失，最终得以参与国家政务。蜀人何光逢，是苏易简父亲的挚友。正巧苏易简主管礼部，何光逢替人参加科考以收取费用，苏易简在应试的人中把他清除出来。何光逢于是捏造毁谤攻讦的书信，妄言朝廷政事，并且讥刺苏易简。苏易简得知后，逮捕何光逢，定罪诛杀了他。他的母亲薛氏以杀害父亲挚友严厉地责备他，苏易简哭着说："本以为罪不致死，他死了是我的罪过啊。"苏易简任参知政事后，皇帝召薛氏入宫，赏赐凤冠霞帔，并赐坐，问道："你是怎么教育让孩子成为这样优秀的人才？"薛氏回答说："年幼时用礼仪谦让约束他，长大后则用诗书典籍教育他。"皇上回头对身边的大臣说："真是孟母一样的人物啊。"苏易简酷爱喝酒，皇帝草书《劝酒》二章赏赐给他，让他当着母亲的面诵读，从此每当苏易简入宫值班供职，都不敢再饮酒。《宋史·易简传》

吕希哲母鲁氏（二条）

吕希哲①久滞管库，父公著②作相，乃判登闻鼓院，力辞。公著叹曰:"当世善士,吾收拾略尽,尔独以吾故置不试,命也。"希哲母贤明有法度,闻公著言,笑曰:"是亦未知其子矣。"《宋史·希哲传》

【注释】①吕希哲:北宋教育家、官员,字原明,学者称荥阳先生。②公著:即吕公著,字晦叔。寿州(今安徽省寿县)人。北宋中期官员、学者,太尉吕夷简第三子。赠太师、申国公,谥号"正献"。

【译文】吕希哲的仕途长期停滞在管库的小职位上,父亲吕公著担任宰相后,他才被改派到登闻鼓院为官,但他竭力推辞。吕公著感叹说:"当代有德之士,我都提拔得差不多了,唯独你因为我的缘故而不被任用,这大概是命吧!"吕希哲的母亲有才德、明义理,听了吕公著的话,笑着说:"这也是不了解自己的儿子啊。"《宋史·希哲传》

吕荣公希哲,申国正献公长子。而申国夫人(鲁宗道之女)性严有法,虽甚爱公,然教公事事循蹈规矩。甫十岁,祁寒甚暑①,侍立终日,不命之坐,不敢坐,日必以冠带见长者。平居虽甚热,在父母长者之侧,不得去巾袜衣服,无得入茶肆酒肆。市井里巷,郑卫之音②,未尝一经于耳;不正之书,非礼之色,未尝一接于目。正献公与申国夫人教训之严如此,故公之德器成就,大异众人。《小学》

【注释】①祁寒甚暑:最炎热与最寒冷的季节。形容气候条件非常恶劣。②郑卫之音:本指春秋战国时郑、卫等国的民间音乐,因儒家认为其音淫靡,不同于雅乐,故斥之为淫声。也作"郑卫之曲""郑卫之声"。

【译文】吕荣公希哲，是申国正献公吕公著的长子。而申国夫人鲁氏生性严厉有法度，虽然非常疼爱吕希哲，但教育吕希哲事事都要遵守规矩。才十岁的时候，不论严寒酷暑，整日都恭顺地站立在旁边伺候，不让他坐下，就不敢坐，日常拜见长者必定是穿戴整齐。平时虽然很热，但是在父母长者旁边，不得脱去巾袜衣服，不允许进入茶楼酒店。市井里巷，不是雅乐，不曾入耳；不正之书，不合礼法之色，也不曾入目。由于正献公与申国夫人的教训如此严格，所以吕希哲的修养器量、事业成就，与众人大不相同。《小学》

吕希哲妻母鲁氏

张待制①（昷之）夫人鲁氏，申国夫人之姊也，最钟爱其女。然居常至微细事，教之必有法度。如饮食之类，饭羹许更益，鱼肉不更进也。女嫁吕荣公（希哲），一日来视女，见舍后有锅釜之类，大不乐，谓申国夫人曰："岂可使小儿辈私作饮食，坏家法邪？"其严如此。《小学》

【注释】①张待制：即张昷之，字景山，张秘子。

【译文】张昷之的夫人鲁氏，是申国夫人的姐姐，特别疼爱这个女儿。然而日常生活中哪怕极微细的事情，都教导以法度。诸如饮食之类，饭菜可以允许增加，鱼肉不可以进献。女儿嫁给吕荣公，一天来探望女儿，看到房舍后有锅釜之类的炊具，非常不高兴，对申国夫人说："怎么可以让小儿辈私自制作饮食，败坏家法呢？"她的家教就是这样严厉。《小学》

刘安世母

刘安世①除谏官，未拜命②，入白其母曰："朝廷不以安世不肖，使在言路，倘居其官，须明目张胆，以身任责，脱有触忤，祸谴立至。主上方以孝治天下，若以老母辞，当可免。"母曰："不然。吾闻谏官为天子诤臣，汝父（安世父航，终太仆卿）平生欲为之而弗得。汝幸居此地，当捐身以报国恩，使得罪流放，无问远近，吾当从尔所之。"（《东都事略》云：绍圣初，安世以言事得罪，贬新州别驾，英州安置。母怡然曰："兹事固知如此。"且戒安世毋以得丧为意。）安世受命，是以正色立朝，面折廷争③，人目之曰"殿上虎"。《宋史·刘安世传》

【注释】①刘安世：字器之，号元城、读易老人。大名府人。北宋后期大臣。②拜命：受命。多指拜官任职。③面折廷争：在朝廷上直言谏诤，据理力争。典出《史记·卷九·吕太后本纪》："于今面折廷争，臣不如君，夫全社稷，定刘氏之后，君亦不如臣。"也作"廷争面折"。

【译文】刘安世被任命为谏官，还未在职，回到家对母亲说："朝廷不认为我刘安世不贤，让我担任谏官，倘若我就任这个官职，就要有胆识敢于伸张正义而无所畏惧，用自己的生命担负起谏官的职责。如果冒犯了皇上，灾祸、贬官立即就会到来。当今皇上以孝道治理天下，如果我以母亲年老为托辞，应当可以避免任此官职。"他的母亲说："不是这样的。我听说谏官是皇上身边敢于直言进谏的重臣，你父亲一生都想做这样的官却没能做到，而你有幸任此官职，应当牺牲生命来报效国家的恩惠。假使获罪被流放，不论远近，我都会跟随你一起去的。"刘安世接受了谏官的任命，他神情严肃地立于朝廷之上，当面指斥，在朝廷上谏争，大家把他称作"殿上虎"。《宋史·刘安世传》

欧阳修母郑氏

欧阳修①四岁而孤，母郑教修读书。家贫，至以荻②画地学书。《东都事略》

【注释】①欧阳修：字永叔，号醉翁、六一居士，吉州永丰（今江西省吉安市永丰县）人，北宋政治家、文学家，且在政治上负有盛名。因吉州原属庐陵郡，以"庐陵欧阳修"自居。②荻：多年生草本植物，生在水边，叶子长形，似芦苇，秋天开紫花，茎可以编席箔。

【译文】欧阳修四岁的时候父亲就去世了，母亲郑氏夫人教导欧阳修读书。家中贫困，郑氏用荻杆在地上书写，教欧阳修学习写字。《东都事略》

附 泷冈阡表（节录）
欧阳修

太夫人①姓郑氏，考讳德仪，世为江南名族。太夫人恭俭仁爱而有礼；初封福昌县太君②，进封乐安、安康、彭城三郡太君。自其家少微时，治其家以俭约，其后常不使过之，曰："吾儿不能苟合于世，俭薄所以居患难也。"其后修贬夷陵，太夫人言笑自若，曰："汝家故贫贱也，吾处之有素矣。汝能安之，我亦安矣。"自先公之亡二十年，修始得禄而养。又十二年，列官于朝，始得赠封其亲。又十年，修为龙图阁直学士、尚书吏部郎中，留守南京，太夫人以疾终于官舍，享年七十有二。

【注释】①太夫人：汉制列侯之母称太夫人，后来凡官僚豪绅的母亲不论在世与否，均称太夫人。②太君：封建时代官员母亲的封号。唐制，四品官之妻为郡君，五品为县君。其母邑号，皆加太君。宋代群臣之母封号有国太夫人、郡太夫人、郡太君、县太君等称。

【译文】太夫人姓郑，她的父亲名德仪，世代是江南名门望族。太夫人恭谨俭约、仁爱知礼；起初被封为福昌县太君，后又进封乐安、安康、彭城三郡太君。自从她家微贱时，以节俭治理家务，后来居家用度也不超过一定的花费，她说："我的儿子不能苟且迎合世俗，要俭省朴实用以防备有患难的时候。"后来修被贬官到夷陵，太夫人谈笑自若，说："你家原本就贫贱，我已经过习惯了。你能安心，我也能安心。"先父崇公去世二十年后，欧阳修才获得朝廷的俸禄来奉养太夫人。又过了十二年，欧阳修才位列朝官，开始封赠亲属。又过了十年，欧阳修担任龙图阁直学士、尚书吏部郎中，留守南京，太夫人因病在府衙中逝世，享年七十二岁。

吴安诗母

孔毅甫①（平仲）作吴正献②（充）夫人挽诗云："赞夫成相业，听子得中言。"其子盖传正③安诗舍人也。传正有贤行，绍圣初，以左史④权中书舍人，欲论事，而惧其亲老，未敢。夫人闻之，屡促其子论列时事，传正由此遂贬，夫人不以为恨也。《紫薇诗话》

【注释】①孔毅甫：即孔平仲，北宋文学家、诗人，孔子后裔。字毅父，今江西省峡江县罗田镇西江村人。②吴正献：即吴充，字冲卿，建州浦城（今属福建）人。北宋大臣，礼部侍郎吴侍问次子，参知政事吴育之弟。谥正宪。③传正：即吴安诗，字传正，浦城（今属福建）人。吴充次子，王安石婿。④左史：周代史官有左史、右史之分。左史记行动，右史记言语。见《礼记·玉藻》。一曰左史记言，右史记事。见《汉书·艺文志》。唐宋曾以门下省之起居郎、中书省之起居舍人为左、右史，分别主记事与记言。

【译文】孔毅甫为吴正献的夫人作了哀悼的诗："赞夫成相业，听子得中言。"她的儿子吴传正担任中书省起居舍人，有美善的德行。绍圣初年，以左史身份暂代中书舍人之职，吴传正想要谈论时事，但是担心母亲年老，不敢上奏。他的母亲知道后，多次催促儿子上书论述时事，吴传正因此而被贬谪，夫人不觉得遗恨。《紫薇诗话》

毕士安继母

毕士安①少好学，事继母以孝闻。母曰："学必求良师友。"乃与如宋，又如郑，得杨璞②、韩丕③、刘锡为友，因为郑人。《山堂肆考》

【注释】①毕士安：本名毕士元，字仁叟，小字舜举，代州云中（今山西大同）人。北宋初年宰相、诗人。②杨璞：字契玄，郑州新郑人。善歌诗，士大夫多传诵。与毕士安尤相善。③韩丕：字太简，华州郑（今陕西华县）人。

【译文】毕士安年少时专心追求学问，事奉继母以孝顺闻名。继母说："作学问必须寻求对自己有教益的老师和朋友。"于是与他到宋州，又到郑州等地求师，得与杨璞、韩丕、刘锡等人为师友，因而为郑人。《山堂肆考》

贾易母彭氏

贾易①七岁而孤，母彭以纺绩自给，日与易十钱，使从学。易不忍使一钱，每浃旬②辄复归之。年逾弱冠，中进士甲科。《宋史·易传》

【注释】①贾易：字明叔。宋无为县人。程颐的门生。②浃旬：一旬，十天。

【译文】贾易七岁的时候父亲就去世了，母亲彭氏通过纺丝缉麻供他上学，每天给贾易十文钱，让他就学。贾易不忍心乱花一文钱，每十天就回来把积攒的钱还给母亲。二十岁后，贾易考中进士甲科。《宋史·易传》

寇准母

寇准①少时颇爱鹰犬，母怒，举秤槌投之，中足流血，由是折节②从学。及贵，母已亡，每扪其疮痕，辄哭。《山堂肆考》

【注释】①寇准：即寇準，字平仲，汉族，华州下邽（今陕西渭南）人。北宋政治家、诗人。②折节：改变平时的志趣行为，向好的方面发展。也称为"变节"。

【译文】寇准年少时很喜欢飞鹰走犬，他的母亲非常生气，拿着秤槌扔向他，打中了寇准的脚而流血，寇准从此就改变志向专心就学。等到寇准显贵时，母亲已经去世了，寇准每每摸到这个疮痕，就会伤心痛哭。《山堂肆考》

蔡襄母卢氏

蔡襄①母有贤行，仁宗特赐冠帔以宠之。《宋史·蔡襄传》

【注释】①蔡襄：字君谟。兴化军仙游县（今福建省仙游县）人。北宋名臣，书法家、文学家、茶学家。

【译文】蔡襄的母亲有美善的德行，宋仁宗特意赏赐冠帔以尊宠她。《宋史·蔡襄传》

陈尧叟母冯氏(二条)

陈尧叟^①母冯氏，性严。尧叟事亲孝谨，怡声侍侧，不敢以贵自处。家本富，禄赐且厚，冯氏不许诸子事华侈。封上党郡太夫人，改封滕国。年八十余无恙，后尧叟数年卒。《宋史·陈尧叟传》

【注释】①陈尧叟：字唐夫，阆州阆中郡（今四川省南充市南部县大桥镇）人。北宋初年官员、诗人，左谏议大夫陈省华长子。

【译文】陈尧叟的母亲冯氏，生性严厉。陈尧叟事奉双亲孝顺而恭谨，和颜悦色地陪侍左右，不敢以显贵自居。家境原本殷实，禄赏也很丰厚，冯氏不许儿子们豪华奢侈。皇帝封冯氏为上党郡太夫人，后又改封滕国。八十多岁身体依然很好，在陈尧叟死后数年才去世。《宋史·陈尧叟传》

陈尧佐^①（尧叟弟）母冯氏，封燕国夫人。尝入宫，误食金桃，宫人大笑。后再入宫，再食之，宫人怪，问冯，曰："吾长儿（谓尧叟也）生梦食金桃，叨中状头。今有此兆，次儿必复作状头矣。"宫人遂以金桃为瑞，一时竞取之。尧咨^②（尧叟第三弟）善射，号"小由基^③"。及守荆南回，母冯夫人问："汝典郡有何异政？"尧咨曰："每以弓矢为乐。"母曰："汝父（父名省华，官谏议大夫）教汝以忠孝辅国家。

今汝不务行仁化,而专务一夫之勇,岂汝父之志耶?"杖之,碎其金鱼④。《渑水燕谈录》

【注释】①陈尧佐:字希元,号知余子,阆州阆中郡(今四川省南充市阆中市)人。北宋官员、书法家、诗人,左谏议大夫陈省华次子、枢密使陈尧叟之弟、天雄节度使陈尧咨之兄。②尧咨:即陈尧咨,字嘉谟,阆州阆中(今四川省阆中市)人。北宋官员、书法家,陈省华第三子,陈尧叟、陈尧佐弟。③由基:即养由基,嬴姓养氏,字叔,名由基,养国(今安徽临泉县杨桥镇)人。春秋时期楚国将领、神射手。④金鱼:古代官员的佩饰。唐制三品以上、元代四品以上官员佩带金鱼饰。

【译文】陈尧佐的母亲冯氏,被封为燕国夫人。曾经入宫,误食金桃,宫人大声嘲笑她。后来冯氏再入宫,又食金桃,宫人觉得奇怪就问冯氏,冯氏说:"我的长子出生的时候梦到食用金桃,后来他中了状元。如今有这个征兆,次子必定又会中状元。"宫人于是以金桃作为祥瑞,一时之间竞相争取。陈尧咨善于射箭,号称"小养由基"。他镇守荆南回来,母亲冯夫人问他:"你任郡守有什么优异的政绩?"陈尧咨回答说:"每每以弓箭练武为乐。"母亲说:"你的父亲教导你要凭借忠孝辅佐国家,如今你不推行仁政教化,却专心致力于匹夫之勇,这难道是你父亲的志向吗?"杖打了他,砸碎了他的金鱼配饰。《渑水燕谈录》

苏轼母程氏

苏轼生十年，而父洵②宦学四方，母程氏亲授以书。轼尝读《范滂传》，慨然太息。轼年尚少，请曰："轼若为滂，夫人许之乎？"程曰："尔能为滂，吾顾不能为滂母耶？"《宋史·轼传》

【译文】苏轼十岁的时候，父亲苏洵出游求学，母亲程氏亲自教他读书。苏轼曾经读到《后汉书·范滂传》时，深深地叹息。当时，苏轼年纪还小，对母亲说："我如果想成为范滂一样的人，母亲您能答应吗？"程氏说："你如果能成为范滂一样的人，我就不能成为范滂母亲那样的人吗？"《宋史·轼传》

附 程夫人墓志铭（节录）
司马光

夫人喜读书，皆识其大义。轼、辙之幼也，夫人亲教之，常戒曰："汝读书勿效曹耦①，止欲书自名而已。"每称引古人名节以励之，曰："汝果能死直道，吾无戚焉。"已而，二子同年登进士第，又同登贤良方正科。自宋兴以来，惟故资政殿大学士吴公育与轼制策②入三等。辙所对语,尤切直惊人,由夫人素勖之也。若夫人者,可谓知爱其子矣。

【注释】①曹耦:亦作"曹偶"。侪辈,同类。②制策:古代选拔人才的方法。汉代试士,由主考官发策以问,应试者因其所问而陈已之所见,称为"对策"。而由天子亲自出题的称为"制策"。

【译文】夫人喜欢读书,能识知书中的精要之处。苏轼、苏辙小时候,夫人亲自教导他们,常常告诫他们说:"你们读书不要效仿同辈人,只是想让别人知道自己是个读书人罢了。"每每称述援引有关古人名誉节操的事迹来激励他们,她说:"你们果真能为正道而死,那么我也没有什么忧愁悲哀的。"不久,苏轼、苏辙同年考中进士,又同时考进贤良方正科。自从宋朝兴起以来,惟有已故资政殿大学士吴公育与苏轼制策进入三等。苏辙应答的言语,同样恳切率直,使人震惊,这都是夫人平时勉励他的结果啊。像夫人这样,可以说是知道怎样疼爱自己的儿子了。

二程子母侯氏

程大中珦①夫人侯氏,明道②(颢)、伊川③(颐)先生之母也。治家有法,不严而整。不喜鞭笞奴婢,诸子或加诃责,必戒之曰:"贵贱虽殊,人则一也。"诸子有过,必以白父曰:"子之所以不肖,皆母蔽其子而父不知耳。"才数岁,行或至踤④,未尝不诃责曰:"汝若安徐，宁至于此？"饮食常置二子于座前，或絮羹⑤（就器中调和也），即叱止之曰："幼求称欲，长当何如？"故明道兄弟平生于饮食衣服无所择，不能骂人，皆母教之使然也。《小学》

【注释】程大中珦（xiàng）：即程珦，字伯温，号君玉，河南府伊阳县（今河南省伊川县）人。宋朝时期大臣，理学大师程颢、程颐之父。加位太中大夫。②明道：即程颢（hào），字伯淳，学者称明道先生。世居中山，后从开封徙河南（今河南洛阳）。北宋哲学家、教育家、诗人和北宋理学的奠基者。③伊川：即程颐，汉族，字正叔，洛阳伊川（今河南洛阳伊川县）人，世称伊川先生，出生于湖北黄陂，北宋理学家和教育家。为程颢之胞弟。与胞兄程颢同学于周敦颐，共创"洛学"，为理学奠定了基础，世称"二程"。④踣（bó）：跌倒。⑤絮羹：加盐、梅于羹中以调味。

【译文】太中大夫程珦的夫人侯氏，是明道先生、伊川先生的母亲。治理家事有条理，不严厉有法度，从不喜欢鞭打奴婢。儿子们有时候厉声叱责他们，夫人总是告诫他们说："贵贱虽然不同，但同样都是人。"儿子们有过错，必定会告诉他们的父亲，说："儿子们不成器的原因，都是由于做母亲的掩饰他们的过错，使他们的父亲不知道。"孩子才几岁的时候，走路有时候会摔倒，侯氏就会厉声叱责："你如果安详从容，怎么会跌倒？"饮食常放在两个儿子座前，如果他们就着食器调剂滋味，母亲就会叱责阻止他们："小时候就要求满足自己的欲望，长大了又当怎样呢？"因此明道先生兄弟平生对衣服饮食不加挑剔，不会用凶狠的话骂人，这都是母亲的教育使得他们这样。《小学》

尹焞母陈氏

尹焞①母陈氏，处家整肃，虽贫窭不为戚。焞自童幼，即教之，动止语默，使合于礼。甫长，教以经义，命师事程颐，戒之曰："学有本原，必求其得。耕弗获，菑弗畬②，弗贵也。"绍圣初，尝应举，发策有诛元祐③诸臣议，焞曰："噫！是尚可以干禄乎？"不对而出，告颐曰："焞不复应进士举矣。"颐曰："子有母在。"归告其母，母曰："吾知汝以善养，不知汝以禄养。"颐闻之曰："贤哉母也。"

《宋史·尹焞传》

【注释】①尹焞（tūn）：字彦明，一字德充，洛阳（今河南省洛阳）人。靖康初年召至京师，不欲留，赐号和靖处士。②菑（zī）畬（yú）：耕田种植。菑，初耕的田地。畬，开垦过两年的田地。③元祐：宋哲宗赵煦的第一个年号。由于元祐年间是由反对新政的旧党当政，因此后来的党争中，"元祐"一词又被用来指称旧党及其成员。

【译文】尹焞的母亲陈氏，持家整齐严肃，家境虽然贫苦但面不带忧愁之色。尹焞在小时候，母亲就教导他，言谈举止要合乎礼法。稍稍长大后，就教他经书蕴含的意旨，让他以师礼相待程颐，告诫他说："凡是学问都会有一个本原，要能得到这个本原才好。耕种了却没有收获，开垦土地，却不再用开垦的工夫，这种没有恒心的习惯，都是不足取的。"绍圣初年，尹焞曾参加科举考试，发出的策问上有诛杀元祐党人的议题，尹焞说道："哎，这还可以借此求取功名利禄吗？"没有作答就走出来了，告诉程颐说："我不再参加进士考试了。"程颐说："你有母亲在。"尹焞回去禀告母亲，他的母亲说："我指望你安分守己来赡养我，但不指望你用仕禄奉养我。"程颐听说此事后，说道："真是贤德的母亲啊。"《宋史·尹焞传》

张奎母朱氏

张奎①与弟亢②少时，母朱氏亲教之读书。客至，母辄于窗前听之。客与其子论文学正事，则为之设肴馔。或闲话谐谑，则不设也。奎少嗜酒，尝有酒失，母怒欲笞之，遂终身不复饮。《山堂肆考》

【注释】①张奎：字仲野，张亢兄，先亢中进士。②亢：即张亢，字公寿，京东临濮（今山东荷泽西北）人，北宋名将。

【译文】张奎与弟弟张亢年少时，母亲朱氏亲自教导他们读书。有客拜访，母亲就在窗前偷听。如果客人与儿子谈论的是文学正事，就会为他们准备丰盛的饭菜。如果是闲谈诙谐逗趣，就不准备。张奎年轻的时候酷爱喝酒，曾经酒后有过失，母亲气愤得想鞭打他，于是张奎终身不再饮酒。《山堂肆考》

路振母

　　路振①, 年十二, 父卒, 母虑其废业, 日加诲激, 隆冬盛暑, 未尝少懈。《宋史·路振传》

　　【注释】①路振: 字子发, 唐相路岩之四世孙, 湖南湘潭人。

　　【译文】路振十二岁的时候父亲就去世了, 母亲担心他会荒废学业, 就每天激励教诲他, 不论严寒酷暑, 都不曾稍有松懈。《宋史·路振传》

真德秀母吴氏

　　真德秀①十五而孤, 母吴氏力贫教之。《宋史·真德秀传》

　　【注释】①真德秀: 本姓慎, 因避孝宗讳改姓真。始字实夫, 后更字景元, 又更为希元, 号西山。福建路建宁府浦城县(今福建省浦城县仙阳镇)人。南宋后期理学家、大臣, 学者称其为"西山先生"。

　　【译文】真德秀十五岁的时候父亲就去世了, 母亲吴氏竭尽全力教

导他。《宋史·真德秀传》

张浚母计氏

张浚①谪永州，念秦桧②误国，欲力争时事，恐母年高致祸，不能堪，因忧之，体为之瘠。母计氏怪问，以实对，母不应，惟诵其父绍圣初对策之言曰："臣宁言而死于斧钺③，不忍不言以负朝廷。"浚意始决。书上，窜④封州，母送之曰："行矣，汝以忠直得祸，何愧？惟勉读圣人书，无以家为念。"《氏族志》

【注释】①张浚：字德远，世称"紫岩先生"。汉州绵竹（今属四川）人。南宋名相、抗金名将、民族英雄、学者，西汉留侯张良之后。②秦桧：字会之，生于黄州，籍贯江宁（今江苏南京）。南宋初年宰相、奸臣，主和派的代表人物。历史上著名的奸臣之一。③斧钺：斧和钺，古代兵器，用于斩刑。借指重刑。④窜：放逐。

【译文】张浚被贬谪到永州，想到秦桧败坏国政，想要极力争辩国家大事，但又担心母亲年事已高，招致祸患，难以承担，张浚左右为难，心内忧愁，身体因此一天天消瘦。母亲计氏觉得奇怪，询问是何缘故，张浚如实相告，母亲听后，没有回应，只是读诵他父亲在绍圣初年对答策问时的话："臣下宁愿进言死于斧钺之下，也不忍心闭口不言辜负朝廷。"张浚这才下定进言的决心。上书后，张浚被放逐到封州，母亲送别张浚说："你放心地去吧，你因为忠诚正直而招致灾祸，有什么值得惭愧的呢？你只管尽心竭力读圣贤书，不要把家里记挂在心上。"《氏族志》

岳飞母姚氏

初，岳飞①从戎，留妻养母姚氏。既而，河北沦陷，访求数年，不获。俄有自母所来者，寄声曰："为语五郎，勉事圣天子，无以老妪为念也。"飞窃遣人迎之，往返十有八，然后归奉之。《学圃宪苏》（按：小说家载飞少时，姚母为刻"尽忠报国"四字于背。《宋史•飞传》未载其事，惟云飞就狱时，御史何铸鞠之，无左验，裂裳以示，背有"尽忠报国"四大字，深入肤理。铸明其无辜，则小说之言可信。史无明文，附录于此。）

【注释】①岳飞：字鹏举，宋相州汤阴县（今河南安阳汤阴县）人，南宋抗金名将，著名军事家、战略家，民族英雄，位列南宋中兴四将之一。

【译文】当初，岳飞参军，留下妻子奉养母亲姚氏。不久，黄河以北沦陷，岳飞寻找了几年，都没有找到母亲。不久，有从母亲所在地来人，岳母托他传话："请对五郎说，努力事奉圣天子，不要把我这个老妇人记在心上。"岳飞暗地里派人迎接母亲，往返十八次，然后得以事

奉她。《学圃宪苏》

杨察母

杨察①幼孤，七岁始能言。母颇知书，尝自教之。《宋史·杨察传》

【注释】①杨察：字隐甫，庐州合肥人。为文敏捷，当世称之。

【译文】杨察幼年时父亲就去世了，七岁时才会说话。母亲很有文化修养，曾经亲自教导他。《宋史·杨察传》

周尧卿母

周尧卿①十二丧父，哀戚如成人，不欲伤母意，见则抑情忍哀。母异之，曰：“是儿必能知孝养矣。”及长，果如其言。《宋史·周尧卿传》

【注释】①周尧卿：字五俞，道州永明（今江永县城下乡叠楼村）人。警悟强记，以学行知名。

【译文】周尧卿十二岁父亲就去世了，他悲痛伤感如同成年人，不想伤害母亲的情意，见到母亲就克制感情、忍受哀伤。母亲感到惊讶，说道："这个孩子必定能尽孝奉养父母。"等他长大后，果然像母亲说的那样。《宋史·周尧卿传》

种放母

种放①每往来嵩、华间，慨然有山林之意。父卒，与母入终南豹林谷之东明峰，结草为庐，仅庇风雨，以讲习为业，资束修②养母。母亦乐道，薄嗜味。淳化中，转运宋惟翰言于朝，使召之。母恚曰："尝劝尔勿聚徒讲学，身既隐矣，焉用人知？"放乃称疾不起。其母尽取笔砚毁之，与转居穷山深僻，人迹罕至。太宗嘉其节，诏京兆赐缗钱③养母，有司岁时存问，不夺其志。《宋史·种放传》

【注释】①种放：字明逸，号云溪醉侯，河南洛阳人。七岁能写文章，精于易学。不应科举，父亡随母亲隐居终南山，讲学为生。②束修：送给教师的报酬。修，古时称干肉。③缗（mín）钱：用绳穿连成串的钱。

【译文】种放常常往来于嵩山、华山之间，情绪高昂有隐居山林之意。父亲去世后，种放与母亲一起隐居在终南山豹林谷的东明峰，编结草庐隐居，房子仅能遮蔽风雨。种放以讲授研习学问为职业，得到学生送的肉干用来奉养母亲，母亲也以守道为乐，淡薄美味。淳化年间，转运使宋惟翰向朝廷奏报了种放的才能操行，皇帝下诏召见种放。他的母亲抱怨说："我曾经劝你不要聚集学生讲授学问，既然已经隐居了，何必还要让人知道呢？"种放于是借口有病，没有出任官职。他的母亲把他的笔砚全部拿出毁掉，与种放转居到荒凉偏僻、很少有人去的地方。宋太宗称赞他的气节，诏令京兆府赐缯钱让他奉养母亲，让官吏一年四季按时抚恤慰问，不强迫改变他的志向。《宋史·种放传》

宋绶母杨氏

宋绶①幼聪警，为外祖杨徽之②所器爱。徽之无子，家藏书悉与绶。绶母亦知书，每躬自训教，以故博通经史百家，文章为一时所尚。《宋史·宋绶传》

【注释】①宋绶：字公垂。赵州平棘（今河北赵县）人。北宋名臣、学者及藏书家。因平棘为汉代常山郡治所，故称常山宋氏，后人称"宋常山公"。②杨徽之：字仲猷，建州浦城（今福建浦城）人。五代后周至北宋时期大臣、藏书家、诗人。

【译文】宋绶幼年时聪明机警，深受外祖父杨徽之的器重喜爱。杨徽之没有儿子，家中的藏书都给了宋绶。宋绶的母亲也有文化，常常亲自教导宋绶，因此宋绶学识广博而又精通经典文献，文章受到当时推崇。《宋史·宋绶传》

蒲卣母任氏

蒲卣①母任氏，知书，号"任五经"。卣自幼以开敏闻。《宋史·蒲卣传》

【注释】①蒲卣（yǒu）：字君锡，间州人。

【译文】蒲卣的母亲任氏，有文化知识，号称"任五经"。蒲卣从小以通达明敏闻名。《宋史·蒲卣传》

邹浩母张氏

邹浩①除右正言。时章惇②用事，废孟后，立刘氏为皇后。浩上疏谏，哲宗怒，除名③，新州羁管。徽宗④立，召还。崇宁二年，诏以前事责浩为衡州别驾，永州安置⑤。初，浩除谏官，入白其母曰："有言责者不敢默，恐或以是贻亲忧。"母张氏曰："儿能报国，我何忧？"及浩两被窜责，母不易初意，人称其贤。《东都事略》

【注释】①邹浩：字志完，遇赦归里后于周线巷住处辟一园名"道乡"，故自号道乡居士，常州晋陵（今江苏常州）人。②章惇（dūn）：字子厚，号大涤翁，建宁军浦城（今福建省南平市浦城县）人。北宋中期政治家、改革家、书法家，银青光禄大夫章俞之子。出身世族，博学善文，相貌俊美，高傲自负。③除名：封建时代对官吏犯罪的一种处罚方法，即开除官籍。《秦简》称被开除官籍者为废官，永远不得叙用。汉承秦制，也有除名的规定。④徽宗：即宋徽宗赵佶，宋神宗第十一子、宋哲宗之弟。古代少有的艺术天才与全才。被后世评为"宋徽宗诸事皆能，独不能为君耳！"庙号徽宗。⑤安置：宋时官吏贬谪，轻者送某州居住，重者称安置，更重者称编管。

【译文】邹浩除授右正言。当时章惇当权执政，孟皇后被废，册立刘氏为皇后。邹浩上疏谏言，宋哲宗大怒，开除了他的官籍，在新州拘禁管束。宋徽宗即位后，调他回来。崇宁二年，皇帝又下诏以从前的事情指责邹浩，将他贬为衡州别驾，指定在永州居住。起初，邹浩除授谏官，回家对他的母亲说："负有进言责任的官员不敢沉默，但又担心因此让母亲感到忧伤。"母亲张氏说："孩儿你能报效国家，我有什么值得忧伤的呢？"后来邹浩两次被放逐处罚，母亲都没有改变最初的心意，人们称赞她贤德。《东都事略》

王柟母

王柟①祖伦使北死，孝宗访求其孙官之，柟其一也。韩侂胄②

以恢复起兵端，天子思继好息民，凡七遣使无成，欲再遣使，顾在廷无可者，近臣以梗荐，擢监登闻鼓院，假③右司郎中，使持书北行。梗归白其母，母曰："而祖以忠死国，故恩及子孙，汝其勉旃④，毋以吾老为念。"乃拜命，疾驱抵敌所。金人知侂胄已诛，和议遂决。《宋史·王梗传》

【注释】①王梗：字汝良，大名人。②韩侂(tuō)胄(zhòu)：字节夫，相州安阳(今河南安阳)人，南宋权相。魏郡王韩琦曾孙，宝宁军承宣使韩诚之子，宪圣皇后吴氏之甥，恭淑皇后韩氏叔祖，宋神宗第三女唐国长公主之孙。③假：代理，非正式。④勉旃(zhān)：努力。多于劝勉时用之。旃，语助，之焉的合音字。

【译文】王梗的祖父王伦出使金国时被杀殉国，宋孝宗寻找他的子孙任命为官，王梗就是其中之一。韩侂胄执政后发起战争，天子想两国继续保持友好，使百姓休养生息，总共派遣了七个使节都没有成功，打算继续派遣使者，但朝廷上没有可派的人了，近臣推荐了王梗，擢监登闻鼓院，代理右司郎中，让他领命北上。王梗回家后禀告了母亲，他的母亲说："你的祖父因尽忠为国事而死，因此恩德惠及子孙，你应该努力，不要以我年老为挂念。"王梗于是接受任命，驾着车马急速行进到达金国，金国人得知韩侂胄已经伏诛，就达成了和谈决议。《宋史·王梗传》

韩肖胄母

韩肖胄①，绍兴三年，拜端明殿学士，充通问使使金。将行，母语之曰："汝家世受国恩（肖胄，魏公琦之孙），当受命即行，勿以我老为念。"帝称为贤母，封荣国夫人。《宋史·韩肖胄传》

【注释】①韩肖胄：字似夫。相州安阳（今属河南）人。北宋至南宋初年大臣，魏郡王韩琦曾孙、徽宗朝宰相韩忠彦之孙。

【译文】韩肖胄在绍兴三年授任端明殿学士，担任通问使出使金国。将出发的时候。他的母亲对他说："你家世代享受皇帝赐予的恩惠，应当受君之命，立即出发，不要因我年老而挂念。"皇帝称赞她为贤母，封为荣国夫人。《宋史·韩肖胄传》

赵鼎母樊氏

赵鼎①，生四岁而孤，母樊教之，通经史百家之书。《宋史·赵鼎传》

【注释】①赵鼎：字元镇，号得全居士。南宋解州闻喜东北（今属山西闻喜礼元镇阜底村）人。宋高宗时政治家、词人。

【译文】赵鼎四岁的时候父亲就去世了，母亲樊氏教导他，通晓儒家经典要旨和诸子百家的书籍。《宋史·赵鼎传》

胡松年母

胡松年①，幼孤贫，母粥②机织，资给使学读书。《宋史·胡松年传》

【注释】①胡松年，字茂老，海州怀仁（今江苏省赣榆区）人。②粥（yù）：古同"鬻"，卖。

【译文】胡松年幼年时期孤苦贫寒，母亲织布卖钱，供他求学读书。《宋史·胡松年传》

周必大母

周必大①，少英特，父死，鞠于母家，母亲督课之。《宋史·周必大传》

【注释】①周必大：字子充，一字洪道，自号平园老叟。吉州庐陵人（今江西省吉安县永和镇周家村）。南宋政治家、文学家，"庐陵四忠"之一。

【译文】周必大年轻时仪表英俊奇特，父亲早亡，由母亲的娘家抚养，母亲亲自督促他勤奋读书。《宋史·周必大传》

刘汉弼母谢氏

刘汉弼生二岁而孤，母谢氏抚而教之。《宋史·刘汉弼传》

【注释】①刘汉弼：字正甫，上虞人。

【译文】刘汉弼长到二岁的时候父亲就去世了，母亲谢氏抚育教养他。《宋史·刘汉弼传》

唐璘母

唐璘①擢监察御史，皇骇②趋避，不敢诣阙。母曰："人言此官好，汝何得忧乎？"璘曰："此官须为朝廷争是非，一咈③上意，或忤权贵，恐重为大人累。"母曰："儿第尽言，吾有而兄在，勿忧。"璘

拜谢就职。璘立台仅百日，世谓再见唐介④。居官大节，则母教之助为多。《宋史·唐璘传》

【注释】①唐璘：字伯玉，古田玉屏（今福建古田）人。为官秉公正直、机智务实，颇具政声，尤其是任监察御史时刚正不阿、针砭时弊而成直谏之诤臣。②皇骇：惊慌，恐惧。皇，通"惶"。③咈：古同"拂"，违逆，乖戾。④唐介：字子方，江陵（今属湖北）人。北宋著名谏臣。从小深明大义，德行高尚。为官清正廉明，与同朝包拯一样刚正不阿。

【译文】唐璘擢升为监察御史时，慌忙躲避，不敢去朝廷赴任。他的母亲说："人们都说这个官职好，你有什么担忧的呢？"唐璘说："这个官职必须为朝廷争辩是非，一旦违逆皇帝的旨意，或者触犯权贵，恐怕又要连累母亲大人。"他的母亲说："你尽管直言规劝，我有你兄长在，不用担忧我。"唐璘听后跪拜母亲后离开赴任。唐璘在御史台仅仅百天左右，世人就称他是唐介在世，唐璘为官有高尚的节操，是由于多多得益于母亲的教导。《宋史·唐璘传》

胡颖母赵氏

胡颖①母，赵雍之女。二子，长曰显，有拳勇，以材武入官。颖中童子科，从兄学弓马，母不许，曰："汝家世儒业，不可复尔也。"历官湖南提举常平。衡州有灵祠，吏民夙所畏事，颖撤之，

作来谂^②堂, 奉母居之。《宋史·胡颖传》

【注释】①胡颖:字叔献,号石壁,湘潭人。是南宋后期一名饱读儒家经书,又通晓法律的士大夫。②谂:通"念",思念。

【译文】胡颖的母亲,是赵雍的女儿。生有两个儿子,长子胡显,孔武有力,凭借有才能而且勇武做了官。胡颖考中了童子科,跟随兄长学习骑马射箭,母亲不允许,说:"你家世代以儒学为业,你不能再像兄长那样骑马射箭。"胡颖历任湖南提举常平司。衡州有一座神祠,官员和百姓平时都心怀敬畏事奉,胡颖拆除了它,修建来谂堂,奉养母亲居住。《宋史·胡颖传》

杨文仲母胡氏

杨文仲^①七岁而孤,母胡守节自誓,教养诸子。文仲既冠,以《春秋》贡^②,其母喜曰:"汝家至汝,三世以是经收效矣。"《宋史·杨文仲传》

【注释】①杨文仲:字时发,杨栋堂侄,今四川省眉山市彭山县人。②贡:封建时代给朝廷荐举人才。

【译文】杨文仲七岁的时候父亲就去世了,母亲胡氏发誓守寡,不再婚嫁,教导养育儿子们。杨文仲年满二十岁时,凭借《春秋》考上举

人，他的母亲高兴地说："你家到你，已经三代凭借这部经典取得收益了。"《宋史·杨文仲传》

谢深甫母

谢深甫①，少颖悟，刻志为学。父景之临终，语其妻曰："是儿当大吾门，善训迪之。"母攻苦守志，督课深甫力学。《宋史·深甫传》

【注释】①谢深甫：字子肃，号东江，台州临海（今属浙江）人。南宋中期宰相。

【译文】谢深甫年少是聪慧过人，一心一意求学、父亲谢景之临终的时候，对妻子说："这个孩子将来会光大我家门庭，你好好地训导启发他。"母亲刻苦守节，督促谢深甫努力学习。《宋史·深甫传》

陈文龙母

陈文龙①，福州人。益王（端宗）②称制于福州，以文龙参知政事。元军人，知福州王刚中降，执文龙，不屈，械送杭州，饿死。其母系福州尼寺中，病甚，无医药，左右视之泣下。母曰："吾与儿同死，又何憾哉？"亦死。众叹曰："有斯母，宜有是儿。"为收葬之。《宋史·陈文龙传》

【注释】①陈文龙：福建兴化（今福建莆田）人，初名子龙，字刚中。度宗为之改名文龙，赐字君贲，号如心，陈俊卿五世从孙，抗元名将，民族英雄。②端宗：即赵昰（shì），临安府钱塘县（今浙江省杭州市）人，宋末三帝之一。宋度宗的庶长子，宋恭帝赵㬎、宋末帝赵昺的长兄，曾被封为益王。

【译文】陈文龙是福州人。宋端宗在福州称帝，任命陈文龙为参知政事。元军入城后，福州知州王刚中投降，抓捕了陈文龙，陈文龙没有屈服，被戴上刑具押送到杭州，后来绝食而饿死。他的母亲被拘禁在福州尼寺中，病得很厉害，没有医药服用，身边的人看着都哭了。陈文龙的母亲说："我和我的儿子一起死去，又有什么遗憾呢？"不久也死了。众人感叹道："有这样的母亲，正应当有这样的儿子啊。"就把她收殓埋葬了。《宋史·陈文龙传》

刘当可母王氏

王氏，利州路提举刘当可之母也。绍定三年，就养①兴元。元兵破蜀，提刑庞授檄当可诣行司议事，当可捧檄白母，王氏毅然勉之曰："汝食君禄，岂可辞难？"当可行。元军屠兴元，王氏义不辱，大骂，投江而死。当可闻变，赴江浒，得母丧以归。诏赠和义郡太夫人。《宋史·列女传》

【注释】①就养：父母到儿子任官的住所，受其供养。

【译文】王氏是利州路提举刘当可的母亲。绍定三年，到兴元府接受奉养。元军攻陷蜀地，庞提刑给与刘当可檄文前往行司马处商议公事，刘当可手捧檄文禀告了母亲，王氏毫不犹豫地勉励他说："你享受国君的俸禄，怎么可以逃避灾难？"刘当可出发了。元军攻陷兴元时，杀尽城民，王氏秉持大义，不受侮辱，大骂元军，投江而死。刘当可听说变故，赶赴江边，得知母亲丧生处后返回。皇帝下诏追赠和义郡太夫人。《宋史·列女传》

陈日新母王氏

陈堂前①，汉州雒县王氏女。节操行义，为乡人所敬，但呼"堂前"，犹私家尊其母也。堂前年十八，归同郡陈安节。岁余，夫卒，仅有一子，事亲治家有法。子日新，年稍长，延名儒训导。既冠，入太学，年三十卒。二孙：曰纲，曰绖，咸笃学有闻。子孙遵其遗训，五世同堂，并以孝友儒业著闻。乾道九年，诏旌表其门间。《宋史·列女传》

【注释】①堂前：代指母亲。

【译文】陈堂前是汉州雒县王家的女儿。操守坚定，躬行仁义，被乡里人敬重，不直呼其名，只是称呼她"堂前"，犹如敬重自己的母亲。堂前十八岁的时候，嫁给同郡的陈安节。一年多后，丈夫就去世了，只留下一个儿子，事奉公婆，治理家事有条理。儿子陈日新，年龄稍微大一点，就延请有名的学者教训开导他。二十岁后，陈日新进入太学，三十岁的时候去世了。陈堂前有两个孙子：陈纲，陈绂，都专心求学增长见闻。子孙都遵从她遗留下来的教诲，五代居住在一起，都以孝顺父母，友爱兄弟，读书应举闻名。乾道九年，皇帝下诏表彰她的门庭。《宋史·列女传》

吴贺母谢氏

吴贺每与宾客语，其母谢氏辄于屏间窃听。一日，贺言人长短，谢闻之怒，答贺一百。或曰："臧否，士之常，何答之若是？"谢曰："爱其女者，当求三复白圭①之士妻之。今独产一子，而出语忘亲，岂可久之道哉？"因泣不食。贺恐惧，自是谨默。《闺范》

【注释】①三复白圭：典出《论语·先进》："南容三复白圭，孔子以其兄之子妻之。"意为反复颂读《诗经·大雅·抑》篇白圭之玷那段。比喻说话谨慎。

【译文】吴贺每每与客人谈话的时候，他的母亲谢氏就站在屏风后听他们谈话的内容。有一天, 吴贺偶然对客人评论他人的是非, 他的母亲听说后很生了气, 把吴贺鞭打了一百下。有人劝谢氏说: "评论他人的是非, 是读书人常见的行为。为什么要把他打成这样呢?" 谢氏说道: "我听说爱护女儿的人, 一定会选择说话很谨慎的读书人做女婿。我只有一个儿子。但他谈吐不谨慎, 这就是忘了母亲, 这哪里是处世长久的方法呢?" 于是流泪不肯饮食。吴贺心中恐惧, 从此谨慎寡言。《闺范》

余翼母陈氏

陈氏, 建阳人, 余楚继妻①也。生子翼, 三岁而楚死, 陈氏尽以其产与前妻二子。翼年十五, 使游学四方。翼在外十五年, 成进士以归, 迎母入官。后二子贫困, 又收养而存恤之。《闺范》

【注释】①继妻: 指元配死后续娶的妻子。
【译文】陈氏, 是建阳人, 是余楚后娶的妻子。生了儿子余翼。余翼三岁的时候余楚就去世了。陈氏把家产全都让给了前妻所生的两个儿子。余翼十五岁的时候, 陈氏就让他到外地去游学。余翼在外十五年, 中了进士回来, 把母亲接到官衙。后来前妻的两个儿子穷苦困顿, 余翼又收留供养慰劳他们。《闺范》

孙颀母李氏

太常少卿长沙孙公景修（名颀，景修其字也。），少孤而教于母，母贤，能就其业。既老，而念母之心不忘，为《贤母录》，以致其意。《古今家诫序》（按：颀以进士历知桂阳军，迁荆湖北路转运使，终太常少卿。《宋史》无传。近日有刊姓氏谱者，以颀母李氏编入熊姓，今据刘忠肃挚所撰颀父成象墓表正之。又谓颀举咸平间进士，墓表载其父成象没于仁宗天圣元年，年三十三岁，逆推至真宗咸平末年，成象才十三岁耳，安得有子且举进士哉？颀举进士当在天圣、明道间，并正于此。）

【译文】 太常少卿长沙人孙景修，年幼丧父而受教于母亲，母亲贤能，能够成就他的学业。虽然孙颀年纪大了，但是感激母亲的心意，不能够忘怀，撰写了《贤母录》，以表达他的心意。《古今家诫序》

辽

邢抱朴母陈氏

陈氏，邢简^①妻。有六子，亲教以经。后二子抱朴^②、抱质^③皆以贤，位宰相。《辽史·列女传》

【注释】①邢简：辽国西京道应州（今山西应县）人。出身仕宦，仕辽为刑部郎中。②抱朴：邢抱朴：辽国西京道应州（今山西应县）人，刑部郎中邢简之子。其人生性聪慧好学，博古通今。辽圣宗时期的重要辅臣。③抱质：即邢抱质，山西应州（今山西应县）人。辽圣宗时期著名的重臣，以儒术显。

【译文】陈氏是邢简的妻子。生有六个儿子，亲自教导他们经史典籍。后来两个儿子邢抱朴、邢抱质都因为贤能而位列宰相。《辽史·列女传》

金

哀宗母王太后

宣宗①明惠皇后②，王皇后之姊也。后性端严，哀宗③为皇太子，有过尚切责之，及即位，始免楬楚④。或告荆王谋不轨，议狱已决，后谓帝曰："汝止一兄，奈何欲以谗言杀之耶？立趣赦出。"涕泣，慰抚。《续文献通考》

【注释】①宣宗：即金宣宗完颜珣，初名吾睹补，又名从嘉。金世宗完颜雍庶长孙，金显宗完颜允恭的庶长子，金章宗完颜璟异母兄，母为昭华刘氏。庙号为宣宗。②明惠皇后：王氏，字云，初封淑妃，后晋封元妃，后成皇太后（慈圣太后），被追谥明惠皇后。金宣宗完颜珣王皇后之姊，生金哀宗完颜守绪。③哀宗：即金哀宗完颜守绪，本名完颜守礼、完颜宁甲速，大兴府大兴县（今北京市）人，金宣宗完颜珣第三子。④楬（jiǎ）楚：用楬木荆条制成的刑具，用以笞打。

【译文】金宣宗明惠皇后是王皇后的姐姐。明惠皇后生性端庄严谨，金哀宗做皇太子时，有过错尚且严厉责备他，等到即位后，才被免答打。有人告发荆王图谋不轨，审议狱案的决定已经下来，王太后对金哀宗说："你只有这一个兄长，为什么听信谗言想要杀害他呢？快传令把他释放出来。"荆王哭得涕泪横流，王太后抚恤安慰他。《续文献通考》

牛德昌母

牛德昌，父铎，为辽将作大监。德昌少孤，其母教之学。有劝以就荫者，其母曰："大监遗命，不使作承奉也。"中皇统二年进士。《金史·循吏传》

【译文】牛德昌的父亲牛铎，是辽国的将作大监。牛德昌年轻的时候父亲就去世了，他的母亲教导他学习。有人劝他的母亲让牛德昌凭借他父亲的官爵而受封，他的母亲说："大监临终交代，不得让儿子承命奉行。"牛德昌考中皇统二年进士。《金史·循吏传》

元

耶律楚材母杨氏

耶律楚材①三岁而孤，母杨氏教之学。及长，博极群书。《元史·耶律楚材传》

【注释】①耶律楚材：字晋卿，汉化契丹族人，号玉泉老人，号湛然居士，蒙古帝国时期的政治家。

【译文】耶律楚材三岁的时候父亲就去世了，母亲杨氏教导他学习。耶律楚材长大后，遍览群书，知识渊博。《元史·耶律楚材传》

脱脱母亖罗海

脱脱①幼失怙②，其母亖罗海笃意教之，孜孜若恐不及。《元

史·木黎华传》

【注释】①脱脱：亦作托克托、脱脱帖木儿，蔑里乞氏，字大用，蒙古蔑儿乞人，元朝末年政治家、军事家。《元史》称其"功施社稷而不伐，位极人臣而不骄，轻货财，远声色，好贤礼士，皆出于天性。至于事君之际，始终不失臣节，虽古之有道大臣，何以过之。"②失怙：典出《诗经·小雅·蓼莪》："无父何怙？无母何恃？"指丧父。

【译文】脱脱幼年时父亲就去世了，母亲孛罗海专心致志地教导他，他学习勤奋努力，唯恐赶不上。《元史·木黎华传》

别的因母张氏

别的因①在襁褓时，与祖母康里氏在三皇后宫庭。父抄思②卒，母张氏迎别的因以归。尝从容训之曰："人有三成人：知畏惧成人，知羞耻成人，知艰难成人。否则禽兽而已。"别的因受教唯谨。《元史·抄思方传》

【注释】①别的因：元朝人，父抄思方领兵平金。②抄思：乃蛮部太阳汗的曾孙，屈出律太子的孙子，父亲名叫敞温。乃蛮部被灭后，屈出律等西逃，抄思及其母投奔成吉思汗。

【译文】别的因还是襁褓中的婴儿时，与祖母康里氏住在三皇后宫庭。父亲抄思逝世后，母亲张氏把别的因接回家居住。母亲张氏曾经耐心细致地教育他道："做人必须具备三方面的品德才能称为人,懂得畏惧、懂得羞耻、懂得艰难才能成人。否则只是禽兽而已。"别的因接受母亲的教诲后更加谨慎。《元史·抄思方传》

八郎母乞咬契氏

八郎期而孤,其母乞咬契氏二十而寡,守节不他适。八郎后为大宗正府札鲁忽赤,能继其先。有成立者,母氏之教也。《元史·忙哥撒儿传》

【译文】八郎一周岁的时候父亲就去世了,他的母亲乞咬契氏二十岁就成了寡妇,信守节操,不再婚嫁。八郎后来担任大宗正府的札鲁忽赤,能够继承先人的基业。八郎有所成就,得益于母亲对他的教诲。《元史·忙哥撒儿传》

安童母宏吉剌氏

安童[①],木华黎[②]四世孙,霸突鲁[③]长子也。中统初,追录元勋,召入长宿卫,年方十三,位在百僚上。母宏吉剌[④]氏,昭睿皇后[⑤]

之姊，通籍⑥禁中。世祖⑦一日见之，问及安童，对曰："安童虽幼，公辅⑧器也。每退朝，必与老成人语，未尝狎一年少，是以知之。"世祖悦。《元史·安童传》

【注释】①安童：蒙古札剌亦儿部人，木华黎四世孙。祖孛鲁，父霸突鲁；母弘吉剌氏，世祖察必皇后之姊。②木华黎：又作木合里、摩和赍、穆呼哩等，大蒙古国成吉思汗铁木真手下骁将、开国功臣，孔温窟洼第五子。生于阿难水东，早年被父亲送给铁木真做"梯己奴隶"。木华黎以沉毅多智、雄勇善战著称，与博尔术最受器重，被铁木真誉为"犹车之有辕，身之有臂。"③霸突鲁：元朝历史人物，谥号武靖。④宏吉剌：蒙古语族的一部。"弘吉剌"的突厥语解释为褐色的马匹，迭列斤蒙古的一个部落，以出美女盛名。⑤昭睿皇后：即弘吉剌·察必，姓弘吉剌氏（《新元史》作宏吉剌氏），名察必，济宁忠武王弘吉剌·按陈之女，元世祖忽必烈的皇后。谥号"昭睿顺圣皇后"。⑥通籍：做官。"籍"是二尺长的竹片，上写姓名，年龄，身份等，挂在宫门外，以备出入时查对。"通籍"谓记名于门籍，可以进出宫门。因此后来便称做官为"通籍"。⑦世祖：即孛儿只斤·忽必烈，蒙古族，政治家、军事家。监国托雷第四子，元宪宗蒙哥弟。大蒙古国的末代可汗同时也是元朝的开国皇帝。蒙古尊号"薛禅汗"。⑧公辅：古代三公、四辅，均为天子之佐。借指宰相一类的大臣。

【译文】安童是木华黎的四世孙，霸突鲁的长子。中统初年，世祖皇帝追念功臣，召他入长宿卫，当时安童才十三岁，官位已在百官之上。他的母亲宏吉剌氏，是昭睿皇后的姐姐，可以随便出入禁宫。世祖有一天看到她，问到安童的事，回答说："安童虽然年纪小，但他具有宰相的才能。每次退朝时，必定会和德高望重的长者谈话，从未亲近戏弄一个年轻人，我是因此而知道的。"世祖听后很高兴。《元史·安童传》

岳柱母郜氏

岳柱①天资孝友，度量宏扩，有欺之者，恬不为意。或问之，则曰："彼自欺也，我何与焉？"母郜氏常称之曰："吾子古人也。"《元史·阿鲁浑萨理传》

【注释】①岳柱：字止所，一字兼山，赵国公阿鲁浑萨理长子，畏兀人。

【译文】岳柱与生俱来就孝顺父母，友爱兄弟，气量大，待人宽厚，有人欺负他，他安然不以为意。有人问他其中的缘故，他说："他那是自己侮辱自己，跟我有什么关系呢？"他的母亲郜氏也常常称赞他说："我的儿子有古人之风。"《元史·阿鲁浑萨理传》

拜降母徐氏

拜降①父忽都②卒，生甫数月，母徐氏鞠育③教诲甚至，每曰：

"吾惟一子，已童丱④矣，不可使不知学。"顾县僻左⑤，无良师友，遂遣从师大名城中。郡守每朔望⑥入学，见拜降容止讲解，大异群儿，甚爱奖之。大德元年，为浙东廉访副使。至大二年，改资国院使。母徐氏卒，时酒禁方严，帝特命以酒十罂，官给传至墓所，以备奠礼。初，徐氏盛年守节，教子甚严，比拜降贵，事上于朝，特旌其门。及老，见拜降历官有声誉，喜曰："有子如是，吾死可瞑目矣。"
《元史·拜降传》

【注释】①拜降：北庭人。父忽都，武勇过人，从元世祖南征。②忽都：元代将领。蒙古兀罗带氏。③鞠育：典出《诗经·小雅·蓼莪》："父兮生我，母兮鞠我，拊我畜我，长我育我。"抚养，养育。④童丱（guàn）：指童子，童年。丱，丱角，儿童发式。⑤僻左：人用右手为常，用左手为僻，故称偏僻之地为僻左。⑥朔望：农历每月的初一和十五，即朔日和望日。

【译文】拜降的父亲忽都去世的时候，他出生才几个月，母亲徐氏更加周密地养育教诲他，常常说："我只有这一个儿子，已经童年了，不可以让他不知学习。县城偏僻，缺少对自己有教益的老师和朋友，于是让他到大名城中跟随师傅学习。郡守每个朔日和望日进入学宫，看到拜降的仪容举止、解说分析典籍，与其他孩子大不相同，非常喜爱并称赞他。大德元年，拜降担任浙东廉访副使。至大二年，改任资国院使。母亲徐氏去世时，禁止酿酒、饮酒的法令正严厉，皇帝特地下令搬十罂酒，由官府送到徐氏的墓地，以作为奠仪。起初，徐氏在盛年守寡，不再婚嫁，教育儿子非常严格，等到拜降显贵的时候，在朝廷事奉君上，特

意表彰他的门庭。等到徐氏年老，看到拜降做官有声誉，她高兴地说："有儿子像这样，我死也闭眼了。"《元史•拜降传》

伯答儿母乃咬真

伯答儿①为都指挥使，至元二十六年，征杭海，敌势甚盛，大军乏食，其母乃咬真输己帑②及畜牧等给军食。世祖③闻而嘉之，赐子甚厚。《元史•杭忽思传》

【注释】①伯答儿，元朝将领，阿速氏，阿答赤子。②帑（tǎng）：古代指收藏钱财的府库或钱财。③世祖：即元世祖孛儿只斤•忽必烈，蒙古族，政治家、军事家。监国托雷第四子，元宪宗蒙哥弟。大蒙古国的末代可汗同时也是元朝的开国皇帝。蒙古尊号"薛禅汗"。青年时代，便"思大有为于天下"。庙号世祖。

【译文】伯答儿担任都指挥使，至元二十六年，征讨杭海，敌军气势非常盛大，大军食用不足，伯答儿的母亲乃咬真拿出自己的私财以及牲畜等物供给军用粮秣。元世祖听说后嘉奖他，赏赐非常丰厚。《元史•杭忽思传》

拜住母怯烈氏

拜住[①]，安童孙也。母怯烈氏，年二十二，寡居守节。拜住为太常礼仪院使，年方二十，吏就第请署字，适在后圃阅群儿戏，出稍后，母厉声呵之曰："官事不治，若尔所为，岂大人事耶？"拜住深自刻责。一日，入内侍，英宗[②]素知其不饮，是日强以数卮。既归，母戒之曰："天子试汝量，故强汝饮酒。汝当日益戒惧，无酗于酒。"又尝代祀睿宗[③]原庙[④]，归侍左右，母问之曰："真定官府待汝若何？"对曰："所待甚重。"母曰："彼以天子威灵，汝先世勋德故耳，汝何有焉？"拜住之贤，母教之也。后封东平王夫人。《元史·拜住传》

【注释】①拜住：元英宗硕德八剌大臣。好儒学，通汉族传统礼仪。②英宗：即元英宗孛儿只斤·硕德八剌，蒙古族，元仁宗嫡子。自幼受儒学熏陶，登基后推行"以儒治国"政策。庙号英宗。③睿宗：即孛儿只斤·拖雷，成吉思汗孛儿只斤·铁木真第四子，尊号"也可那颜"（大官人）。庙号睿宗。④原庙：正庙已成立之后，再立的庙。

【译文】拜住是安童的孙子。母亲怯烈氏，二十二岁就丧偶独居，不再婚嫁。拜住担任太常礼仪院使的时候，年龄才二十岁，官吏来到他的府第请求签字，正巧他在后面菜园观看孩子们游戏，出来得稍微晚了点，母亲厉声呵斥他道："公家的事务不去处理，像你这种行为难道是君子该做的事吗？"拜住深加自责并更加严格要求自己。一日，拜住入宫侍奉宴会，英宗皇帝素来知道他不饮酒，这天皇帝勉强他喝了几卮酒，回家后，母亲告诫说："天子试探你的酒量，所以勉强你饮酒。你应当日益警戒畏惧，不要沉湎于饮酒。"拜住又曾经代替天子祭祀睿宗原庙。回来侍奉在母亲身边，母亲问他说："真定官府对待你怎么样？"拜住回答说："对待我很尊重。"母亲说："那是由于天子的声威气势，你家祖先的功劳德行的缘故罢了，你有什么作为呢？"拜住的贤能，得益于母亲的教诲。后来，怯烈氏被封为东平王夫人。《元史·拜住传》

耶律善哥母姚里氏

耶律留哥①，契丹人。仕金为北边千户。太祖②起兵朔方③，留哥往附，众推为王，立姚里氏为妃。留哥卒，姚里氏入奏。会帝征西河，皇太弟④承制⑤以姚里氏佩虎符⑥，权领其众。帝还，姚里氏携次子善哥、铁哥、永安及从子塔塔儿、孙收国奴，见帝于河西阿里湫城。帝曰："健鹰飞不到之地，尔妇人乃能来耶？"赐之酒，慰劳甚至。姚里氏奏曰："留哥既卒，官民乏主，其长子薛阇⑦扈从⑧有年，愿以次子善哥代之，使归袭爵。"帝曰："薛阇今为蒙古人矣，积功为拔都鲁⑨，不可遣。当令善哥袭其父爵。"姚里氏拜且泣曰："薛阇者，留哥前妻所出，嫡子也，宜立。善哥者，婢子所出，若立之，是私己而灭天伦，婢子窃以为不可。"帝叹其贤，给驿骑四十，从征河西，赐河西从人九口、马九匹、白金九锭，币器皆以九计，许以薛阇袭爵，而留善哥、铁哥、塔塔儿、收国奴于朝，惟遣其季子⑩永安从姚里氏东归。《元史·留哥传》

【注释】①耶律留哥：金末结蒙反金将领，契丹族。②太祖：即元太祖孛儿只斤·铁木真，蒙古帝国可汗，尊号"成吉思汗"，意为"拥有海洋四方的大酋长"。世界史上杰出的政治家、军事家。元世祖忽必烈追尊成吉思汗庙号为太祖。③朔方：典出《书经·尧典》："申命和叔，宅朔方，曰幽都。"北方。④皇太弟：储君的一种，简称太弟，与皇太子、皇太孙、皇太叔等，都是皇位继承人的封号，而此一继承人通常是皇帝的亲弟。⑤承制：秉承皇帝旨意而便宜行事。⑥虎符：古代军中印信。铜质虎形，左、右两半，朝廷存右半，统帅持左半，作调动军队时用。⑦薛阇（dū）：即耶律薛阇，耶律留哥的嫡长子，耶律留哥投靠大蒙古国之后，留耶律薛阇扈从成吉思汗，作为人质。⑧扈从：旧称天子巡幸时随从护卫的人。⑨拔都鲁：武士、勇士。译自蒙古语。也作"八都鲁"。⑩季子：年龄最小的儿子，少子。

【译文】耶律留哥，是契丹人。在金国担任北边千户。元太祖在北方兴兵，留哥前往依附，众人推举他为王，册立姚里氏为妃。留哥去世后，妻子姚里氏上奏给皇帝，当时皇帝正在征伐西河，皇太弟秉承皇帝的旨意给姚里氏佩虎符，让她暂时率领部属。皇帝会朝后，姚里氏携带次子善哥、铁哥、永安以及侄儿塔塔儿、孙子收国奴等人，在河西阿里湫城觐见皇帝。皇帝说："矫健的雄鹰飞不到的地方，你一个妇人却能来啊！"赏赐给她酒，加倍地慰问犒劳。姚里氏上奏说："留哥去世以后，官员百姓无人管理，他的长子薛阇随侍皇帝出巡护卫已经有好几年了，希望能让次子善哥代替他，以便让薛阇能回去承袭他父亲的封爵。"皇帝说："薛阇现在是蒙古人了，累积战功被封为拔都鲁，朕不能让他回去，应当让善哥承袭他父亲的封爵。"姚里氏下拜且哭着说："薛阇是留哥前妻所生的儿子，是嫡子，应该立他。善哥是我所生的儿子，如果立他，这就是偏私自己的孩子而埋没天地伦常，我私下认为不能这样。"皇帝赞叹她贤德，赏给她驿马四十匹，让她跟随征讨河西，赏给她河西的俘虏九人、马九匹、白银九锭，财物、器具都用九来计算，许诺让薛阇承袭父亲的封爵，而将善哥、铁哥、塔塔儿、收国奴等人留在朝中，只派她最小的儿子永安跟随姚里氏返回辽东。《元史·留哥传》

奥敦世英母

奥敦世英[①]，女真人也。太祖兵下山东，世英迎降，授以万户，迁德兴府尹。时金经略使苗道润[②]率众欲复山西，世英与战，克之。将尽杀所俘，其母责之曰："汝华族也，畏死而降。此卒伍[③]尔，驱之死战，何忍杀之耶！"遂止。《元史·奥敦世英传》

【注释】①奥敦世英：女真族，著名元朝将领。②苗道润：金朝大臣。贞佑初为河北义军队长。《金史》记载他"有勇略、敢战斗，能得众心"。③卒伍：古代民兵的编制。五人一组为伍，百人一组为卒。见《周礼·地官·小司徒》。后泛指军队、行伍。

【译文】奥敦世英，是女真族人。元太祖领兵攻下山东，奥敦世英迎接并投降了他，被任命为万户，调任德兴府尹。当时金经略使苗道润率兵想收复山西，奥敦世英与他交战，打败了他。奥敦世英准备杀掉所有的俘虏，他的母亲责备他说："你是高门贵族，因为怕死而投降，这些人不过是士兵罢了，受驱使而拼死战斗，怎么忍心杀害他们呢！"奥敦世英听从母亲之言，宽恕了那些俘虏。《元史·奥敦世英传》

董文炳母李氏

董文炳①，赠太傅俊②之长子也。父没时，年始十六，率诸幼弟（文蔚、文用、文直、文忠）事母李夫人。夫人有贤行，治家严，笃于教子。《元史·董文炳传》

【注释】①董文炳：字彦明，元世祖忽必烈称其为"董大哥"，藁城（今河北省石家庄市藁城区）人，元初著名将领，为元朝初期的发展鞠躬尽瘁。②俊：即董俊，字用章，金真定藁城（今属河北）人，元朝大将。

【译文】董文炳是加赠太傅董俊的长子。父亲去世的时候，他才十六岁，带领众多幼弟事奉母亲李夫人。李夫人有美善的德行，治理家事严谨，专一教育儿子。《元史·董文炳传》

王恂母刘氏

王恂^①，性颖悟，生三岁，家人示以书帙，辄识"风、丁"二字。母刘氏授以《千字文》，每过目即成诵。《元史·王恂传》

【注释】①王恂：字敬甫，中山唐县（今河北唐县）人，元代数学家。跟刘秉忠学习数学、天文、后与郭守敬一道从刘秉忠学习数学和天文历法，精通历算之学。在《授时历》的编制工作中，贡献与郭守敬齐名。

【译文】王恂生性聪慧过人，三岁的时候，家人拿书给他看，就能认识"风、丁"二字，母亲刘氏为他讲授《千字文》，他看过一遍就能背诵下来。《元史·王恂传》

孙辙母蔡氏

孙辙^①幼孤，母蔡氏教之学，即警策自励。《元史·孙辙传》

【注释】①孙辙：字履常，号潝轩，人称"潝轩先生"。江西临川人。元代学者、隐士。

【译文】孙辙幼年时父亲就去世了，母亲蔡氏传授他学问，孙辙知道儆戒振奋，自我勉励。《元史·孙辙传》

尚野祖母刘氏

尚野①幼颖异，祖母刘厚资之，使就学。《元史·尚野传》

【注释】①尚野：字文蔚，性开敏，志趣正大，事继母以孝闻，文辞典雅，一本于理。

【译文】尚野幼年时才能出众，祖母刘氏极力资助他，让他从师学习。《元史·尚野传》

杨赛因不花母田氏

杨赛因不花①，初名汉英，父邦宪②内附，授播州安抚使。汉英生五岁而父卒，母田氏携至上京，见世祖于大安殿。帝谕宰臣曰："杨氏母子孤寡，万里来庭，朕甚悯之。"遂命袭父职，赐金虎符，因赐名赛因不花。《元史·杨赛因不花传》

【注释】①杨赛因不花：字熙载，原名汉英，自号中斋，元代播州（今贵州遵义市）杨氏第十七代土司。②杨邦宪：字仲武，南宋末年播州（今贵州遵义）人。播州沿边安抚使杨文之子。

【译文】杨赛因不花，原名汉英，父亲杨邦宪归附元朝，授任播州安抚使。杨汉英年仅五岁的时候，父亲就去世了，母亲田氏带他到国都，在大安殿觐见元世祖。世祖对朝臣们说："杨氏母子是孤儿寡妇，不远万里来到朝廷，我非常怜悯他们。"于是让杨汉英承袭父亲的职位，赏赐金虎符，并且赐名赛因不花。《元史·杨赛因不花传》

陈祐母张氏

陈祐①少好学，家贫，母张氏尝翦发②易书使读之，长遂博通经史。《元史·陈祐传》

【注释】①陈祐：一名陈天祐，字庆甫（庆父），号节斋。元赵州宁晋（今宁晋县）人。②翦发：修剪头发。翦，同"剪"。

【译文】陈祐自幼爱好学习，家境贫困，母亲张氏曾经剪掉头发换取书籍供他读书，陈祐长大后即能广博精通经史典籍。《元史·陈祐传》

姚天福母

姚天福①，至元五年拜监察御史，每廷折群臣，帝嘉其直，赐名巴儿思②，谓其不畏强悍，犹虎也。拜御史时，其母戒之曰："古称公尔忘私，委贽③为臣，当磬折衷以塞其责，勿以未亡人④为恤，俾吾追踪陵母，死之日犹生之年也。"天福亦请于宪府曰："监察责当言路，有犯无隐⑤，苟获谴，乞不为亲累。"或以闻，帝叹曰："巴儿思母子虽生今世，其义烈之言，当于古人中求之。"《元史·姚天福传》

【注释】①姚天福：字君祥，南阳村人，元初名臣，出自显赫的吴兴姚氏。②巴儿思：亦作"巴耳思"。蒙古语，虎。③委贽：亦作"委质"、"委挚"。放下礼物。古代卑幼往见尊长，不敢行宾主授受之礼，把礼物放在地上，然后退出。引申为臣服、归附。④未亡人：旧时寡妇的自称。⑤有犯无隐：封建时代所提倡的一种事君之道。谓臣下宁可冒犯君上而不可有所隐瞒。

【译文】姚天福在至元五年拜任监察御史，常常在朝堂上折服群臣，皇帝嘉奖他的正直，赐名巴儿思，意思是说他不畏强悍，犹如老虎。担任御史时，他的母亲告诫他："古人说公而忘私，忠于国君为臣下，应当竭尽忠心，尽其责任，不需要为我担心，让我能仿效王陵的母亲，死得有价值如同还活着一般。"姚天福也向御史台请求说:"监察御史位居于向朝廷进言的通路上,宁可冒犯而不会有所隐瞒,我如果因此获罪,请求不要牵连我的母亲。"有人把这些话上奏给皇帝,皇帝感叹地说:"巴儿思母子虽然生活在今世,但他们忠义节烈的言行应当在古人中去寻找。"《元史·姚天福传》

刘哈剌八都鲁母

刘哈剌八都鲁①,河东人,本姓刘氏。家世业医,擢太医院管勾②。昔里吉③叛,宗王④别里铁穆而奉命往征之。世祖谕哈剌八都鲁从行,闻母疾,请归省。既见母,不敢以远役告,母亦微知之,谓曰:"汝第行,我疾安矣。"遂即辞去,忍泪不下,而鼻血暴出,数里弗止,驰至王所。王获昔里吉,命哈剌八都鲁献俘行宫⑤。帝见其瘠甚,辍御膳羊胾⑥以赐。既拜受,先割其美者怀之。帝问其故,对曰:"臣始与母诀,今归,母幸存,请以君赐遗之。"帝嘉其志,自今凡赐之食,必先赐其母。授宣慰使,赐名哈剌八都鲁。《元史·哈剌八都鲁传》

【注释】①刘哈剌八都鲁:汉族,河东人,元朝御史中丞。②管勾:亦作"管句"。掌管。③昔里吉:孛儿只斤氏,元宪宗蒙哥第四子,其母为蒙哥妃巴牙兀真氏。④宗王:元朝及以后蒙古地区各部之首领封号之一，类似于亲王爵位。蒙元时期，与成吉思汗黄金家族有关的蒙古贵族男子，亦受封宗王。⑤行宫：古代京城以外供帝王出行时居住的宫室。⑥胾（zì）：切成的大块肉。

【译文】刘哈剌八都鲁是河东人，本姓刘。家中世代以行医为业，提升为太医院管勾。昔里吉反叛，宗王别里铁穆而奉命前往讨伐他，元世祖告诉哈剌八都鲁随军同行，准备出发时，听说母亲生病了，请求回家探视。见到母亲后，不敢把戍守边疆的消息告知母亲，母亲也隐约听说了此事，就对他说："你尽管去吧，我的病好了。"于是马上辞别母亲离开了，强忍着眼泪不流下来，但是鼻血大流，流了几里路都没止住，一路奔跑到宗王的住处。宗王抓住了昔里吉，命令哈剌八都鲁前往行宫进献俘虏。皇帝见他很是瘦弱，就把自己吃的羊肉赏赐给他。下拜接受赏赐之后，就先把其中好的割下揣在怀里。皇帝询问其中的缘故，他回答说："臣下当初与母亲做了诀别，如今回家，母亲侥幸还活着，请允许臣下把君上的赏赐送给她。"皇帝称赞他的孝心，下令以后凡是赏给他的食物，一定先赏赐给他的母亲。授任宣慰使，赐名哈剌八都鲁。《元史·哈剌八都鲁传》

雷膺母侯氏

雷膺①，七岁而孤，母侯氏织纴为业，课膺读书。膺笃志于学，事母以孝闻。《元史·雷膺传》

【注释】①雷膺：字彦正，浑源州（今山西大同市）人。元朝大臣，金朝监察御史雷渊之子。

【译文】雷膺七岁的时候父亲就去世了，母亲侯氏以织作布帛为业，督教雷膺读书。雷膺专心求学，事奉母亲以孝顺闻名。《元史·雷膺传》

虞集母杨氏

虞集①，父汲②，娶杨氏，国子祭酒文仲女。集三岁，汲挈家趋岭外③，干戈中无书册可携，杨氏口授《论语》《孟子》《左氏传》、欧苏文，闻辄成诵。杨氏在室④，即尽通其说，故集与弟盘⑤皆受业家庭。《元史·虞集传》

【注释】①虞集：字伯生，号道园，世称邵庵先生。祖籍成都仁寿（今四川省眉山市仁寿县），临川崇仁（今江西省抚州市崇仁县）人。元朝官员、学者、诗人，南宋左丞相虞允文五世孙。②汲：即虞汲，宋末元初人，祖籍今四川眉山市仁寿县，先祖虞允文为南宋左丞相，虞刚简的孙子。③岭外：五岭以南地区。④在室：女子已订婚而未嫁，或已嫁而被休回娘家，称"在室"。后亦泛指女子未婚。⑤盘：即虞盘，字仲常，号侦白，虞集之弟，崇仁县二都（今石庄乡）人，曾经与虞集一起拜吴澄为师，潜心理学，是"草庐学派"重要弟子之一。

【译文】虞集的父亲虞汲，娶妻杨氏，杨氏是国子祭酒杨文仲的女儿。虞集三岁的时候，虞汲携带全家人逃往岭外，战乱之中没有书籍可带，杨氏就以口传授虞集《论语》《孟子》《左传》、欧阳修和苏轼的文章，虞集听一遍就能背诵记忆。杨氏还未婚嫁的时候，就已经通晓文献典籍，因此虞集与弟弟虞盘都在家跟随母亲学习。《元史·虞集传》

贺仁杰母郑氏

贺贲①尝治室毁垣，得白金七千五百两，谓其妻郑氏曰："匹夫无故获千金，必有非常之祸。"世祖征云南，驻军六盘，乃持五千两往献，以助军费，且言其子仁杰②可用，即令入宿卫。一日，帝召仁杰至，出白金，谓之曰："前汝父六盘所献者，闻汝母来，可持归养。"每辞不许，乃归白母，尽散之宗族。《元史·贺胜传》

【注释】①贺贲：贺仁杰之父。善攻战，数从军有功。②仁杰：即贺仁杰，字宽甫，元代国公世家，户县张良寨人。

【译文】贺贲曾经在拆墙盖房子时，挖得白银七千五百两，他对妻子郑氏说："平民百姓没有缘由获得千金，一定会有不同寻常的灾祸。"元世祖征讨云南，军队驻扎在六盘山，贺贲携带白银五千两献给世祖，作为军队经费，并且说他的儿子贺仁杰可以任用，世祖立即召入宫中，担任警卫。有一天，皇帝召见贺仁杰，拿出白银，对他说："这是你父亲在六盘山进献的，听说你母亲来了，可以拿回去用来赡养母亲。"他推辞，但皇帝没有同意，于是贺仁杰回家告诉母亲，全部散发给同族的人。《元史·贺胜传》

范梈母熊氏

范梈①，家贫早孤，母熊氏守志不他适，长而教之。《元史·虞集传》

【注释】①范梈（pēng）：字亨父，一字德机，人称文白先生，清江（今江西省樟树）人。元代官员、诗人，与虞集、杨载、揭傒斯齐被誉为"元诗四大家"。

【译文】范梈，家境贫困，父亲早逝，母亲熊氏坚守志节不再改嫁，养育教导他。《元史·虞集传》

欧阳元母李氏

欧阳元①，幼岐嶷②，母李氏亲授《孝经》《论语》《小学》诸

书。《元史·欧阳元传》

【注释】①欧阳元：欧阳玄，字元功，号圭斋，祖籍分宜县防里村，湖南浏阳（今湖南浏阳）人，是欧阳殊之后裔，元代文学家。②岐嶷（nì）：典出《诗.大雅.生民》："诞实匍匐，克岐克嶷。"朱熹集传："岐嶷，峻茂之状。"多以"岐嶷"形容幼年聪慧。

【译文】欧阳玄幼年聪慧，母亲李氏亲自传授他《孝经》《论语》《小学》等典籍。《元史·欧阳元传》

许谦世母陶氏

许谦①，生数岁而孤，甫能言，世母②陶氏口授《孝经》《论语》，入耳辄不忘。《元史·儒学传》

【注释】①许谦：字益之，号白云山人，浙江省东阳市人。晋许孜后裔。②世母：世父的妻子。相当于伯母。

【译文】许谦，出生几岁后就成了孤儿，刚能说话，伯母陶氏就为他口头传授《孝经》《论语》，许谦听过就能不忘记。《元史·儒学传》

陈栎祖母吴氏

陈栎①生三岁,祖母吴氏口授《孝经》《论语》,辄成诵。《元史·儒学传》

【注释】①陈栎:字寿翁,徽之,休宁人。晚号东阜老人。

【译文】陈栎三岁的时候,祖母吴氏就为他口头传授《孝经》《论语》,他听后就能背诵。《元史·儒学传》

周氏母崔氏

崔氏,周术忽妻也。术忽亡,崔誓不更嫁,治家教子有法。《元史·列女传》

【译文】崔氏,是周术忽的妻子。周术忽死后,崔氏发誓不再改嫁,治理家事,教育子女有法度。《元史·列女传》

李易母周氏

周氏，滦平石城人。适李伯通①，生子易。金末，伯通监丰润县，城破，不知所终。周氏被虏，自投于堑，不死。遂携易逃至汴，绩纴自给，教易读书有成。《元史·列女传》

【译文】周氏，是滦平石城人。嫁给李伯通，生下儿子李易。金朝末年，李伯通主管丰润县，丰润县被攻破后，不知道他的结局。周氏被俘虏，自身投入护城河，没有死。于是携带李易逃到汴梁，缉麻织布供给生活所需，教导李易读书有成效。《元史·列女传》

秦氏继母柴氏

秦闰夫妻柴氏，晋宁人。闰夫前妻遗一子尚幼，柴氏鞠①之如己出。未几，柴氏有子。闰夫死，柴氏辛勤纺绩，遣二子就学。至正十八年，贼犯晋宁，其长子为贼驱迫，在围中，既而得脱。贼有恶少与张福为仇，往灭其家。及官军至，福诉其事，事连柴氏长子，法当诛。柴氏引次子泣诉曰:"往从恶者,吾次子,非吾长子也。"鞫^②之至死,不易其言。官反疑次子非柴氏所出,讯之他囚,始得其情。官义柴氏之行,遂释免其长子,而次子亦得不死,时人以为难。有司上其事,旌其门而复其家。《元史·列女传》

【注释】①鞠:养育,抚养。②鞫:审问犯人。

【译文】秦闰夫的妻子柴氏,是晋宁人。秦闰夫前妻遗留下的一个儿子还年幼,柴氏养育他如同自己亲生的一样。不久,柴氏自己也生下了儿子。秦闰夫死后,柴氏辛勤纺纱缉麻,送两个儿子从师学习。至正十八年,贼寇侵犯晋宁,她的长子被贼寇逼迫追赶,陷入贼寇的包围中,不久得以逃脱。当初在贼寇的包围圈时,有为非作歹的年轻无赖与张福结仇,前去捣毁了他家。等官军到后,张福控诉这件事,事情牵连到柴氏的长子,按律法应当处以死刑。柴氏带着次子去见官,哭诉着说:"先前做坏事的,是我的次子,不是我的长子。"审问她时,至死也不改口。官府反而怀疑次子不是柴氏所生,审讯其他囚犯,才得知真实情况。官府看重柴氏合乎公义的行为,于是释放赦免了她的长子,而且次子也得以不死。当时的人都认为她这么做不容易。有官员上报了这件事,朝廷表彰了她的门庭并免除了他家的徭役。《元史·列女传》

太子母后

今上（顺帝）设谕德，置端本堂，以处太子讲读。一日，帝师来启太子母，后曰："向者太子学佛法，顿觉开悟，今乃使习孔子之教，恐壤①太子真性。"后曰："我虽居于深宫，不明道德，尝闻自古及今，治天下者须用孔子之道，舍此他求，即为异端。佛法虽好，乃余事耳，不可以治天下，安可使太子不读书？"帝师赧②服而退。《辍耕录》

【注释】①壤：古同"攘"，纷乱。②赧（nǎn）：因羞惭而脸红。

【译文】当今皇上设至谕德，在端本堂，用来教导太子讲习诵读。一天，帝师来禀告太子的母亲皇后说："从前太子修习佛法，顿然开通觉悟，如今却让他学习孔子的教化，恐怕会扰乱太子天赋的本性。"太子母后说道："我虽然身居宫禁之中，尚不清楚合宜的规范准则，但曾经听说治理国家需要用到孔子的儒家学说，舍弃这个而去探求其他的，就是背道而驰的邪说，佛法虽然好，却是修身之余的事情，不可以用来治理国家，怎么可以让太子不读书呢？"帝师羞愧信服地告退了。《辍耕录》

郑万户母

杭州郑万户天性峻急，不能有所容，而奉母极孝。母诞日，预市文绣毲①段，制袍为寿，针工持归，缝缀既成，为油所污。时估贵重，工莫能偿，自经不死。邻妇有识其母者，潜送入白之。至日，卧不起。子至，候问安否，见有忧色，请其故，曰："昨暮偶视新袍，适几上油缶翻溅渍成玷，我情思殊不佳耳。"子告曰："一袍坏，复制一袍，可也，夫人何重惜乃尔？"母阳②为自解，遂起，受子孙拜贺，如常仪。人咸以此为贤母，而益见万户之孝。《辍耕录》

【注释】①毲（mú）：厚密光泽的毛织品。②阳：古同"佯"，假装。

【译文】杭州人郑万户性情严酷急躁，对人不能有所包容，然而事奉母亲极为孝顺。母亲生日，他预先购买了文绣锦缎，加工成袍子为母亲祝寿，针线工人拿着衣服送回来，衣服已经缝缀好了，却被油污弄脏了。当时大家估计衣服贵重，工人不能赔偿，上吊自杀却没死成。邻居有个妇人认识郑万户的母亲，偷偷地把衣服送来并把这事告诉了她。到了生日那天郑万户的母亲躺在床上不起来。郑万户赶到母亲床前后，问候母亲是否安泰，见母亲面有忧色，就请问其中的缘故。母亲回答道："昨天傍晚时我偶然观看新袍，不小心碰翻了桌子上的油盆，溅出的油渍弄脏了衣服，我心里很不痛快。"郑万户告诉母亲说："一件衣袍坏了，再做一件就是了，母亲何必特别在意这个？"母亲作出安心的样子，起床接受子孙们的生日拜贺，如同往年的仪式。大家都认为她是贤母，并且更加觉得郑万户孝顺。《辍耕录》

村人母

聂以道宰江右①一邑，有村人早出卖菜，拾得至元钞②十五定，归以奉母。母怒曰："得非盗来而欺我乎？纵有遗失，亦不过三两张耳，宁有一束之理？况我家未尝有此，立当祸至。可急速送还，毋累我为也。"言之再，子弗从。母曰："必如是，我须诉之官。"子曰："拾得之物，送还何人？"母曰："但于原拾处俟候，有失主来矣。"子遂依命携往。顷间，果见寻钞者。村人本朴质，竟不诘其数，便以付还。傍观之人，皆令分取为赏。失主赪③曰："我原三十定，方才一半，安可赏之？"争闹不已。相持至厅事下，聂推问村人，其词实。又密唤其母，审之合。乃俾二人各具，失者实三十定，得者实十五定文状。在官后，却谓失主曰："此非汝钞，必天赐贤母，以养老者。若三十定，则汝钞也。可自别寻去。"遂给付母子，闻者称快。《辍耕录》

【注释】①江右：江西省的别称，古时在地理上以西为右，江西以此得名。②至元钞：元代纸币名。根据年号（中统、至元、至正）来命名，简称至元宝钞、至元钞。③靳（jìn）：吝惜，不肯给予。

【译文】聂以道曾在江西主管一个县城，有一个村民早上出去卖菜，途中捡到至元钞十五锭。回到家里拿给母亲。他的母亲生气地说："莫非是你偷盗来欺骗我的？纵然是有遗失，也不过是三两张而已，哪里有遗失一扎的道理呢？何况我家从来没有遇到过这种事。灾祸很快就会到来。你立刻送回去，不要牵累到我。"他的母亲把刚才的话又说了一遍，儿子还是不听从。母亲：如果你一定要这样，我必定会去官府告发。"儿子说："捡到的东西，送还给什么人呢？"母亲说："只要在原来捡到东西的地方等候，一定会有失主来寻找的。儿子于是遵照母亲的话带着失物前往。不一会儿，果然看到有来寻找至元钞的人。那个村民心地本来就质朴本真，竟然没有问那人丢了多少钱，直接就把钞票还给了那人。旁边围观的人都叫失主分点钱给村民作为赏钱，失主吝惜就说："我原来是三十锭钞，现在只有一半，哪有赏他的道理？"于是两人争吵不休，最后吵到衙门。聂以道细问村民，他的话可信。又暗地里传来他的母亲，审问之下，证词一致，于是让他们二人各自陈说，失主说确实是丢了三十锭，拾得者说确实只拾得十五锭。立好文状，两人签字画押后，聂以道告诉失主说："这不是你丢失的钞票，一定是上天恩赐给这位贤良的母亲，让她用来养老的。如果有人捡到三十锭，就是你的钞票。你到别处去寻找吧。"于是就把这些钞票给了那对母子俩，听说这件事的人都拍手叫好。《辍耕录》

本寿母

　　本寿问于母曰："富贵家女子必缠足，何也？"其母曰："圣人重女，而使之不轻举也，是以裹其足。故所居不过闺阃之中，欲出则有帷车之载，是无事于足者也。圣人如此防闲，而后世犹有桑中①之行，临卭之奔②。范雎③曰：'裹足不入秦。'用女喻也。"《嫏嬛记》（案：本寿不知何许人，《嫏嬛记》为元人伊世珍辑，引此条出《修竹阁女训》，言缠足出于圣人，虽非确论，其言有裨女教，存附元末。）

　　【注释】①桑中：典出《诗经·墉风·桑中》："云谁之思？美孟姜矣。期我乎桑中，要我乎上宫，送我乎淇之上矣。"朱熹集传："桑中、上宫、淇上，又沬乡之中小地名也……卫俗淫乱，世族在位，相窃妻妾。故此人自言将采唐于沬，而与其所思之人相期会迎送如此也。"后因以指私奔幽会之处。②临卭之奔：指西汉临卭（属今四川邛崃）人卓文君，与汉代著名文人司马相如的一段爱情佳话。③范雎（jū）：亦作范且，或误作范睢，字叔，魏国芮城（今山西省芮城县）人，战国时期著名政治家、纵横家、军事谋略家、战略家、外交家、秦国宰相，因封地在应城，所以又称为"应侯"。

　　【译文】本寿请教他的母亲道："富贵人家的女子必须要缠足，是为什么呢？"他的母亲回答说："圣人重视女子，而让她们举止不浮躁，因此缠住她们的脚。故而她们居住的地方不会超出家庭之外，想要外出就会有带帷幔的车子乘载，这是无关于足。圣人如此防备约束，但是后世仍然有男女幽会密约的行为，以及卓文君私奔再嫁司马相如。范雎说：'缠住脚不进入秦国。'是用女子打比方。"《嫏嬛记》

明

成祖母马氏高皇后

李希颜^①隐居不仕，太祖^②手书征之至京，为诸王师，规范严峻。诸王有不率教者，或击其额，帝抚而怒。高皇后^③曰："乌有以圣人之道训吾子，顾怒之耶？"太祖意解，授左春坊赞善。《明史·桂彦良传》（按：明代廿九人悉据正史采录，此条后《明史》二字从省。）

【注释】①李希颜：字愚庵，河南郏县人，明代儒学家，性格严峻，品行修养高，博览群书。②太祖：此指明太祖朱元璋，濠州钟离（今安徽凤阳东北）人，幼名重八，参加农民起义军后改名元璋，字国瑞，元末农民起义军首领，明朝开国皇帝，史称明太祖，卓越的军事家、战略家、统帅。庙号太祖。③高皇后：即明太祖孝慈高皇后马氏，名不详（民间传说为秀英），归德府宿州（今安徽省宿州市埇桥区）人，滁阳王郭子兴的养女，明太祖朱元璋的结发妻子。谥号孝慈高皇后。

【译文】李希颜退居乡里，不肯出仕，明太祖亲手书写诏书招请他到京城，担任诸王的师傅，李希颜执教严厉，诸王有不遵从教导的，有时候会击打他们的脑门，皇帝抚摸着王子的伤痕，很是生气。高皇后说："哪里有用圣人的道理教育我们的儿子，反而使你生气的呢？"太祖听后态度平静了下来，授任李希颜为左春坊赞善。《明史·桂彦良传》

神宗生母李太后

　　神宗①即位，上生母李贵妃尊号曰慈圣皇太后，居慈宁宫。大学士张居正②请太后视帝起居，乃徙居乾清宫。太后教帝颇严，或不读书，即召使长跪。每御讲筵入，尝令效讲臣进讲于前。遇朝期，五更至帝寝所，呼曰："帝起。"敕左右掖帝坐，取水为盥面，挈之登辇以出。帝事太后唯谨，而诸内臣奉太后旨者，往往挟持太过。帝尝在西城曲宴被酒，令内侍歌新声，辞不能，取剑击之。左右劝解，乃戏割其发。翼日③，太后闻，传语居正，具疏切谏，令为帝草罪己御札。又召帝长跪，数其过，帝涕泣请改，乃已。六年，帝大婚，太后将返慈宁宫，敕居正曰："吾不能视皇帝朝夕，先生亲受先帝付托，具朝夕纳诲，终先帝凭几之谊。"光宗之未立也，给事中姜应麟等疏请被谪，太后闻之弗善。一日，帝入侍，太后问故，帝曰："彼都人④子也。"太后大怒曰："尔亦都人子！"帝惶恐，伏地不敢起。盖内廷呼宫人曰"都人"，太后亦由宫人进，故云。

《后妃传》

【注释】①神宗：即明神宗朱翊钧，明穆宗朱载坖第三子。明朝在位时间最长的皇帝。庙号神宗。②张居正：字叔大，号太岳，汉族，幼名张白圭。江陵人，时人又称张江陵。明朝中后期政治家、改革家，万历时期的内阁首辅，辅佐万历皇帝朱翊钧开创了"万历新政"。③翼日：明日，次日。翼，通"翌"。④都人：明代称宫女。

【译文】明神宗万历皇帝即位后，为生身母亲李贵妃上尊号为慈圣皇太后，居住在慈宁宫。大学士张居正奏请李太后照看皇帝起居，于是迁住在乾清宫。李太后教育皇帝要求十分严格。皇帝有时读书不用心，就把他召来罚他长跪。每次进行天子经筵，太后曾让皇帝效仿讲臣在自己面前讲解治国之道。遇到上朝之时，太后在五更时分就到皇帝就寝之处，呼喊道："皇帝起来。"并下令左右侍臣扶着皇帝坐起来，取水为他洗脸，牵着他登车出行。皇帝事奉太后特别恭谨，而那些内臣奉了太后的懿旨，往往对皇帝约束得很厉害。万历皇帝曾在西城设宴饮酒过量，命令内侍唱新歌，内侍以做不到而推辞，皇帝拔剑要击杀内侍。左右大臣劝谏，于是嬉闹着割下了内侍的头发。第二天，李太后听说了此事，传话给张居正备条陈述、直言极谏皇帝，并下令张居正为皇帝草拟引咎自责的御札。又召来皇帝让他长跪，历数他的过错。皇帝流泪保证悔改，太后才停止。万历六年，皇帝大婚，太后将返回慈宁宫居住。下懿旨对张居正说："我不能早晚教导皇帝，先生您亲自接受先帝以遗孤相托，希望您能让皇帝早晚接受教诲，成全先帝的临终嘱托。"光宗尚未册立太子时，给事中姜应麟等人上疏进谏被皇帝贬谪，太后听说后不高兴。一天，皇帝入宫拜见太后，太后问起此事的缘故。皇帝说："他是都人的儿子。"太后听闻大怒说道："你也是都人的儿子！"皇帝羞愧惊恐，俯伏在地上不敢起来。内廷称宫人叫作"都人"，李太后也是由宫人的身份被册封为贵妃的，所以她会这么说。《后妃传》

简王新㙉母尚氏

简王新㙉①，母尚太妃严，教子以礼。《宗室传》

【注释】①简王新㙉（tiǎn）：即明朝晋简王朱新㙉，第七任晋藩王，晋庄王朱钟铉的玄孙。

【译文】明晋简王朱新㙉，母亲尚太妃性情严厉，以礼节教导儿子。《宗室传》

陈济母

陈济①少有酒过，母戒之，终其身未尝至醉。《济传》

【注释】①陈济：明朝史学家，今属江苏常州人，陈洽兄。以布衣召为《永乐大典》的都总裁。自幼博学强记，读书过目能诵。口诵手钞，经史百家无不贯通，时称"两脚书橱"。

【译文】陈济年少时酒后犯有过失，母亲告诫他，此后他终身不曾醉过。《济传》

陈继母吴氏

陈继^①，幼孤，母吴氏躬织以资诵读。永乐中，旌曰贞节。《陈济传》

【注释】①陈继：字嗣初，号怡庵，吴县（今江苏苏州）人，著有《耕乐集》、《怡安集》。

【译文】陈继，幼年时父亲就去世了，母亲吴氏亲自织布来供给他读书。永乐年间，用"贞节"两字来表彰她。《陈济传》

蔺芳母

蔺芳^①母甚贤，芳所治事，暮必告母。有不当辄加教诫，芳受命唯谨，由是为良吏云。《宋礼传》

【注释】①蔺芳：平阳府夏县（今山西夏县）人。洪武中举孝廉。累迁刑部郎中，官至工部右侍郎，辅佐工部尚书宋礼治理黄河下游水患。

【译文】蔺芳的母亲非常贤德，蔺芳所处理的公事，傍晚回家后必定会禀告母亲。如果有处理得不妥当，母亲就会教导训诫，蔺芳遵守命令，谨慎从事，因此能成为贤能的官吏。《宋礼传》

王彰母

王彰①，永乐十一年从帝北狩。有母年八十余矣，命归省，赐其母冠服金币。彰严介自持，请托皆绝。然用法过刻，其母屡以为言，不能改。《王彰传》

【注释】①王彰：字文昭，郑人。洪武年间以乡荐补为国子监生，官至右都御史，为官执法很严，与当时的左都御史刘观称"彰公而不恕，观私而不刻"。

【译文】王彰在永乐十一年随从皇帝北巡。王彰有已八十余岁的母亲，皇上命他回去探视，并赏赐他的母亲冠服和金币。王彰为人严肃耿介、自坚操守，从不以私事相托，但他运用刑法过于苛刻，他的母亲多次劝说他，但他不能改正。《王彰传》

王信母岳氏

王信①, 生半岁, 父忠征北战没, 母岳氏苦节②育之, 后俱获旌。
《王信传》

【注释】①王信, 字君实, 明代陕西南郑县（今汉台区）人。为人正直, 廉洁奉公, 喜好读书。一生不营私产, 凡亲友有婚丧大事者, 莫不倾囊相助。常说:"俭足以久, 不累子孙, 所遗多矣。"②苦节: 典出《易·节》:"节, 亨。苦节, 不可贞。"孔颖达疏:"节须得中。为节过苦, 伤于刻薄。物所不堪, 不可复正。故曰'苦节, 不可贞也'。"意谓俭约过甚。后以坚守节操, 矢志不渝为"苦节"。

【译文】王信出生半年的时候, 父亲王忠就死于征北战场, 母亲岳氏坚守节操教育他, 后来母子二人都受到朝廷表彰。《王信传》

邱濬母李氏

邱濬①, 幼孤, 母李氏教之读书, 过目成诵。《邱濬传》

【注释】①邱濬: 字仲深, 号琛庵, 又号玉峰、琼台, 别号海山道人，世以"琼山"尊之，也称琼台先生。

【译文】邱濬，幼年时父亲就去世了，母亲李氏教导他读书，只看过一遍就能背诵出来。《邱濬传》

刘校母胡氏

刘校①性至孝，母胡教子严，偶不悦，辄长跪请罪，母悦乃起。《何遵传》

【注释】①刘校：字宗道，河南承宣布政使司开封府许州（今河南省漯河市召陵镇）人，明朝政治人物、进士出身。明武宗南巡之争时，因上疏劝阻而被施杖刑，临死前大呼："刘校无恨，只恨见不到老母了！"

【译文】刘校生性极尽孝道，母亲胡氏教导刘校非常严格，母亲偶有不高兴，刘校就长跪请罪，母亲高兴了才敢起来。《何遵传》

冯恩母吴氏

冯恩①，幼孤家贫，母吴氏亲督教之。《冯恩传》

【注释】①冯恩：明代官员。字子仁，号南江，南直隶松江府华亭县（今上海松江）人。时称口、膝、胆、骨"四铁御史"。

【译文】冯恩，幼年时父亲就去世了，家境贫穷，母亲吴氏亲自督导教育他。《冯恩传》

姚希孟母文氏

姚希孟①，生十月而孤，母文氏励志鞠之。《姚希孟传》

【注释】①姚希孟：字孟长，号现闻，南直隶苏州府吴县（今属江苏）人。

【译文】姚希孟，出生十个月的时候父亲就去世了，母亲文氏集中心思致力于养育他。《姚希孟传》

何士晋继母吴氏

何士晋①，父其孝，得士晋晚。族人利其资，结党致之死。继母吴氏匿士晋外家②，读书稍懈，辄示以父血衣。士晋感厉，成进士，持血衣愬③之官，罪人皆抵法。《何士晋传》

【注释】①何士晋，字武莪，宜兴人。明万历二十六年进士。②外家：女子出嫁后，称其娘家为外家。③愬（sù）：同"诉"。

【译文】何士晋的父亲何其孝生育何士晋时有点迟。同族人贪图他家的资产，结成党羽将何其孝害死。继母吴氏把何士晋藏到娘家，何士晋读书稍有懈怠，继母就把他父亲的血衣拿给他看。何士晋感奋激励，最终考中进士，拿着父亲的血衣告到官府，有罪的人都伏法。《何士晋传》

刘宗周母章氏

刘宗周①，父坡，为诸生②，母章氏妊五月而坡亡。既生宗周，家酷贫，携之外家。后以宗周大父③老疾，归事之，析薪汲水，持药糜。然体屡甚，母尝忧之不置，遂成疾。又以贫故，忍而不治。宗周成进士，母卒，以节孝闻于朝。《宗周传》

【注释】①刘宗周：字起东，别号念台，汉族，浙江绍兴府山阴（今浙江绍兴）人，因讲学于山阴蕺山，学者称蕺山先生。②诸生：明代称考取秀才入学的生员。③大父：祖父。

【译文】刘宗周的父亲刘坡考取秀才，母亲章氏怀孕五个月时刘坡就死了。等到生下刘宗周时，家庭极度贫困，就把他带到娘家抚育，后来因为刘宗周的祖父年老有病，刘宗周就回来事奉他，劈柴担水，端药送粥。然而刘宗周的身体很是孱弱，母亲经常为他担忧操心而不能释怀，于是就得了病。又因为贫困的缘故，就强忍着不去诊治。刘宗周考中了进士，母亲却去世了，以有节操、有孝行在朝中闻名。《宗周传》

王章母

王章①，以进士授诸暨知县。少孤，母训之严。及为令，祖帐②归少暮，母诃跪予杖曰："朝廷以百里③授酒人乎？"章伏地不敢仰视。亲友为力解，乃已。《王章传》

【注释】①王章：字汉臣，武进人。崇祯元年进士。②祖帐：古代传说道路的神明为祖神，出门的人为求一路平安，临行前都要祭拜祖神。后称送人远行，为饯别而设的帷帐为"祖帐"。③百里：古时一县所辖之地。因以为县的代称。借指县令。

【译文】王章，凭借进士身份授任诸暨知县。年幼时父亲就去世了，母亲训导他很严格。他担任县令时，赴送行酒宴时回来已经有点晚了，母亲呵斥他跪下，杖打他："朝廷会把一县之地授予好酒的人管辖吗？"王章俯伏在地上不敢仰视。亲友们极力劝解，才作罢。《王章传》

成德母张氏

　　成德①，崇祯四年除滋阳知县。性刚介，尝以语刺大学士温体仁②，体仁恨之。御史禹好善，体仁客也，诬德贪虐，逮入京。德母张伺体仁长安街，绕舆大骂，拾瓦砾掷之。体仁闻于朝，杖德六十，戍边。德居戍所七年，用荐擢武库主事。未几，城破，帝崩，德自缢，母亦投环③死。《成德传》

　　【注释】①成德：原名张成德，字元升，山西霍州人。个性刚介，清操绝俗，疾恶若仇。②温体仁：字长卿，号园峤，浙江乌程（今湖州）南浔辑里村人。明末大臣，崇祯年间朝廷首辅。③投环：同"投缳"。上吊，自缢。

　　【译文】成德，崇祯四年授任滋阳知县。品性刚强正直，曾经以言语讽刺大学士温体仁，温体仁怨恨他。御史禹好善，是温体仁的门客，诬陷成德贪婪暴虐，逮捕成德入京。成德的母亲张氏在长安街等候温体仁，绕着车舆大骂，捡起瓦砾扔向他。温体仁在朝中听说后，杖打成德六十板子，让他防守边疆。成德在戍所居住七年，被荐举拔擢为武库主事。不久，城邑被攻破，皇帝驾崩，成德自缢，母亲也上吊自杀。《成德传》

金铉母章氏

金铉^①，崇祯十七年为兵部主事。烽火^②逼京师，铉奔告母："母可且逃匿，儿受国恩，义当死。"母章时年八十余矣，呵曰："尔受国恩，我不受国恩乎？庑下井是我死所也。"城破，铉投金水河，母闻即投井，皆死。《金铉传》

【注释】①金铉：字倚素，华亭（今上海松江）人。自幼嗜学，至孝其母。②烽火：古时边防报警的烟火。比喻战火或战争。

【译文】金铉，崇祯十七年担任兵部主事。战火逼近京城，金铉跑来告诉母亲说："母亲您可以暂时逃跑藏匿起来，孩儿深受国恩，为道义当死。"母亲章氏当时已经八十多岁了，呵斥道："你深受国恩，我难道不受国恩吗？廊下的水井就是我死的地方。"城邑被攻破后，金铉跳入金水河，母亲听说后也投井而死，母子二人都自杀殉国。《金铉传》

薛之翰母

永明王由榔^①之走缅甸也，昆明诸生薛大观^②顾子之翰曰："吾不惜七尺躯为天下明大义，汝其勉之。"之翰曰："大人死忠，儿当死孝。"大观曰："汝有母在。"时其母适在旁，顾之翰妻曰："彼父子能死忠，吾两人顾不能死节义耶？"其侍女方抱幼子，问曰："主人皆死，何以处我？"大观曰："尔能死，甚善。"于是五人偕赴城北黑龙潭死。《吴贞毓传》

【注释】①由榔：即朱由榔，汉族，北直隶顺天府大兴县（今北京市东城区）人，明神宗朱翊钧之孙，桂端王朱常瀛之子，南明末代皇帝。②薛大观：字尔望，昆明人。

【译文】永明王朱由榔战败逃往缅甸，昆明生员薛大观看着儿子薛之翰说："舍弃七尺身躯为天下昭明大义，你应当勉励。"薛之翰说："父亲您为忠义而死，孩儿当尽孝道而死。"薛大观说："你尚有母亲在堂。"当时薛之翰的母亲正在旁边，她看着薛之翰的妻子说："他们父子能尽忠而死，我们二人反而不能为操守与正义而死吗？"她的侍女正抱着幼子，问道："主人都为国而死，我该如何自处呢？"薛大观说："你能为国而死，很好。"于是五人一起前往城北的黑龙潭投水而死。《吴贞毓传》

高邦佐母

天启元年,辽阳破,起高邦佐①为参政,分守广宁。以母年八十余,涕泣不忍去。母责以大义,乃行。辽事败,邦佐作书诀母,解印绶自经死。《忠义传》

【注释】①高邦佐:字以道,温泉村人。

【译文】天启元年,辽阳城被攻破,朝廷起用高邦佐为参政,分别把守广宁。由于母亲年龄八十多岁了,高邦佐流泪哭泣不忍去。母亲以大义相责,他才起行。辽阳战事失败,高邦佐写信与母亲作别,解下印信和系印信的丝带上吊自杀而亡。《忠义传》

黎宏业母李氏

黎宏业①,知和州。崇祯八年,流贼犯州,城将陷,宏业跪告其母曰:"儿不肖,贪微官以累母。"母李泣曰:"汝勿以我为意,事至此,有死而已。"遂自缢。宏业自刎未殊②,贼入,伤数刃而死。《忠

义传》

【注释】①黎宏业：字孟扩，又字行俟。新会县荷塘镇霞村良边坊（今属蓬江区）人。自小聪颖过人，爱好读书。②未殊：未断气，没死。

【译文】黎宏业，主管和州。崇祯八年，流窜的强盗进犯和州，城池将被攻陷，黎宏业跪着禀告他的母亲说："孩儿不肖，贪图微小的官身连累母亲。"母亲李氏流泪说道："你不要把我记挂在心上，事已至此，只有一死而已。"说完就上吊自尽了。黎宏业自杀还未断气，盗贼杀入，被砍了几刀才死去。《忠义传》

孔以衡母

崇祯十七年，张献忠①陷成都，佥事孔教不屈死。子以衡奉母南窜，匿不使知。逾年，母诣以衡书室，见副使周梦尹请教恤典疏，陨绝，骂以衡曰："父死二载，我尚偷生，使我无颜见汝父地下！"遂取刀断喉死。《忠义传》

【注释】①张献忠：字秉忠，号敬轩，外号黄虎，陕西延安府庆阳卫定边县（今陕西定边县）人。明朝末年农民军领袖，与李自成齐名，大西政权的建立者。

【译文】崇祯十七年，张献忠攻陷成都，佥事孔教不屈服被杀。儿子孔以衡事奉母亲向南逃走,将消息隐瞒不让她知道。过了一年,母亲来到孔以衡的书房,看见副使周梦尹请教《恤典疏》,气得昏倒,责骂孔以衡道:"你父亲死了有两年,我而今尚在偷生,使得我死后没有脸面见你的父亲!"于是抽刀割断喉咙自杀而死。《忠义传》

赵智母

正德中,贼掠钜鹿,执赵智、赵慧之母,将杀之。智追至,跪告曰:"母年老,愿杀我。"慧亦至,泣曰:"兄年长,愿留养母而杀我。"智方与争死,而母复请曰:"吾老当死,乞留二子。"群贼笑曰:"皆好人也。"并释之。《孝义传》

【译文】正德年间,盗贼劫掠钜鹿,抓捕了赵智、赵慧的母亲,准备杀了他。赵智追上来,跪着说:"母亲年老,请杀我吧。"赵慧也赶过来了,哭着说:"哥哥年长,请杀了我,留下哥哥奉养母亲。"赵智正与赵慧争着赴死,母亲有请求说:"我年纪大了应当死,请留下两个儿子。"群贼笑着说:"你们都是好人。"于是把他们一并释放了。《孝义传》

白精忠母袁氏

白精忠，五岁而孤，母袁氏抚之。家贫，母食糠覈^①，而以精者哺儿。精忠知之，每餐必先啖其恶者。流贼陷颖川，家人劝逃匿，精忠以母老不忍独去，遂遇害。《孝义传》

【注释】①糠覈（hé）：亦作"糠籺"。谷糠中的坚粒。比喻粗恶的饮食。

【译文】白精忠，五岁的时候父亲就去世了，母亲袁氏抚养他。家境贫困，母亲吃粗粮，而以细粮喂养白精忠。白精忠知道后，每餐必定会先吃粗粮。流窜的盗贼攻陷颖川，家人劝白精忠逃跑躲藏起来，白精忠由于母亲年老不忍心独自逃走，最终被杀害。《孝义传》

刘文炳母杜氏

刘文炳，祖应元，娶徐氏，生女入宫，即庄烈帝^①生母孝纯皇太后也。太后弟新乐伯效祖，即文炳父。文炳大母徐氏，封瀛国太夫人。母杜氏贤，每谓文炳曰："吾家无功德，直以太后故，受此大恩，当尽忠报天子。"崇祯十七年三月十六日，贼攻西直门，城将陷，文炳母杜氏命侍婢简筥绕于楼上，作七八环，命家僮积薪楼下，遣仆迎李氏、吴氏二女归，曰："吾母女同死此。"又念瀛国太夫人年笃老，不可俱烬，匿之申湛然家。十八日，帝遣内侍召文炳，文炳曰："有诏召儿，儿不能事母。"母拊文炳背曰："太夫人既得所，我与若妻、妹死耳，复何憾！"十九日，城陷，母遽起登楼，二女从之，文炳妻王氏亦登楼。悬孝纯皇后像，母率众哭拜，各缢死，家人共焚楼。文炳归，火烈不得入，入后园，将投井，忽止曰："戎服也，不可见皇帝。"申湛然脱己帻，冠之，遂投井死。阖门死者四十二人。《外戚传》

【注释】①庄烈帝：即崇祯帝朱由检，明光宗朱常洛第五子，明熹宗朱由校异母弟，母为淑女刘氏。朱由检继位后大力铲除阉党，勤于政事，生活节俭，曾六下罪己诏，是位年轻有为的皇帝。惜其性多疑，无法挽救衰微的大明皇朝。清朝上谥号守道敬俭宽文襄武体仁致孝庄烈愍皇帝。

【译文】刘文炳的祖父刘应元，娶妻徐氏，生下的女儿，被选入宫中，就是庄烈皇帝的生身母亲孝纯皇太后。太后的弟弟新乐伯刘效祖，就是刘文炳的父亲。文炳的祖母徐氏，封为瀛国太夫人。刘文炳的母亲杜氏，为人贤惠，常对刘文炳说："我们家没有什么功德，只是因为太后的缘故，才受此大恩，你应当尽忠报效天子。"崇祯十七年三月十六日，贼兵进攻西直门，城池江北攻陷，刘文炳的母亲命令侍女找一些丝绳，在楼上做成七八个环，让仆人在楼下堆积柴火，随即又让家仆去把李氏、吴氏二女接回来，对她们说："我们母女一同死在此地。"又考虑到瀛国太夫人年事已高，不能与她们一同自焚而死，就把她藏在申湛然家中。三月十八日，皇帝派遣宦官召见刘文炳，刘文炳说："皇帝有诏书召见孩儿，孩儿不能事奉母亲了。"母亲轻轻拍着刘文炳的背说："太夫人已经安顿好了，我和你的妻子、妹妹死而无憾！"十九日，城池陷落，母亲立即起身上楼，两个女儿跟着她，刘文炳的妻子王氏也上楼、悬挂孝纯皇太后的遗像，母亲率领众人哭着跪拜于遗像前，然后各自上吊而死，家人点火烧了这座楼。刘文炳回来时，火烧得正旺，不能进入，从后院进入，准备跳井自杀，忽然止步说道："我身穿军装，不能拜见皇帝。"于是申湛然摘下自己的头巾，给他戴上，于是刘文炳跳井而死。全家殉国的有四十二人。《外戚传》

陈梅所后母王氏

王氏，适陈佳。佳病，未婚而卒。姑强之嫁，窘辱万状。二小姑陵之若婢，终无怨言。夜寝处小姑床下，受湿得伛①疾，私自幸曰："我知免矣。"鞠从子梅为嗣，教之领乡荐②，卒昌其家。《列女传》

【注释】①伛（yǔ）：驼背。②领乡荐：谓乡试中举。唐宋应试进士，由州县荐举，称"乡荐"。

【译文】王氏，嫁给陈佳。陈佳患病，还没结婚就去世了。婆母勉强她出嫁，困迫凌辱万状。两个小姑子凌辱她如同使唤婢女，但她始终没有怨言。夜里睡在小姑子的床下，感染湿气患了驼背病，私下高兴地说："我知道怎样避免了。"抚养侄子陈梅为后嗣，教导他乡试中举，最终兴旺了他的家族。《列女传》

姚承舜母万氏

万氏，和州儒士姚守中妻。生六子，皆有室①。崇祯八年，流贼陷其城，命诸妇曰："我等女子也，誓必死节。"诸子环泣，急麾之曰："汝辈男子，当图存祀，何泣为？"长子承舜曰："儿读书惟识忠孝二字耳，何忍母独死？"遂负母投于塘。诸妇、女孙死者十数人，尸聚塘坳，无一相离者。《列女传》

【注释】①有室：指男子娶妻。

【译文】万氏是和州读书人姚守中的妻子。生有六子，都已娶妻。崇祯八年，流窜的盗贼攻陷城池城，万氏对媳妇们说："我们都是女子，誓必为保全节操而死。"儿子们围聚着哭泣，万氏急忙指挥他们说："你们是男子，应当考虑保存祭祀，为什么哭泣呢？"长子姚承舜说："孩儿读书只识得忠孝二字，怎么忍心让母亲独自死去呢？"于是背着母亲跳入池塘。媳妇、孙子一起赴死的有十几人，尸体堆积在池塘里，

没有一个背离的。《列女传》

梁燮母张氏

崇祯十五年，流贼围商邱，知县梁以樟①妻张氏谓子燮曰："汝父城守，命不可知，宗祀②惟汝是赖。"属乳姬匿民家，自缢死。《列女传》

【注释】①梁以樟：字公狄，号鹤林。直隶清苑（今属河北）人。有才华，与兄梁以楠、弟梁以桂皆知名，时称"三梁"。②宗祀：祭祀祖宗。亦泛指祭祀。

【译文】崇祯十五年，流窜的强盗围困商邱，知县梁以樟的妻张氏对儿子梁燮说："你的父亲防守城池，生死难料，祭祀祖宗的事只有依赖你了。"于是嘱咐乳母把梁燮藏匿在百姓家，自己上吊自杀而死。《列女传》

吴德坚母姚氏

姚氏，桐城诸生吴道震妻。年十九夫亡，子德坚在襁褓，忍死抚之。越二十六年，流贼掠桐城，德坚负母逃。母曰："事急矣！汝书生，焉能负我远行？倘贼追及，即俱死。汝不能全母，顾反绝父祀乎？"叱之去。德坚弗忍，推之坠层厓下。须臾贼至，骂贼死。《列女传》

【译文】姚氏，是桐城生员吴道震的妻子。十九岁的时候丈夫去世，儿子吴德坚还在襁褓中，姚氏勉力抚养他。过了二十六年，流窜的贼寇掠夺桐城，吴德坚背着母亲出逃。母亲说："事情已经很危急了！你是个书生，怎么能背着我远行呢？倘若贼寇追上来，你我就都要死了。你不能保全母亲，反而还要断绝你父亲的祭祀吗？"大声呵斥让他独自逃走。吴德坚不忍心，把母亲推到层厓下。不久贼寇追上来了，吴德坚骂贼被杀。《列女传》

花炜保母孙氏

花云①驻太平，陈友谅②来寇，城陷，缚云，骂贼死。云妻郜挈三岁儿，泣语家人曰："不可使花氏无后，若等善抚之。"遂赴水死。侍儿孙瘗③郜毕，抱儿行，被掠至九江。夜投渔家，脱簪珥属养之。及汉（友谅僭号）兵败，孙复窃儿走，渡江，遇偾军④，夺舟弃江中，浮断木入苇洲，采莲实哺儿，七日不死。夜半，有老父雷老挈之行，逾年，达太祖所。孙抱儿拜泣，太祖亦泣，置儿膝上，曰："将种也。"赐雷老衣，忽不见。赐儿名炜，累官水军卫指挥。世宗⑤时，追封孙为安人⑥，立祠致祭。《花云传》

【注释】①花云：字时泽，南直隶凤阳府怀远县人，明初名将，功臣之一，也是淮西二十四将之一，状貌魁伟，面黝黑，骁勇绝伦。征战多年，功勋卓著。②陈友谅：沔阳（今湖北仙桃）人。元朝末年群雄之一、农民起义领袖，陈汉开国皇帝。③瘗（yì）：掩埋，埋葬。④偾（fèn）军：指溃败的军队。⑤世宗：即明世宗朱厚熜（zǒng），明宪宗朱见深之孙，明孝宗朱佑樘之侄，兴献王朱佑杬之子，明武宗朱厚照的堂弟。年号嘉靖，后世称嘉靖帝。庙号世宗。⑥安人：封建时代命妇的一种封号。宋代自朝奉郎以上，其妻封安人。明清时，六品官之妻封安人。如系封与其母或祖母，则称太安人。

【译文】花云驻守太平，陈友谅率军来攻城，城被攻陷，绑缚花云，花云骂贼而死。花云的妻子郜氏带着三岁的儿子，哭着对家人说："不能让花家断了后代，你们好好抚养他长大成人。"随后投水而死。婢女孙氏埋葬郜氏后，就抱着孩子出行，被人劫掠到九江。孙氏在夜间找到一户渔民，摘下簪子、耳环嘱托他们代养孩子。等汉军兵败后，孙氏又把孩子偷出来，渡江逃跑，遇上败军抢走船只，并把他们抛入江中，孙氏靠漂浮的断木游进芦苇洲中，采摘莲子喂养孩子，一连七天都侥幸不死。半夜，有个老翁雷老领着他们走，一年过后，终于到达明太祖那里。孙氏抱着孩子哭着拜见明太祖，太祖也跟着流眼泪，把孩子抱到膝上，说："将门的后代啊。"赏赐雷老衣冠，但是雷老忽然不见

了。太祖赐小孩名炜，积功升官为水军卫指挥。明世宗时期，追赠孙氏为安人，建立祠堂祭奠。《花云传》

旌节录（附刻）

举报公呈

湖南长沙府宁乡县举人刘端经、户首职员黄锡绎，为呈明节孝，吁请旌表事。窃惟髭髦矢志，流雅咏于风诗；截发延宾，采懿徽于国史。妇终夫志，自古所难。节以恩荣，于今为烈。查得本邑黄刘氏，系已故增广生员黄湘南之妻，举人黄本骐、副贡生黄本骥之母也。幼毓名门，早习大家之诫；长谐佳耦，咸推德耀之贤。乾隆四十年归黄，五十年夫没，时氏年二十九岁。遥归旅殡，浙水云寒；泣抚遗孤，湘筠操洁。餐茶茹蓼，既无田庐儋石之储；画荻和熊，复少师友切磋之助。篝灯自课，子读父书；隔幔躬传，人钦母范。卒至锦标双夺，克宗夫子之心；棣萼骈荣，悉出慈帏之训。现年六十岁，守节三十一年，乡里共钦，舆情允洽，用胪事实，仰冀旌扬。谨呈。嘉庆二十一年十一月初一日。

事实册

一、节妇黄刘氏，湘潭人，原任通道县教谕刘元炜之女，本邑原任直隶天津府知府黄立隆之子妇也。年十九，适立隆子增生湘南为室，湘南赘于通道学署。逾年，丁父艰，奔丧旋里，寄居妇家十年，内助相敬如宾。乾隆五十年，湘南没于浙江旅次，时氏年二十九，泣遣家丁扶榇归葬。往返年余，所费数百金，尽鬻食具以偿。浙无良材，棺小而薄，氏购坚杉作巨椁，函其外，俾孤子成立，无附棺之悔。现年六十岁，计守节三十一年。

一氏适黄时，继姑章佳氏，旗人也。携小叔湉归宁都门，寻复就养湉任。氏虽不克，长侍左右，而孺慕无时稍释。姑没，迎丧归葬，哀毁尽礼。每春秋时祭，必设舅姑位，涕泣拜奠，不诿子妇代。于父母亦如之，历数十年如一日。

一氏寄居母家近二十年，纺绩自给，不以衣食累兄弟。课二子本骐、本骥，慈以寓严，小有过失，立加诃挞。所居近市，子生十岁，市人无识其面者。儿时入塾，必亲拜其师。成童后，力不能具修脯，恒夜绩，以视其读。遇有佳客，与儿辈谈艺，虽庖炊告断，必百计典质，以供盘餐。二子成立后，谋养外出，犹谆谆以谨饬立身为训。

一氏以清白自矢，饘粥之供，非二子馆谷不食。一日，子本骥于郊外遇友人，假以百金，其仆未之知也，先遣携归，谬以拾遗金告。氏验其袄有栖土，信之，卒然变色，立遣送还拾处。子归，方释然。

一氏夫家伯叔兄弟客游四方，有以婚丧归者，每倚氏营办。虽贫难遍给，必节省衣食，代为藏事。

一氏有异母弟，贫不能自存，仰给于氏者十余年。弟没，经纪其丧，招寡妇孤子，赁屋同居，为延师课其幼者，而以长者入肆习业。念己子无兼顾资，为节菽水之奉，给其衣食。

一氏接亲友子弟，娓娓训迪，和蔼可亲，而拜谒者尝惮其严正。有邻家子，一夕被酒，失礼于父。诘旦，肃衣冠，踵门请责。氏婉诲之，自后化为顺子。又尝赁居戚家，颇为所凌。其子不平，至忤其父。氏不以其厚己也，礼责之，使至父所，长跪请罪。其父感悟，敬畏逾于平日。

一氏奉神甚虔，而不为邪说所惑。子本骐偶过友舍，遇术士能知未来事，案头预书本骐姓名科贯甚悉。友将荐相宅墓吉凶，本骐归以白母氏，曰："吉凶有命在，何用前知命？"婉却之。

一氏御下以宽，子妇僮仆终岁不闻诃谴之声，而门庭整肃，内外帖然，莫敢稍逆其意。

一氏持家俭约而匮贫，周急亦所不惜。有乡人挈孥赴黔，以赀乏告。氏命其子贷赀济之。其人去数年，无一函报谢。一日复来，子将责以负义。氏曰："汝旅食四方，受惠多矣。但求无负人耳，何责人为？"

本学牒文

长沙府宁乡县儒学教谕刘世法、训导唐虞乐，为采访节孝。吁请旌表事。卑职查看得节妇黄刘氏，幼娴闺训，长习母仪。方廿九岁而夫亡，逾三十年而子立。仰事俯畜，极惨淡之经营；慈母严师，费维持于艰苦。允为节孝之完人，宜荷褒嘉之钜典，嘉庆二十一年十一月初八日。

本县详文

长沙府宁乡县知县王余英，为呈明节孝。吁请旌表事。卑职查看得已故增生黄湘南之妻刘氏，坚贞其志，淑慎其身。十九龄而于归，克效如宾之敬；越十年而夫故，遂明从一以终。荼甘茶苦，历卅载之经营；画荻丸熊，抚二子以成立。即今棣萼齐芳，悉秉闺帏之训；念彼冰霜共洁，宜邀旌表之荣，嘉庆二十一年十一月初十日。

本府详文

长沙府知府朱潮，为呈明节孝。吁请旌表事。卑府核看得宁乡县已故增生黄湘南之妻刘氏，持躬淑慎，立志坚贞，既守节于青年，早盟心于白水。十年举案，妇职已终；二子联芳，母仪足著。守身则如圭如璧，持家则克俭克勤。历卅载以靡他，届六旬而如一。允符年例，宜锡旌扬，嘉庆二十一年十一月二十二日。

布政司详文

湖南布政使司布政使翁元圻,为呈明节孝。详请旌表事。本司核看得宁乡县已故增生黄湘南之妻刘氏,幼娴母训,长著女仪。十年比翼,共相警于鸡鸣;一旦分飞,遂兴悲于鹄寡。坚心不二,代夫酬罔极之恩;矢志靡他,教子绵书香之胍。既符年例,应请

旌扬,嘉庆二十一年十二月二十三日。

巡抚题本

兵部侍郎兼都察院右负都御史、巡抚湖南等处地方提督军务兼理粮饷(臣)巴哈布为汇题旌表事。据湖南布政使翁元圻详称,宁乡县增生黄湘南之妻刘氏等节妇三十九口,贞女二口,详请前来。(臣)覆核无异,除册结送部外,谨会同湖广总督(臣)庆保、湖南学政(臣)谢阶树合词具

题伏祈

皇上睿鉴,敕部施行。嘉庆二十二年正月二十日。

礼部题本

礼部尚书兼管乐部、太常寺、鸿胪寺事务(臣)穆克克登额等

为汇题旌表事。据礼科抄出，各省节妇贞女内，湖南宁乡县增生黄湘南之妻刘氏等节妇三十九口，贞女二口，俱系孝义俱全，陁穷堪悯，应请旌表给银建坊，（臣）等详核册结，与例相符，应准其

旌表恭候

命下（臣）部，遵奉施行。嘉庆二十二年十二月十六日，奉旨：依议。钦此。

湖南通志

增生黄湘南妻刘氏，湘潭人，通道教谕元炜女。湘南客杭州卒，罄奁赀归其丧。教子本骐、本骥，以宿德名才为师友。每漏夜危坐，课其勤惰。馆游尝在数千里外，必著训缝襟带间。及归，询所业，有进辄为加餐，否则杖之。其严明类此，现年六十一。嘉庆二十二年。

旌

宁乡县志

刘氏，增生黄湘南妻。年二十九，湘南客死杭州，遗孤本骐、本骥俱幼，鬻奁具，遣仆迎殡归葬，篝灯课子，纺绩临之。嘉庆戊辰，骐登贤书，骥亦副榜，俱馆于外，以供菽水。身自节俭，艰难中分，济人急无少吝。子小有过，诃挞随之。骐骥所至，公卿争为延

誉，莫不归美于其母。丁丑大挑，骐以教谕铨用，氏现年六十，遵例呈请建坊。

谦德国学文库丛书

（已出书目）

茶经·续茶经	虞初新志
唐诗三百首	迪吉录
宋词三百首	浮生六记
元曲三百首	文心雕龙
小窗幽记	幽梦影
菜根谭	东京梦华录
围炉夜话	阅微草堂笔记
呻吟语	说苑
人间词话	竹窗随笔
古文观止	国语
黄帝内经	日知录
五种遗规	帝京景物略
一梦漫言	子不语
楚辞	水经注
说文解字	徐霞客游记
资治通鉴	聊斋志异
智囊全集	清代三大尺牍: 小仓山房尺牍
酉阳杂俎	清代三大尺牍: 秋水轩尺牍
商君书	清代三大尺牍: 雪鸿轩尺牍
读书录	孔子家语
战国策	贤母录
吕氏春秋	张岱文集: 陶庵梦忆
淮南子	张岱文集: 西湖梦寻
营造法式	张岱文集: 快园道古
韩诗外传	群书类编故事
长短经	管子

N